U0601888

如果巴西下雨就买星巴克股票

彼得·纳瓦罗（Peter Navarro）/著
牛红军/译

IF IT'S RAINING IN BRAZIL BUY STARBUCKS

中国人民大学出版社
·北 京·

编辑手记

为什么巴西下雨要买星巴克股票？因为巴西是咖啡豆的主产国，巴西下雨，咖啡豆就会丰收，星巴克的原料成本就会大幅下降，利润就会增加，股价就会升高。

逻辑很简单，对不对？如果您掌握了这样的逻辑，并且第一时间敏锐地付诸行动，您会赚得盆满钵满。

本书用许多精彩的例子教会您这种股市逻辑，这是作者交给您的第一个制胜利器。

当然，股市投资绝非如此简单。除了偶然事件对个别股票的刺激外，还有许多因素更深刻和长远地影响着股价：

通货膨胀不断加剧，股市会成为防通胀的工具还是会受到通胀的威胁？

央行如果加息，股市是应声而落还是会被看作“利空出尽”而走高？

美国退出 QE，中国股市会受到怎样的影响？

这些问题的答案就不是那么简单了。您也许会说，“我的策略是做短线，没必要懂得这些问题”，可是，如果某天您看好一只股票，兴致勃勃地开盘买入，正好10点钟统计局公布了令人焦虑的CPI数据，您很可能立即被套，面临着短线的亏损，还能说这些问题与短线投资无关吗?

不同情况下，投资界的“聪明钱”都是怎么思考这类问题的?这是作者交给您的第二个制胜利器。

在牛市和熊市的不同阶段，不同的板块、不同的股票表现大相径庭。牛市初期什么板块会引领市场走出困顿?牛市中期什么板块一路领先?牛市末期什么板块上演最后的疯狂?牛市转熊期间，可以到什么板块中避险?在这些不同的板块中，应该挑选怎样的个股?这是作者交给您的第三个制胜利器。

除了这三大制胜利器外，作者还奉送十大保本原则和十大风险管理原则，以及一些极有用的市场指标，希望本书提供的这些装备能帮助您在股市的寻宝游戏中大获全胜!

曹沁颖

译者序

《如果巴西下雨，就买星巴克股票》是一本关于证券投资的开创性著作，它首次向大家介绍了在股市中稳操胜券的巨波投资法。作者彼得·纳瓦罗曾获哈佛大学经济学博士学位，在加州大学厄文分校担任商业与经济学教授。在这本著作中，他详细地阐述了在资本市场进行投资的巨波投资逻辑。资本市场变幻无穷，能够抓住影响市场波动的巨波事件，并利用巨波逻辑分析其对市场的影响，是一个成功投资者抓住市场获利机会的先决条件。这本著作在美国一经发行，就获得吉姆·罗杰斯、大卫·纳撒（David S. Nassar）、奥利弗·瓦莱士（Oliver L. Velez）等投资领域著名专家和投资高手的好评。

正是这些世界顶级投资高手对本书的高度评价，加上风趣、幽默、令人产生无限遐想的书名，让我对本书产生了无比的好奇心。当我一口气读完这本英文著作后，书中幽默的语言、风趣的故事、清晰的投资逻辑、扎实的理论基础，还有丰富的投资资讯，给我留下了深刻的印象，也对自己的投资选股大有帮助。

不论你是否具备专业的经济学知识，也不论你是否曾经有过股票投资的经验，书中缜密的投资思想使你学会规避风险，捕捉投资机会。更重要的是，如果你利用这种思想去深入研究市场，你将会从探究市场的过程中获得无限的乐趣。

范仲淹曾经说过“君子不独乐”，虽然我不敢以“君子”自居，但我总喜欢把好东西与朋友一起分享，去感受“众乐”的快乐。在中国人民大学出版社曹沁颖女士的帮助下，将这本书翻译出来，介绍给读者，其意也正在于此。

在翻译的过程中，虽然几经修改，字斟句酌，想做到准确无误，并保持作者幽默、风趣的语言风格，但因能力所限，尚有诸多不妥之处，恳请读者批评指正。

是为序。

牛红军

货币供应、财政赤字、贸易逆差、通货膨胀、金融市场、宏观政策，无论是在美国，还是在其他国家，这些都是我极为关注的事情。这是一个立体大拼图，尽管它很难拼好，但最后还是能够拼成。不过，你无法将这些拼图散开成零散的图片，放在大桌子上，然后再将其拼凑起来，因为这些图片一直在变化。每一天，都有一些图片被移开，另外一些图片再被拼进来。

——吉姆·罗杰斯[①]

① 吉姆·罗杰斯是一位传奇式的国际投资高手，他的投资涉及股票、债券、商品和货币。他不仅做多，而且也做空，是巨波投资艺术的先锋人物之一。

致谢

本书在写作过程中，得到了 Rafat Abbasi、Nick Bok、Art Jeppe、Merlin Rothfeld、Pedro Sottile、John Stocco、Ed Urbano 等人的大力帮助。

在文章框架构思中，Keith Loh 给予了指导和帮助。Gregor Jovanovich 几次审稿，不辞辛劳。eGoose 的 Pej Hamidi 提出了很多宝贵意见。

最后，特别感谢 McGraw－Hill 的 Gary Burke，以及精力充沛的两位编辑 Stephen Isaacs 和 Jeffrey Krames。有 Gary、Stephen 和 Jeffrey 的无私协助，本书才得以付梓。错误在所难免，当然文责自负。

序

2000 年 3 月 10 日，纳斯达克股指突破 5 000 点，创下 5 132 点的历史新高。但是，就在这个高点，强大的宏观经济力量正在将疯狂的牛市勒住。

第一道袭来的巨波（macrowave）来自政府监管部门。4 月 2 日这个周末，微软公司的律师和美国司法部进行了最后一次谈判，试图就政府对软件巨头提出的反托拉斯诉讼达成和解。双方互不相让，谈判最终破裂。周一纳斯达克一开盘，不仅微软股价暴跌，就连纳斯达克股指也大跌 349 点，创历年来最大跌幅纪录。

紧随比尔·盖茨造成的大祸之后，掀起的第二道巨波是通货膨胀。4 月 14 日，美国劳工部统计数据显示，消费者物价指数（CPI）出人意料地飙升。骇人的宏观经济新闻引发股市普遍恐慌，纳斯达克指数暴跌 355 点。

随着纳斯达克股指的暴跌，美联储主席格林斯潘登场，开始挥舞抑制经济过热的大棒。事后看来，这是造成股市暴跌的又一次重击。5 月 16 日，格林斯潘执掌的美联储提高贴现率 50 个基点。这不仅是 11 个月来的第六次加息，而且也是上调幅度最大的一次。

那些已经发生巨大账面亏损的交易员和投资者仍抱一丝希望，期待纳斯达克能够摆脱恐慌，迅速重回高点。然而美联储的加息，无异于利箭穿心。

短短三个月不到，纳斯达克指数跌掉 2 000 多点。高达 40%的跌幅，不仅抹掉了千百万投资者数十亿美元的账面利润，而且更使成千上万曾经看好纳斯达克而杀进股市，如今被套牢的投资者血本无归。在纳斯达克惨跌的过程中，人们的心碎了，家没了，梦想也破灭了。最冷的股市寒冬笼罩着一代投资者，互联网公司创造的巨大财富与这些投资者无缘。

很不幸，最糟糕的巨波还没结束。何时结束，遥遥无期。随后的六个月，市场不顾一切地屡次企图收复失地——成千上万同样渴望美好生活的交易员和投资者也在尽力而为。然而跌得惨不忍睹的纳斯达克指数每次试图上攻，就会遭遇一道巨波劈头盖脸将其压下。

首先，油价暴涨。这重重地打击了运输和科技类股票。其次，欧元严重贬值和美元的过度走强，不仅重创了美国的出口工业，造成贸易逆差，而且引发了国际货币危机。最后，就在格林斯潘调高利率，严重伤害几乎每一只知名股票的时候，有史以来最丑陋的总统大选争议使美国陷入动荡。谁会成为美国总统？布什还是戈尔？法律和政治的不确定风险，对经济和股市都是利空消息。

最后的结果出乎格林斯潘的意料，经济不是软着陆，而是陷入了深深的衰退。纳斯达克指数被腰斩，信息高速公路上新经济股票尸横遍野，一大群新一代的投资者和交易员痛不欲生。

这次巨变给我们上了生动的一课：任何交易员或投资者，如果忽视宏观经济对世界金融市场的影响，输掉的金钱一定会比别人多，甚至会赔掉所有的本金。

本书的目的，在于帮助你成为巨波投资者（macrowave investor）。巨波投资者不但能在宏观经济列车呼啸前行时看到它，更会一跃而上，搭乘顺风车，一路获利——不管列车开往哪个方向。

前　言

美国联邦储备委员会提高利率、消费者信心下降、巴尔干半岛爆发战争、巴西遭遇严重干旱使咖啡减产、鹿特丹油价飙升、国会通过医疗法案严格控制处方药品的价格、美国贸易赤字再创新高……这些宏观经济事件，即使其中一些远离美国本土数千公里，也会影响美国股票市场。虽然其影响方式千差万别，但仍然具有系统性和可预测性。无论你的投资风格如何，如果你能了解一些宏观经济事件对股票市场的影响逻辑，你就会成为一个更好的投资者。这就是根据巨波进行投资（macrowave investing）的魅力，也是本书要详细讨论的内容。为了使你明白我的意思，下面列举几名微观投资者（microinvestor）的真实案例，不过姓名纯属虚构。

● 吉姆·弗里特是一个当日交易员（day trader），而且业绩很好。他采取动量交易策略[①]，频繁倒手，获取小额差价利润。也就是说，他基于某股票向上或向

① 所谓的动量交易策略（momentum strategy）是指早期收益率较高的股票接下来的表现仍然会超过早期收益率低的股票，而反向投资策略（contrarian strategy）就是买进过去表现差的股票而卖出过去表现好的股票来进行套利的投资方法。1993 年，美国学者 Je-gadeeshkg 与 Titman 在对资产股票组合的中间收益进行研究时发现，以 3～12 个月为间隔所构造的股票组合的中间收益呈连续性，即中间价格具有向某一方向连续的动量效应。一些研究显示，如选择低市盈率（P/E）的股票；选择股票市值与账面价值比值低、历史收益率低的股票，往往可以得到比预期收益率高很多的收益，而且这种收益是一种“长期异常收益”。——译者注

下的动量趋势，大量买进或卖空该股票。他持有该股的时间绝对不会超过几分钟，当股价上涨或下跌 1/16 点或略多时就平仓获利。吉姆投入股市50 000美元，通常每周获利大约 2 500 美元。但是，昨天他的沃尔玛股票损失 20 000 美元，是因为电脑出现小故障，与股市的网络中断几分钟。就在那几分钟内，美国经济咨商局（the Conference Board）公布的数据显示，消费者信心出人意料地突然大降。随即 CNBC 电视台播报了该新闻，之后，整个零售板块的股票纷纷晕厥。就在这时，吉姆重新连通网络，沃尔玛的股价已经下跌，他一个月的利润损失殆尽。

● 简·爱丽顿是一位波段交易者（swing trader），通常买进或卖空股票，五日内平仓。她的策略是，利用技术分析手段，寻找成交量较大，价格波动适中的股票做波段，低价时买进，高价时卖出。去年一年，简利用这一策略每周获利 500 美元。对她来讲，作为销售主管，每月薪酬固定，股票交易收入无疑是很好的收入补贴。然而，就在上周，政府发布消费者物价指数（CPI）后，她的一笔交易损失了 8 000 美元。CPI 是反映通货膨胀的关键指标，它突然上行，整个股票市场立刻下滑，简也被套。

● 爱德·博克曾是一名海军士官，后来成为一名石油工程师，现已退休。他是一名相当保守的买入持有型投资者（buy-and-hold investor）。在他的投资组合中，绝大部分是石油行业的蓝筹绩优股，如雪佛龙和埃克森美孚。去年 5 月，仅在三周时间内，每桶石油价格从 26 美元稳步上升至 39 美元，爱德的石油股也随之大涨，短时间内他就获得账面利润 40 000 美元。然而，5 月，石油输出国组织的企业开会并对外发布了生产配额，石油价格回落。到 7 月，石油价格下跌到每桶 20 美元，石油股票也受其拖累，爱德 40 000 美元的账面利润也变成了 10 000 美元的账面损失——其投资组合的价值上下波动约 50 000 美元。

显然，这三种类型投资者的投资策略与投资风格截然不同。然而，他们也存在相同之处，皆因忽视巨波对股票市场的强大影响而蒙受巨额损失。

吉姆的电脑出问题，实属不幸。吉姆和其他优秀的当日交易员一样，当然知道电脑随时都有可能死机。然而，即使事先知道也无济于事。如果他能够像巨波投资者那样行事，公布主要经济数据（如消费者信心指数）的那天，他就能轻而易举避免买进零售行业的股票。

就简而言，作为技术型交易者，最糟糕的事情就是忽视宏观经济信号，诸如潜在的通货膨胀可能导致高失业率。这样的经济震荡可能突然导致所有股票走势支离破碎。至少在此时，技术分析毫无意义。

当然，爱德先生一直以来为所应为，做得很对——至少对他而言是如此。他是一个长线投资者，喜欢买进并持有基本面好的蓝筹绩优股，不担心股价波动和账面损益变化。但如果一名投资者在其投资组合中重仓持有某一行业的股票，而不分散投资，就像爱德重仓持有石油股，这就离傻子不远了，因为他忽视了宏观波动会显著影响该行业。的确，在这个例子中，只要爱德一直关注世界石油市场的价格走势，他将获利40 000美元，而不是亏损 10 000 美元。

这几个例子的重要意义和本书的最终目的在于说明：不管你是什么类型的投资者，学会评价宏观事件对股票市场的系统性影响，有助于做出正确的交易和投资决策。而且，这种分析宏观波动的视角以两种有效且能够盈利的方式帮你决策。

首先，利用宏观波动分析法，让你更好地预测股价趋势，并进行交易。股市今天会上涨还是下跌？下周如何？甚至明年如何？掌握这些重要的信息，你就绝不会逆势进行交易或投资。简就是犯了这种错误，并为之付出了昂贵的代价。

其次，宏观波动分析法助你成功交易的第二种方式同样值得学习。正如我们所见一样，即使在不断上涨的牛市中，一些行业如计算机和电力行业，可能也比化工或汽车等其他行业涨得更快。而熊市中，一些行业，如房地产业和科技行业，比所谓的防守型行业[①]（如食品和药品行业）跌得更快更多。防守型行业在熊市能给你提供更为安全的投资避风港。

本书的巨波分析法将会教你，在获悉某些特定类型的宏观经济信息时，如何识别哪些行业可以进入、哪些行业必须远离。就此而言，宏观分析视角就是一个有效的交易指南针。前面提到的吉姆·弗里特和爱德·博克原本可以利用这一指南针实现盈利。

本书的章节内容安排如下：

第一篇，包括四章，为进行巨波投资构筑坚实的分析基础。

第1章，我们将系统、认真地分析导致宏观经济波动的各种力量。导致宏观经济波动的各种事件，从通货膨胀、失业、经济发展减速到地震、战争和国际货币危机，都会导致美国乃至全球金融市场跌宕起伏。

第2章，我们将走进宏观经济学基础理论的课堂，学习有趣且有用的宏观经济历史，为投资操盘备战。备战课程包括凯恩斯理论、货币主义、供给学派理论以及新兴古典经济学——该流派基于颇富争议的理性预期假设。本章很重要，因为国会、白宫、美联储的宏观经济政策往往与某一特定时期某一流派恰巧流行且为政府重用有关。

然后，在第3和第4章，我们的重要任务是仔细研究宏观经济政策的主要工具，即财政政策与货币政策。在这两章结束时，我们将完成第一篇的内容，让你了解宏观经济政策的运行机理及其对全球金融市场的广泛影响。例如，当格林斯潘主席在美联储打声喷嚏，欧洲往往会患上感冒——由主要向欧洲出口的美国公司的股票传染而来。为什么这样？我们将会揭示其中的缘由。同样，

---

① 防守型行业一般是指产品需求相对稳定，不受经济周期衰退影响的行业，因此，与周期性行业相反，防守型行业的经营和业绩波动基本不受宏观经济涨落影响，不会随经济周期大起大落。医药、食品、公用事业是典型的防守型行业，这些行业提供的多是居民生活必需的商品或服务，不会因为整体经济和收入的冷暖而显著减少或增加，因此这类行业通常波动平缓，被视为安全或保守的投资领域，特别是在经济走软时，是理想的避风港。——译者注

当欧佩克石油组织提高油价或日本经济缓慢下降时，美国经济很可能会因此步履蹒跚，进而引发股票市场下跌。为什么？我们也需要知道背后的道理。

第二篇，我们将触及巨波投资的具体细节。本篇从第 5 章开始，在第 5 章，我们将讨论巨波投资的主要原理，并说明如何熟练运用这些原理发现获利机会。在第 6 和第 7 章，我们从巨波投资者的视角研究市场。在这些重点章节，我们通过研究发现，巨波投资者在观察市场时，不仅要了解公司，如雪佛龙和沃尔玛，而且更要看公司所在的行业，如能源、计算机和零售行业。这是因为，股票市场的大走势往往由行业决定，而不是由公司决定。毫不夸张地讲，利用各个行业间的系统性差异获利是巨波投资法的核心所在。

在第 8 和第 9 章，我们进而关注的重要话题是，如何保护你的投资和如何管理你的投资风险。在第 10 章，我们重申这本书的重要主题之一，即：任何类型的投资者或交易员都可从巨波投资法中获益。这章将举例说明如何将巨波投资的方法应用于各种不同的投资或交易策略。

第 11 章将给巨波投资者列出一份交易法则清单。就像一个好的飞行员在每次航班起飞前必须有条不紊地检查一份长长的操作规程一样，巨波投资者在每次交易之前，也需要检查我们列出的这份交易法则。至此，第二篇结束。

第三篇是本书的最后一部分，在这篇中，我们最重要的任务是：巨波投资实战。在第三篇的每一章，我们都集中讨论一种特定的宏观经济力量，如通货膨胀、衰退或生产效率。这些章节在结构安排上都相同。

我们首先了解有哪些重要的经济指标需要跟踪，如消费者物价指数和就业报告，这些重要指标都在何时定期发布。然后我们转而研究每一种宏观经济力量如何影响股市的各个行业。正是从这个分析中，你作为充满智慧的巨波投资者，极有可能从中获利。

例如，在第 15 章，我们观察通货膨胀。那些对利率敏感的行业，如银行业、经纪业、零售业会对通货膨胀的消息做出强烈的反应，而防守型行业如公共事业、能源业和消费品行业的反应就很弱。利用这种信息，在有通货膨胀利好消息时，购进那些具有强烈反应行业的股票；或者在坏消息时，卖空它们。当然，如果要规避风险，你只需转投防守型行业的股票即可。

记住，第三篇的每一章都是一个模块。也就是说，每一章都可以独立存在，实际上，你可以根据需要按任意顺序阅读。正因为如此，一旦读完本书，你会发现这是一本非常有用的工具书，可藏于书架，以备查阅。当你不知道最近的宏观经济信息将如何影响金融市场时，你可以取下本书，查阅相关内容。

最后，让我给你一点提醒。由于在第一篇我们阐述的是宏观经济学基础，或许这对你极具挑战性。但是，记住，一旦你读到第二、第三篇，将会如顺水行舟，毫无障碍。你为阅读第一篇的重要概念而付出的所有努力都会让你苦尽甘来，收获颇丰。这是我对你的承诺，一个基于我多年完善本书思想经验的承诺。因此，记住这些，让我们凭借巨波投资的魔力一起开始巨波投资吧！

目 录

第一篇 基础理论

第二篇 巨波投资法详解

第三篇
巨波投资实操演练

第一篇

基础理论

第 1 章

涟漪与巨波

虽然星巴克有杰出的管理团队且其前景乐观，但它的股票在刚刚过去的几个月内下跌超过 8 个点。就在此时，敏锐的巨波投资者注意到了《华尔街日报》的最后一页有一篇“豆腐块”文章，报道了久旱之后的甘露终于遏制了巴西（世界上最大的咖啡豆生产国）致命的大旱。

根据这一报道，敏锐果敢的巨波投资者购买了几千股星巴克股票。她坚信这场降雨将会使巴西咖啡豆丰收，价格大幅下降，随之，星巴克的利润将增加，股价将上涨。

随后的一周内，星巴克的股价继续下行，再跌 2 个多点，但该巨波投资者持仓待涨，不惊不慌。最终，该只股票反转，快速上涨，三天之内，上涨了 10 个百分点。她卖掉了星巴克股票，净赚 8 000 美元。

每一次，一波新的经济巨波到来之前，其影响都是由影响美国和全球金融市场的微小波动引起，从微小波动到经济大型波动的变化具有系统性和可预见性。而那些突发的宏观经济事件，其影响将从微小波动变成不可预测的经济海啸。

上面提到的星巴克股票就是小波影响的很好例证。巴西降雨会使咖啡豆的批发价格下降，零售商（如星巴克）的毛利就会增加，进而股价就会上涨。而不可预测的金融海啸的例子或许就像20世纪90年代末的亚洲金融危机，其引发源自泰铢的崩溃。这场危机不仅使美国的道琼斯和纳斯达克指数震颤摇摆，而且还波及全球股票市场——从日本日经指数、香港恒生指数到伦敦富时指数、法兰克福DAX指数、孟买SENSEX指数无一幸免。

本章将向你介绍任何经济体都会发生的宏观经济巨波。这些巨波包括通货膨胀、经济衰退、经济过剩以及战争、干旱、政府规制变化等。同时，在本章，我还会教你如何使用一种强大的工具——巨波理论，让你驾驶着你的投资组合之船，畅游于波涛汹涌的宏观经济大海之中。

巨波理论的强大功能

巨波理论是关于市场变化规律的理论工具。为了更好地理解市场变化的内在联系及其规律，请首先考虑以下问题：如果通货膨胀加剧，利率会怎样变化？如果利率提高，美元会升值还是贬值？如果美元升值，进出口量及其贸易赤字又会怎么变化？如果贸易赤字增加，对哪些行业和公司的股票形成利好，可以买入建仓？又对哪些行业和公司的股票形成利空，应该避免购进或卖出平仓？这些问题正是敏锐的巨波投资者在宏观经济事件发生时需要考虑和回答的例行问题。思考这些问题的基本工具就是巨波理论。

比如，巨波投资者知道，如果通货膨胀增加，联邦储备委员会很可能会加息。如果利率上升，高利率将会吸引更多的国外投资者并增加对美元的需求，导致美元升值。巨波理论背后的逻辑链条表明了事件之间的内在联系，即外国投资者为了到美国投资，必须首先兑换美元，对美元需求的增加会提高美元报价。

现在考虑，美元升值又会如何影响贸易赤字？巨波投资者知道贸易赤字会增加。原因在于美元升值使得出口商品价格上升而进口商品价格相对便宜。因此美国公司的出口减少，美国消费者会更多地消费进口商品，贸易赤字迅速增加。

这样的变化，又将如何影响股市？对哪些股票有利？对哪些股票不利？当然，随着出口的下降，像农业、医药、钢铁等高度依赖出口的部门其利润很可能下降，因此，纽柯钢铁、默克制药将受到不利影响，巨波投资者将不会买进或者会选择卖空这些股票。另一方面，那些高度依赖向美国市场出口的公司如巴斯夫、宝马、爱立信的股票将从美元升值中受益，投资者可选择购买这样的股票。

当然，巨波理论工具更广泛的意义在于：它很好地描述了主要宏观经济变量，如通胀率、失业率和利率等因素之间内在的逻辑关系。巨波理论工具使用这种内在关系分析某一宏观经济事件——如通货膨胀的消息——可能引起的一系列经济后果，直至对某只特定股票价格的影响为止。这种分析起始于某一事件，结束于股票价格，形成一个事件分析链条。利用这种分析，巨波投资者形成对市场趋势的预期、市场板块选择的看法、股票价格本身变动的判断等。这正是巨波投资者交易决策的核心和灵魂。

前面关于星巴克咖啡的巨波投资操作示例，仅仅是巨波理论工具相当简单的一个应用。下面再举几个巨波操作的例子，以飨读者。

- 美国司法部发布计划，意欲打破微软公司的垄断。当短线投资者迅速抛售，微软股价急跌之时，巨波投资者立即意识到这一消息对太阳微系统公司和甲骨文公司的股票利好，因为这两家公司是微软公司的主要竞争对手。基于这样的判断，巨波投资者悄悄地各买入几千股这两家公司的股票。几周之后，将其售出，净赚 12 000 美元。

● 美国联合航空公司宣布并购美国大陆航空公司，欲使自己成为世界上最大的空运公司。当那些短期股票投机者纷纷抢买大陆航空公司股票的时候，巨波投资者悄然购买西北航空公司的股票。他们知道不久西北航空将成为美联航的主要竞争对手美利坚航空或达美航空的并购目标。正如所料，合并消息公布13天后，巨波投资者出售了西北航空的股票，获利10%。

● 巨波投资者知道政府机构将于明天公布最新的CPI指数。温和的CPI指数对市场的影响甚微。然而，一旦CPI指数表明通货膨胀突现端倪，市场就会因担心美联储调高利率而急速下降。这对巨波投资者而言似乎是一个绝佳的操作机会——下档风险小，上档获利空间却很大的一个机会。因此，就在交易所临近闭市之前，巨波投资者卖空2 000份QQQ股票——跟随纳斯达克股指的一只股票。第二天早晨8点半，CPI数据不出预料，令人恐惧，纳斯达克指数暴跌。至中午时分，巨波投资者在获利10个点时平仓一半。美联储提高利率50个基点三个星期之后，QQQ股票又降15个点，巨波投资者再行平仓另一半QQQ，总共获利35 000美元。之后去毛伊岛度假一周，心中默想："谢谢您，格林斯潘先生!"

我希望这些巨波投资操作的例子已经点明了宏观经济事件对股市的影响。接下来，我将简要逐一说明影响巨波投资的宏观经济因素，这些因素将无时无刻需要你在交易策略和投资战略决策时予以考虑。表1—1列出了这些宏观波动因素及其相应的主要经济指标或获取这些信息的来源。

表1—1　　　　主要宏观经济因素及其指标

宏观波动因素	主要指标
通货膨胀之虎	● 消费者物价指数（CPI）
	● 生产者价格指数（PPI）
	● 雇佣成本指数（ECI）
经济衰退之熊	● 就业报告
	● 消费者信心指数
	● 个人收入与信用
	● 零售额

续前表

宏观波动因素	主要指标
经济增长之神与经济周期	● 国内生产总值（GDP）
	● 轿车与卡车销售额
	● 生产能力利用率
	● 新屋开工数及营建支出数
	● 标准普尔的 DRI 预测
生产率之天使	● 生产效率与成本
预算赤字之龙	● 美国财政部预算报告
贸易赤字陷阱	● 商品贸易余额
	● 进口物价和出口物价
政府的监管、税收与反托拉斯	●《巴伦周刊》
	●《商业周刊》
	● CNBC
	● CNN
	●《福布斯》
	●《财富》
	●《投资者商业日报》（*Investor's Business Daily*）
政府的监管、税收与反托拉斯	●《洛杉矶时报》/《纽约时报》
	●《钱》（*Money*）
	●《华尔街日报》
	●《华盛顿邮报》
	●《价值》（*Worth*）
危险与机遇并存	● 彭博（*Bloomberg*）
	●《经济学家》
	●《金融时报》
科技创新之鞭	●《积极投资者》（*Active Trader*）
	● Changewave. com 网站
	●《个人投资者》（*Individual Investor*）
	●《红鲱鱼》（*Red Herring*）

通货膨胀之虎

美国道琼斯工业指数和纳斯达克综合指数创下单日最大跌幅，结束了一周的疯狂……股价狂跌由日前美国劳工部早间的通货膨胀报告引发……通胀报告加剧了人们的恐惧心理，担心美联储在 5 月即将到来的例会上将大幅提高利率，会远远高于人们预期的25个基点。

——《世界新闻摘要》(*World News Digest*)

通货膨胀是令整个华尔街最为惊恐的一只猛虎。当这只凶暴残忍的老虎出来觅食时，股市之熊也随之出来，而股市之牛将会躲虎遁身。多么可怕的猛虎啊！我们如何知道它在何时会爬进经济山谷寻找猎物？

从理论上讲，通货膨胀是指商品价格一年一年地持续上涨。衡量通货膨胀的典型指标通常有消费者物价指数（CPI）、生产者价格指数（PPI）、雇佣成本指数（ECI）等。为了能围捕通货膨胀这只猛虎，你必须首先认识到这种危险的猛兽至少有三种。一种是需求拉动型通货膨胀之虎，通常伴随经济繁荣、货币发行超过所生产物品的需求而出现。尽管在通货膨胀时，一切事情都极为棘手，但这种类型的老虎或许是最易驯服的。第二种是成本推动型通货膨胀之虎，通常因供给问题引起，比如石油价格飙升或干旱引起的食品价格上涨。这种老虎来势凶猛，影响巨大，经常导致美联储束手无策。第三种是工资性通货膨胀之虎。尽管这只老虎步履蹒跚，行动迟缓，但它可能最为危险。该类型的通货膨胀兼有需求拉动和成本推动双重诱因。

如果不能迅速而准确地区分这三种老虎，你极易错误地解释诸如CPI、PPI等经济指标的真正含义。其结果很可能是通货膨胀老虎将吞食你的商业资本，打着很响的饱嗝，连声谢谢也不说逍遥而去。这可能是因为一个很简单原因：在面对令人恐惧的通货膨胀时，美联储和华尔街的行动会因为对通货膨胀类型判断的不同而不同。

比如，如果是需求拉动引起的通货膨胀，美联储很可能迅速提高利率，然而，当能源和食品价格引起的成本推动型通货膨胀发生时，美联储就会非常谨慎。如果做出错误的判断，你将厄运当头，在劫难逃。

经济衰退之熊

在大选之年，最为敏感的经济指标——全美失业率——在 6 月份急剧上升。在就业报告发布几分钟之后，美联储为了刺激不断衰退的经济，即刻做出反应，采取降低利率的措施……鉴于经济衰退，今天纽约交易所股票价格下跌……

——《纽约时报》

作为威胁经济发展趋势的力量，经济衰退之熊仅次于通货膨胀之虎，位居第二。而且，随着经济衰退的加深，那些努力使愤怒的失业选民重新就业的政客心存顾虑，更为关注失业，而不是通货膨胀。

就反映经济衰退的各种信号而言，巨波投资者最好的选择是上文开篇故事中提及的就业报告。该报告由美国劳工部每月发布，不仅反映全美国各部门、各行业、各地区、各人口统计组的失业情况，而且公布一切其他有价值的信息，比如平均每周工作时间、每小时工资等。

除了就业报告，还有一些其他反映经济衰退的指标，比如有关汽车销售量和房屋建造开工量的月度报告。当经济开始衰退时，这些报告跟踪反映以上两个经济指标。当消费者开始担心经济前景时，他们首先要做的是推迟或者取消购买汽车、房子等高价商品，所以，经济衰退首先反映在汽车销售和房产销售这些指标上。

并非所有的行业都受同等的影响。例如，周期性行业（诸如汽车业、房产业、航空业）比起那些非周期性行业或防守型行业（如食品业、制药业、医疗行业）要更容易受经济衰退的周期性影响。其原因很简单，因为即使在经济衰退时，人们也必须吃饭、买药、看病，但是他们却可以推迟买车、买房和度假。

经济增长之神

美国商务部公布的第二季度的GDP仅仅增长了0.5%……大部分宏观经济指标反映欠佳……

——《时代琐事报》(*The Time-Picayune*)

华尔街非常注重经济增长指标，其原因在于，从长期来看，经济增长率是最为重要的判断经济繁荣程度的指标。经济增长缓慢加上人口快速增长是迅速通向救济院或贫民窟的门票。如果你不信，就去孟加拉国做一次深度旅行——但是，请自带食物、水和药品。

但是，并不是仅仅只有美国的经济增长率是重要的。作为巨波投资者，你也许要比较不同国家的经济增长率，尤其是主要贸易伙伴国，如德国、日本和加拿大。其原因仅仅在于巨波投资的内在逻辑：如果美国的经济增长速度比德国快，这种差异很可能导致美国贸易赤字的持续增长并间接引起通货膨胀的压力。这是因为，一个国家的进口需求同收入密切相关，当美国民众的收入增加时，从德国的进口需求也相应增加。因此，基于经济增长信息的巨波投资也许会投向欧洲国家的出口行业。

经济周期中的股票类型选择

具有明显周期表现的一类股票，是市场上进行周期操作的投资者的最爱。当经济即将走出低谷时购入股票，在经济增长到顶峰时抛售股票……“判断何时购入周期性股票很难，而且现在更为困难，”美国信托的首席投资主管弗莱德·泰勒说，“周期性股票处于经济周期的哪个阶段、目前是经济周期的什么位置、股票市场的周期又在何处，令人顾虑重重。”

——《休斯敦纪事报》（*The Houston Chronicle*）

和经济增长问题紧密相关的另外两个问题是经济周期和股市周期。“经济周期”是指，在几年内国内生产总值的周期性上升和下降。尽管每个经济周期的时间长短和强度差异很大，但所有的经济周期都呈现阶段性的特征，如图 1—1 所示。

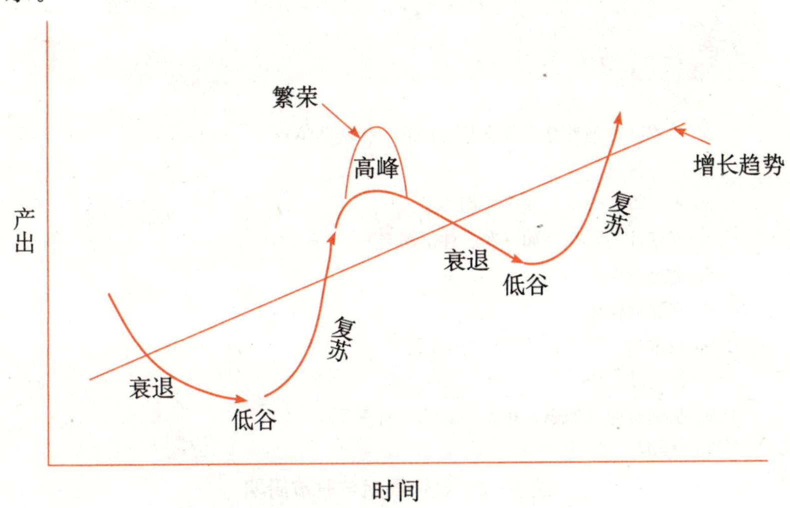

图 1—1　如同过山车一般的经济周期

你可以看到，经济周期看起来就像过山车的轨道。经济活动的总产值达到最高点时，会出现一个高峰；总产值最低时，会出现一个低谷；在经济向好并逐渐实现充分就业时，出现复苏。经济周期的每个阶段都围绕经济增长趋势线震荡。

为什么经济周期如此重要？股票市场也存在与经济周期同步而行的、可以预测的周期，即股市周期。上文对《休斯敦纪事报》的摘引即暗含此意。图 1—2 对此做了进一步的解释，说明了经济周期和股市周期之间的典型关系。

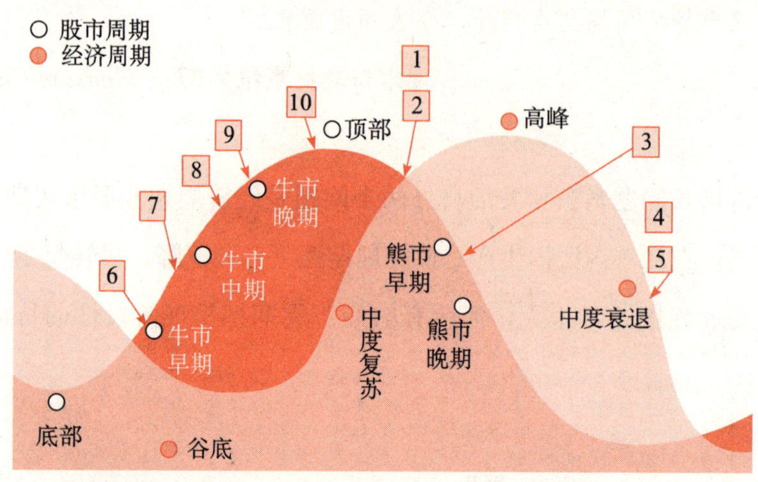

1. 非周期性消费品（如食品、药品、化妆品等）
2. 医疗保健行业
3. 水、电、公共交通等公用物品
4. 周期性消费品（如汽车、住房消费）
5. 金融行业
6. 交通运输业
7. 技术
8. 投资品行业
9. 基础行业（如铝、化工、造纸、钢铁等）
10. 能源

图 1—2　经济周期与股市周期

现在，仔细研究该图，至少需要观察以下三个方面：

第一，在股市周期中存在明显的阶段，这些阶段与经济周期的各个阶段相继发生。例如，在经济周期中，我们可以看到在经济发展的顶点存在一个高峰，在底部存在一个低谷；在高峰与低谷之间存在一个中度衰退，在低谷与高峰之间存在一个中度繁荣。同样道理，在股市周期中，股市走熊过程中，存在早期熊市和晚期熊市；同样，在股市走牛过程中，有早期牛市、中期牛市和晚期牛市之分。

第二，股票市场周期和经济周期不仅相继发生，更重要的是，股票市场周期事实上是经济周期的“晴雨表”。为了深刻理解这点，你看图中，在晚期熊市阶段之后，存在一个股票市场的底部。这个底部一贯出现在经济周期的底部出现之前。同样，你可以清楚地看到，甚至在经济达到繁荣高峰阶段之前，股票市场已经提前进入早期熊市阶段。现在，需要把握的诀窍是，在经济周期、股市周期的各个不同阶段，哪些行业表现较好，哪些行业表现较差。的确，正确的行业选择和有效的巨波投资的核心问题在于深刻理解市场的力量。这正是我们研究图例需要说明的第三点。

你可以在图中看到，从股市周期的早期牛市阶段开始，到晚期熊市阶段结束时止，依次出现九个不同的行业部门，从交通运输和技术行业，到金融和周期性消费品行业。图中标出了一些点，在这些点上，股票投资者从某些特定的行业（如能源或金融）转向投资另外某些行业（如技术或医疗）能够获得最大的利润。

例如，在图中，我们可以看出，在股票市场的牛市早期，技术和交通运输行业股票通常比市场整体表现要好；而投资品（capital goods）和基础行业在牛市中期、牛市晚期的表现更好。同样，一旦经济周期达到顶峰，股票市场周期步入熊市早期，通常是股票投资者转向防守型股票的最佳时机。防守型股票包括食品、饮料、药品和医疗行业的股票。

当然，你已经明白，为什么这些信息对巨波投资者进行行业转换是如此重要。股票投资的行业转换[①]和选择是一个重要的概念，我们将会在本书的第三篇进行更深入的讨论。

生产率之天使

美联储主席格林斯潘在周三的发言中甚至没有提及“股市”一词，但他宣称新技术正使美国经济更富生产效率的事实，促使美国华尔街股市 12 年来最

① 有时称为类股转换，即从某一类股票转投另外一类股票。——译者注

强劲地连续上涨两周，纳斯达克指数在昨天也创出新高。

——《华盛顿邮报》

生产率是用来衡量每个工人产出增加速度的指标，华尔街紧张的灵魂会因听到有关劳动生产率的好消息而得以舒缓，几乎没有什么好消息能比生产率的好消息更让华尔街高兴。的确，生产率也是巨波投资者必须予以关注的最重要的经济指标之一，其原因至少有二：

首先，提高生产率是解决工资性通货膨胀的最佳方法。如果生产率以每年3%的速度增加，在没有通货膨胀的情况下，工资也可以增长3%。但是，如果生产率的年增长率不足1%，工资却仍然以每年3%的速度增加，会出现什么情况呢？显然会出现工资性通货膨胀，令美联储不安。

现在，我们来看生产率如此重要的第二个原因。从长期来看，除非我们在单位时间内能够生产更多的产品，否则，真实的、扣除通货膨胀因素后的工资水平是不能增长的。这是一个简单的铁律，已被多年的统计数据所证实：在1948到1973年间，劳动生产率每年增长3%，真实的工资水平也几乎以完全相同的速度在增加。对于美国工人来说，这是一个伟大的时代，工厂内数以百万的蓝领工人在生产率天使的帮助下，跻身于富裕的中产阶层。

到20世纪70年代，这种经济繁荣的情况因受能源危机、货币贬值、滞胀、频繁发生的旱灾、政治剧变等因素的影响难以再现。每年的生产率降到了不足1%，这种情况一直持续到1996年。生产率的确很重要：生产率下降直接导致真实工资水平的同步下降——年工资增长水平也不足1%。

从实际情况来看，这20多年中，美国民众的生活水平提高很小，甚至没有提高。更严重的是，美国工人受防守型行业萎缩、就业机会外流、广泛的生产技术革新的多重夹击，其实际工资水平和生活水平急剧下降。

幸运的是，自1997年起，年生产率一跃重新回到2%以上的水平。正如格林斯潘多次所言，这种增长已将通货膨胀这只猛虎关入牢笼，经济将会走向繁荣。为什么美联储在过去的很多年内采取货币发行的限制性政策？为什么我们当中的许多人现在又可以看到工资单上的薪水健康持续地增长？其原因正在于快速的技术革新、生产力水平的大幅提高。

预算赤字之龙

许多预算专家从来没想到还会有这一天。周三午夜结束的本财政年度是自1996 年以来首次有预算盈余的年度。1996 年是有财政预算盈余的最近的一年，那年，尼尔·阿姆斯特朗登上了月球，40 万摇滚歌迷在乌德斯克小镇度过了疯狂的周末……

——《弗吉尼亚航空报》（*The Virginian-Pilot*）

从二战结束到 20 世纪 90 年代末，出现财政盈余的年度极其罕见，美国国家债务的规模也因连年的财政赤字膨胀至 5 万多亿美元。

幸好，现在已是一个令人高兴的变革时代。在过去的几年中，美国财政一直保持着巨额的盈余。让人无奈的是，预算赤字和财政盈余都让华尔街的投资者感到头疼。巨波投资者应当理解其中的缘由。

赤字问题更容易理解。当出现财政赤字时，必须向公众借款支付政府账单。为此，政府在市场上公开发行并销售债券。政府债券的发行与公司债券和其他金融债券进行竞争，正是这种对稀缺资金的竞争导致利率上升。当然，华尔街非常不欢迎利率上升，因为高利率意味着投资减少、增长速度放缓、公司利润变少——随之股票和债券市场也会下跌。

谈到预算盈余时，政府不同部门的竞争目标经常导致金融市场上有趣的意见分歧。在 2000 年的上半年，正好发生过这样一个令人信服的案例。一方面，为了控制经济过热、抑制通货膨胀，美联储一直稳步提高利率；另一方面，美国财政部却大举进行债券回购，因为大量的财政盈余可以用来缩减国债规模。但是这种举措会降低利率，似乎与美联储的目标相左。

贸易赤字陷阱

推动股票价格继续稳步上涨的一丝信心在昨天突遭毁灭，道琼斯工业平均指数急跌 101.46 点。贸易赤字出人意料地剧增，震惊的股票交易员不经意间已将股票抛售一空……这一不受欢迎的贸易数据也重击了外汇市场上的美元，并促使利率上升，债券价格急跌。

——《华盛顿邮报》

当贸易赤字突然出现时，华尔街上几乎每个人都会深受其害——从股票、债券的一般投资人，到外汇投机大鳄。为了探究个中原因，我们设想一下贸易赤字引发的一系列灾难。

贸易赤字的激升，传递给外国投资者的信号是美元将会走弱。这些投资者不想被持有的以美元标价的股票所套牢，他们开始从美国市场抽逃资金。道琼斯和纳斯达克指数下跌的压力，甚至还有美元汇率下跌的压力因此增加。当股价出现急跌后，更多的外国投资者，外加数量节节攀升的国内投资者纷纷加入恐慌性抛盘的大军。这时，美联储也感到极度恐慌。于是，它就提高利率，恢复美元的人气，并试图吸引更多的国外投资。但是，提高利率这把逆火导致经济下滑，股市进一步下跌。

与此同时，随着股市的急速下跌，投资者突然发现财富大量缩水。他们发现自己的股票投资组合其价值瞬间跌掉了 30%多。面对巨额损失，投资者削减了购置大额物品，如汽车、住房、计算机的开支，甚至削减了娱乐和旅游等小额开支。消费支出的减少增加了经济衰退的压力，这都是由于美联储提高利率所引起的。接下来的事情，每个人都知道，美国经济将掉进螺旋下跌的通道——全球经济和股票市场也难逃干系，终将下跌。

危险与机遇并存

> 当 7.6 级的大地震袭击台湾后……分析师警告，将出现全球性芯片短缺……64 兆位的动态随机存储器（DRAM）的价格从 14 美元涨至 21 美元，全球的其他厂家正开足马力日夜赶工，以满足圣诞购物季的预期需求。
>
> ——辛迪加论坛（*The Knight Ridder/Tribune Syndicate*）

杰出的金融权威杰里米·西格尔（Jeremy Siegel）曾经说，“在汉语中，‘危机’一词由两个字组成：一个是‘危’，另一个是‘机’”。西格尔教授的理解非常正确。从巨波投资者的角度来看，每一次自然灾害或战争都是一次巨波操作的机会——尽管听起来似乎有点毛病。然而，这的确可以做到，只要灾难对金融市场的影响能被准确地解释和预测。这就是我们为什么要理解各种重大事件如何对不同的行业和板块产生不同影响的原因所在。

例如，特大地震袭击台湾，许多个人电脑和半导体元件厂商停产时，将是卖空苹果和戴尔股票的绝佳机会，也是做多韩国三星、现代等芯片厂商股票的良机。为什么？因为苹果和戴尔都严重依赖台湾电脑元器件的生产，台湾厂家生产能力受损必然使它们受到重大伤害；相反，三星和现代的产能没有受到影响，它们会从台湾产能受损导致的芯片价格暴涨中获得最大的利益。

同样，巴尔干战争的爆发和美军干涉带来的恐惧，可能会让整个市场感到沮丧，但战争也许会让国防类股票的价格暴涨。另一方面，墨西哥的债务危机也许不会对整个市场有大的影响，但它可能会让持有很多墨西哥货币的银行付出惨痛的代价，比如大通银行和花旗银行。最后，像本书的标题所说，如果巴西下雨，旱情缓解，那就是买入星巴克股票的最好时机。

除了战争、瘟疫等大灾难外，还有许多其他类似插曲般的、难以预料时间的事件，如飓风、油价震荡、计算机病毒等。这些事件也一样，既是威胁，也包含机遇。理解这种突发事件如何波及金融市场，是巨波投资者箭袋中最重要的一支箭。

政府与你的投资组合

克林顿总统和英国首相布莱尔在上周戳破了生物科技股的大泡泡，一点也不清楚他们做了什么。在 3 月 14 日，他们联合发布，在发现新基因的竞争中，将共享重大发现……华尔街误读了他们的新闻发布，认为对专利保护不利——由于投资者迅速抛售，一天内生物科技股跌了 13 个点，导致整个纳斯达克指数下跌 200 个点。

——《商业周刊》

的确如此，一点没错。政府官员的举动——就像上面的小故事所讲的那样，有时甚至是几句话——也能灭掉一只股票、一个行业板块甚至整个大盘。作为大范围医疗改革的一部分，如果国会对处方药实行价格控制，你就可以预期礼来、辉瑞和默克等制药公司的股价下跌。如果欧佩克产量削减，汲油设备价格飙涨，并且众议院发言人还说，将对大的石油公司征收暴利税，埃克森美孚和雪佛龙公司的股价将跌去两位数。

但是，也并非都是坏消息。政府的举动也往往会对股市产生积极影响。如果美国上诉法庭同意授予礼来公司抗忧郁药物百忧解更广保护的专利使用权，即可静待其股价大涨。如果食品与药品监督管理委员会（FDA）同意联合制药公司进行新的血液替代品的临床研究，猜猜其股票的走势。

更重要的一点是，如果你忽略了政府对股市的影响，你就是自讨惩罚。从这个角度来讲，经常阅读《洛杉矶时报》、《纽约时报》、《华尔街日报》、《投资者商业日报》等日报，以及《巴伦周刊》、《商业周刊》、《福布斯》、《财富》、《钱》、《新闻周刊》、《时代》和《价值》等杂志，可以密切掌握政府的管理动向，避免受到政府投出的许多政策炸弹的伤害。

科技创新之鞭

像拨号电话和八道磁带一样，打字机已被技术革命所淘汰。Smith Corona 公司曾是美国最大的打字机制造厂商，无数考卷、商业计划和信件由它制造的打字机打印。然而今天，它申请了破产保护。

——《波士顿环球报》

科技变化是决定股价长期趋势的最重要因素。这种变化可以为新公司的股东带来巨额的财富，比如，将电脑商业化的苹果公司、人类基因图描绘的领先者赛雷拉基因公司、首先建立网络基础设施的思科公司、拥有最先进眼科激光专利的威视公司。

但也须注意，这些科技发展也能重创或毁灭企业，结果导致投资者手中的股票变成一堆废纸。不相信？那就问问打字机制造巨头，Smith Corona 的股东。

老牌的知名公司 AT&T 公司又如何呢？这家巨型公司曾经主宰长话市场，却因新兴移动通信和无线科技的发展，市场份额大部分流失。

更重要的是，精明的巨波投资者——尤其是专攻科技股的人——应密切关注科技的突破，以及这些突破是否能够获取专利。谈及这一点，请多留意以下的网站：changewave. com、individualinvestor. com、redherring. com。这些网站以及它们的纸质资料，对于如何从科技创新中获利有十分独到的见解。

第 2 章

学院派之间的论战

在 91 岁高龄时，已经退休的经济学教授赫伯·胡佛仍然喜欢对股票市场大发雷霆。在一辈子的炒股生涯中，他总是在错误的时间选中最糟糕的股票。

一切得从 1931 年开始说起，那年，和他同名的胡佛总统提高利率，以保护金本位制度。正在读研究生的赫伯心想，这正是非常正确的古典经济学药方。于是，他有生以来第一次购买了 100 股股票。但是，随着胡佛总统采取紧缩性的货币政策，美国经济从衰退的边缘深陷经济大萧条的泥沼，赫伯持有的 100 股股票也变得一文不值。

赫伯第二次进场，情况也没好多少。那已是几年后的事情。当时，罗斯福击败胡佛，开始听取英国激进派经济学家凯恩斯的建议。通过庞大的财政赤字来拯救这个国家毫不奏效——哈佛大学的教授们也是这样给他讲的。也就是这时，赫伯再次孤注一掷。他卖空1 000股通用汽车股票。想不到后来经济复苏，股价竟然牛气冲天，让他大失所望，心力交瘁。

两次进场失败的经历，使赫伯在之后的 40 年，再不敢冒险染指股票市场。

直到 1979 年，他都一直没敢再进入股市。这一年，美联储开始奉行货币主义学派大师弗里德曼的经济哲学，弗里德曼可是赫伯这辈子最崇拜的偶像人物。赫伯非常肯定，在美联储采取货币学派的思想后，美国经济将欣欣向荣。于是，他将全部退休金从债券市场撤出，购买了高成长的共同基金。三年后，美联储的货币政策导致美国经济陷入“大萧条”以来最严重的衰退，他买的基金跌得很惨。

里根时期开始全面推行“乱七八糟”的供给经济学派的主张，股市反而却牛气冲天，可惜赫伯错过了。减税能够增加预算收入？赫伯认为那就像水中月，镜中花。但是股市偏偏喜欢这一套。

对赫伯来讲，在 90 年代初出现了他的最后一根稻草。赫伯相信，历年来每逢总统选举，股市一定出现上涨行情。所以，他再试最后一次手气——这一次，他大举融资入市；他准备最后赌一把——最后这把希望梦想成真。哪知有一群自称“新古典”经济学家的新支派，把持了布什的白宫，硬是不肯采取措施刺激经济。紧接而来的经济不景气，不只粉碎了布什连任的美梦，而且赫伯也第四次——也是最后一次泪洒股市，血本无归。

从赫伯的投资经历中看到了血的教训：如果你想在交易和投资中取得成功，了解宏观经济各学派之间的差异和争论是必须的。五种宏观经济学派是：古典经济学派、凯恩斯经济学派、货币主义学派、供给经济学派、新古典经济学派。一定要了解这些经济学派之间的差异，至少存在两点理由。

首先，每一学派都有自己重要的见解，巨波投资人可以用其来锻炼自己对金融市场的判断力。比如，古典经济学告诉我们，经济和市场如何进行自我调节，而凯恩斯经济学则解释在什么条件下，这些调节才可能发生。同样，货币主义经济学揭示货币和价格之间所有重要的联系及传导机制，而供给经济学派则说明如何使用减税和自由化的工具促使经济高增长、低通胀。新古典经济学则大谈预期心理在股票市场和整体经济中所扮演的角色。

更重要的是，对于令人困扰的经济问题，各宏观经济学派都开出了各自不同的政策药方。在实务中非常重要的是，在不同的时候，总统、国会，甚至美联储，采取不同的宏观经济学派的观点。例如，20 年代的胡佛和 50 年代的艾森豪威尔，深受古典经济学派的影响。30 年代的罗斯福和 60 年代的肯尼迪，则主要采信凯恩斯经济学派的观点。

相对地，在 70 年代末期，由于出现滞涨，货币主义学派思想占据着整个美联储，当时的美联储主席保罗不再试图控制利率，而是制定货币增长目标。结果是利率激增，重创债券市场和外汇市场，也连累利率敏感类股票大幅下挫。

我们要强调的，不只是第 1 章所讲的内容，机敏的巨波投资者还必须操心总统关心的经济问题，更应该了解国会、总统和美联储如何应对这些问题。国会可能减税吗？美联储会提高利率吗？总统会支持增加政府支出吗？精明的巨波投资者应该会知道，所有这些问题的回答，主要取决哪个政党入主白宫和国会，以及该政党目前对这些宏观经济问题采信哪个学派的意见。

谈到这一点，似乎可以这样说，民主党是凯恩斯学派，主张积极运用财政政策和货币政策。比较而言，共和党分成货币主义学派、供给学派、新古典经济学派，甚至古典阵营——这些学派都在某种程度上，不主张采用积极的财政政策和货币政策。

基于以上这些认识，我们就可以很快地梳理一下各个学派之间在历史上发生的争论。相关的历史必须从经济大萧条时期的古典经济学运动，以及后来的凯恩斯经济学谈起。接着，到 70 年代的滞胀时期，货币主义学派取得胜利，但是很快就在 80 年代被供给学派替代。不过，新古典经济学在 90 年代短暂占据主流位置之后，21 世纪头 10 年格林斯潘等政府要员，重新采用折中形式的凯恩斯宏观经济政策，或多或少地综合采用所有学派的思想。

➤ 古典经济学派的失败

1932 年，西班牙诗人加西亚·洛尔卡在马德里的一场演讲中对听众说，“纽约最野蛮、粗暴和狂乱的地方，不在哈林区……哈林区有人间的温暖和孩子的嬉闹，有屋子和草坪，悲伤时有人安慰，受伤时有人帮你裹上绷带。”他接着宣称，“最可怕、最冷酷、最无情的地方是华尔街。”1929 年 10 月，洛尔卡在华尔街亲眼目睹了股市大崩盘，这次崩盘揭开了经济大萧条的序幕。“无数钱财顿时化为乌有。救护车满载手上戴着戒指的自杀者。”

——《国家邮报》(*The National Post*)

经济大萧条的一个讽刺是，赫伯特·胡佛是有史以来入主白宫最聪明的总统之一。然而，他却成了当时主流经济学——古典经济学——教条的可怜俘虏。

古典经济学的历史可以追溯到 20 世纪 70 年代末，其思想源于亚当·斯密、大卫·李嘉图、让·巴蒂斯特·萨伊等自由市场经济学家主张自由放任的著作。这些古典经济学家认为，失业是经济周期中自然存在的部分，它会自我矫正，最重要的是，政府不需要为了矫正它而干涉自由市场。

从南北战争到喧闹的 20 年代，美国经济时而繁荣时而衰退，记录在案的就有不少于五次真正的萧条。然而每一次萧条之后，经济总会反弹回升，一如古典经济学家所预测的那样。每次如此，一直到古典经济学家遇上 30 年代的“大萧条”。随着 1929 年的股市大崩溃，经济先是衰退，最后陷入深深的“大萧条”。国内生产总值减少将近 1/3，到了 1933 年，25%的劳动人口失业。同时，企业几乎不再投资，企业投资从 1929 年的 160 亿美元左右，减少为 1933 年的 10 亿美元。

就在胡佛总统一再保证“最坏的时候已经过去”，“繁荣就在眼前”，以及古典经济学家眼巴巴等待必将来临的复苏之际，两位关键人物登上了宏观经济舞台——经济学家凯恩斯和胡佛总统的继任者罗斯福。

凯恩斯伸手施救

我们身陷巨大的混乱之中，在控制宏观经济这部精密机器的时候犯了大错。它到底如何运转，我们根本不懂。

——凯恩斯

凯恩斯断言，古典经济学自我矫正的思想是错误的。他警告，经济的复苏如果靠耐心等待，将徒劳无果。因为，就像他的那句名言：“从长远的角度看，我们都死了。”

凯恩斯认为，在某些情况下，经济不会自然复苏，只会停滞，甚至更糟，以至于掉进死亡之谷。凯恩斯认为，经济复苏的唯一出路就是增加政府开支，为经济注入活力。因此，财政政策开始诞生，凯恩斯开出的药方，成了罗斯福“新政”未明说的思想基础。财政政策是通过政府增加支出或者减少税收的方式，刺激或扩张经济。政府也可以用减少政府支出或加税的财政政策，紧缩经济或平抑通货膨胀。

30 年代罗斯福极具挑战性的公共工程计划，加上 40 年代第二次世界大战带来的繁荣，足以将美国经济和股市带出“大萧条”，并且达到前所未有的盛世。50 年代初，凯恩斯学派大规模政府开支的药方再度奏效。这一次，和对韩战争有关的大规模支出，把经济从不景气中拽了出来。10 年后，纯凯恩斯学派达到前所未有的高度。1964 年，为了纪念遇刺的肯尼迪总统，国会通过了为人称道的肯尼迪减税计划。

在肯尼迪总统时期，经济顾问委员会主席沃尔特·海勒（Walter Heller）使得“微调”（fine tuning）一词极为流行。海勒坚信，只要将凯恩斯的原理运用得当，美国的经济就会处于充分就业和低通胀的状态。1962年，海勒建议肯尼迪大幅减税，以刺激低迷的经济。国会最终通过该方案，肯尼迪的减税政策某种程度上使得60年代成为美国最为繁荣的年代之一。然而，财政刺激也为一个新的丑陋的宏观经济现象埋下了隐患。这就是众所周知的滞胀——高通胀率和高失业率同时并存。

货币学派乘虚而入

从一开始我就知道，如果为了打那场无比糟糕的（越南）战争，而离开我真爱的女人——“大社会”——我就会失去家里的一切，我的希望……（以及）我的梦想。

——约翰逊总统

滞胀问题归根结底在于约翰逊总统的固执己见。在60年代末，约翰逊总统不顾经济顾问们的强烈反对，在增加越南战争支出的同时，拒绝减少“大社会”（The Great Society）的福利计划开支。由于他的坚持，导致危害极大的需求拉动型通货膨胀。

需求拉动型通货膨胀的本质，是太多的货币追逐太少的商品，美国试图同时买枪和奶油——打越南战争和实施大社会计划——正好就是这种情况。结果不但经济活跃强劲，失业率低，而且通货膨胀率也快速上升。在这种情况下，需求拉动型通货膨胀是非常乐观的一种现象，因为只有当日子过分美好时才会出现。

1972年，尼克松总统管制了物价和工资，才使得美国从约翰逊时代的需求拉动型通货膨胀中稍事喘息。但 1973 年解除管制后，通货膨胀率又蹿升回两位数——主要是因为当时又出现了前景堪忧的另一种不同的通货膨胀——成本推动型通货膨胀。

成本推动型通货膨胀发生在所谓“供给短缺”时代，例如 70 年代初。那个时期，谷物歉收、全球性旱灾、全球原油价格上涨三倍之多。时间一长，成本推动型通货膨胀就演变成比较长期性的停滞型通货膨胀，即经济衰退或经济停滞与通货膨胀并存。与需求拉动型通货膨胀不同，滞胀时期，经济同时遭受高失业率和高通胀率双重打击。

谈及滞胀，最有趣的是，在 70 年代之前，经济学家们根本不相信高通货膨胀率和高失业率会同时发生。他们认为，如果其中之一上升，另一个必定下降。但 70 年代发生的经济现象证明经济学家们错了，也暴露出凯恩斯经济学无力解决滞胀问题。凯恩斯学派陷入窘境，仅仅是因为：为了减少失业采取扩张政策，只会推升通货膨胀率；为了抑制通货膨胀，采取紧缩政策，只会加深经济衰退。这表明，传统的凯恩斯经济学带领美国脱离大萧条，运作良好，但一次只能解决滞胀问题的一半，而使另一半问题更为恶化。

正是由于凯恩斯经济学在解决滞胀问题时无能为力，弗里德曼教授的货币主义学派才能有机会挑战凯恩斯经济学的正统地位。

逐步的衰退能使通货膨胀率下降

美联储主席保罗对通货膨胀的战争，勒得经济喘不上气来——股票市场也是一样。

——《今日美国》(*USA Today*)

以弗里德曼为代表的货币主义学派认为，通货膨胀和经济衰退的问题可以归因于一件事情——货币供给增长率。在货币学派看来，只有政府印发太多的货币，才会发生通货膨胀；只有政府印发太少的货币，才会发生经济衰退。

根据货币学派的观点，滞胀是政府采取不当措施的必然后果，也就是说，政府持续重复运用积极的财政政策和货币政策，试图将经济推到成长的极限。以货币学派有点扭曲的术语来讲，该极限被称为经济的“自然失业率”——但是大部分人认为，失业一点都不自然。

暂且不管这些，根据货币学派的观点，超过经济自然极限的扩张性政策可能导致短期内经济强劲增长。但是，每一次强劲增长之后，物价和工资都会不可避免地上升，并将经济拉回到自然失业率，而通货膨胀率仍然继续上升。

随着时间的推移，推动经济达到极限的反复努力，最终仍会导致通货膨胀的螺旋上升。遇到这种情况，货币学派相信，从经济中消除通货膨胀和通货膨胀预期的唯一方法，就是让实际失业率上升到自然失业率之上。要做到这件事情，唯一的方式是引导经济走向衰退。

自1979年起，美联储根据货币学派的理论，开始设定货币成长目标。在保罗的领导下，联邦储备委员会采取急剧紧缩的货币政策，利率迅速上升到29%以上。债券市场和外汇市场受到很大打击，住宅建设、汽车销售和企业投资等经济中的利率敏感部门也惨遭重创。

美联储的苦药果然奏效，三年的经济困难时期给美国人留下了满口苦味。他们现在真希望能有比凯恩斯学派、货币主义学派更甜点儿的经济学良药：供给学派于是登台亮相。

巫术之牛与赤字之熊

他们说，美国已经是强弩之末，我们的国家已经过了全盛时期。他们希望你告诉自己的孩子……未来必须牺牲，机会将会越来越少。亲爱的美国父老乡亲们，我绝对不接受这样的看法。

——里根总统

在 1980 年的总统选举中，里根大举供给学派的大旗，竞选对手布什斥之为巫术经济学（Voodoo Economics）。不管是不是巫术，里根的咒语对一般大众和股市都产生了超级棒的效果。他在保证减税的同时，增加政府的税收；在加快经济成长的同时，不致引起通货膨胀上扬。这真是甜蜜的宏观经济处方。

表面上，供给学派的方法看起来与 60 年代为刺激低迷经济而采取的凯恩斯学派的减税措施很像。但是，里根时代的供给学派，从一个非常不同的行为角度看待这种减税措施。和凯恩斯学派不同，他们认为减税未必导致通货膨胀。相反，供给学派认为，如果允许美国民众保留更多的劳动成果，他们会比从前更努力地工作，投资也会比以前更多。最后的结果会是，美国经济的供给曲线将向外推移——所以称作“供给主义”经济学——而实际生产的财富和劳务数量将会提高。

最重要的是，供给主义学派保证，减税可以刺激经济快速增长，因减税造成的税收损失能从经济快速增长而增加的税源中得以弥补并有结余。所以根据供给主义经济学派的观点，预算赤字可望降低。

然而事与愿违。虽然经济和股市欣欣向荣，但美国的预算赤字依然。而且预算赤字快速增加的同时，贸易逆差跟着飞涨。

经济战争的受害者

由于经济问题不断出现，布什总统陷入了异常被动的局面……计划通过为正式连任竞选大造声势，尽力重获政治优势……谈到以前运作非常顺畅的白宫政治和新闻发布机制时，一位共和党的行动派人士说：“一切都已分崩离析……我们自己满嘴胡说八道。民主党已经把布什拉进了他们的游戏场痛扁一顿”。

——《华盛顿邮报》

海湾战争胜利之后，获得极高声望的这位总统，在最新民意调查中的支持率竟然跌得既快也惨，属历来政治界罕见之事。这一切都只和经济有关。

在海湾战争时期，布什总统所关心的事，远不止伊拉克总统萨达姆·侯赛因。的确，美国的财政赤字已经跃升至 2 000 亿美元，经济也滑入严重的衰退中。在正统的凯恩斯学派看来，一有经济衰退的信号，就应该采取扩张性的政策。然而，布什的白宫，并未任用凯恩斯学派作为顾问，而是由新一代的宏观经济学家——新古典经济学派——接替了里根总统执政时期的供给学派担任经济顾问。

新古典经济学派依据的是理性预期理论。根据这一理论，如果你的预期合乎理性，你会把所有的信息纳入考虑，包括积极的财政政策和货币政策的未来后果。

理性预期理论假设：积极性的政策能够愚弄人们一时，但是，一段时间之后，人们会从他们的经验中学到教训，这时就再也愚弄不了他们了。这种思想的中心政策的含义当然十分深远：理性预期的积极的财政或货币政策完全无效，因此应该弃而不用。

例如，假定美联储采取扩张性的货币政策以填补衰退缺口。这种积极政策的反复使用让人们知道，货币供给的增加会导致通货膨胀率的上升。在理性预期的世界中，为了保护自己，企业马上会对联储的扩张政策做出反应，提高产品售价，工人会要求提高工资。结果，刺激经济的努力，被通货膨胀的紧缩效果完全抵消。

事实上，我们观察到全球的金融市场一直以这种理性预期在运转，本书所阐述的也正是这种前瞻性的思想。2000年上半年，金融市场的反应方式就是一个小小的例子。在那段动荡不定的时期，需求拉动型通货膨胀的压力持续增加，已无以复加，美联储也一再提高利率——前后11个月内，累计加息6次。但是金融市场不会等到联储实际加息再做反应。相反，当预期联储将有可能加息时，市场早在联储实际行动之前，便已经进行调整。债券价格下跌，公债利息上扬，美元走强，商品市场成为通货膨胀避险的天堂，股市反转下挫。而忽视所有这些巨波信息的微波交易手，每一笔操作都站在错误的一边。

回到90年代早期，回忆当时布什总统遇到的困境。尽管布什的新古典经济顾问可能提出了一些不错的经济建议，但那却是十分可怕的政治建议。的确，这些新古典经济学顾问拒绝了凯恩斯学派对日益加重的经济衰退开出的速效药方。他们从长远的目标出发，呼吁采用稳定、系统的政策，而不是从短期的角度考虑，采取应急的、自由裁量式的行动。

布什把新古典经济学派的建议放在心上，结果经济一路蹒跚前行到1992年的总统大选。他和60年代的尼克松一样，没有兑现民主党带领经济再度动起来的承诺。关于政权转移最有趣的或许是，克林顿总统在刺激经济方面的实际作为很少。克林顿只是承诺用比较积极的方法帮助恢复企业和消费者的信心。

一幅图值10 000点道琼斯指数

今天，美国的宏观经济魔术师似乎有能力抑制严重的经济衰退和萧条发生，如图2—1所示。这是现代宏观经济学的一大胜利，也是对投资者来说再好不过的消息。请注意，在第二次世界大战后全面使用宏观经济政策以来，经济周期的波动幅度已经大幅减小。

这幅图似乎有力地证明，积极的财政政策和货币政策能够减少经济周期的

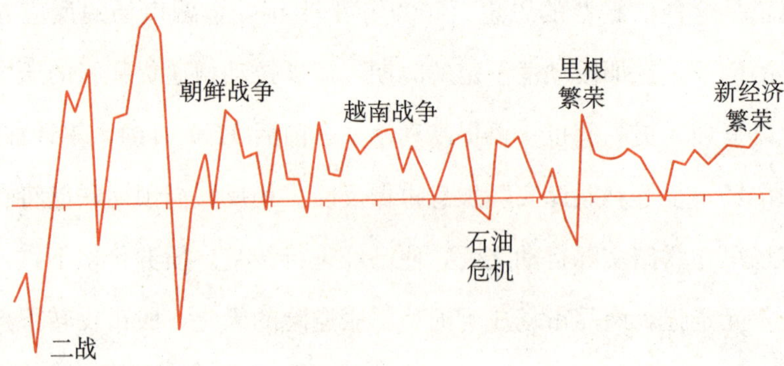

图 2—1　美国宏观经济趋势图

波幅，进一步讲，就是降低股市的波动。后面两章将更深入地探讨神秘的财政政策和货币政策。而本章我们得出的更为宽泛的结论如下：

- 在如何解决衰退、通胀和滞胀等经济问题上，激烈争论的各宏观经济学派不能达成一致意见，分歧很大。
- 在任何时候，联邦政府解决这些问题的方案都会受到总统、国会和美联储采用何种经济学派观点的影响。
- 政府采取的解决方案不同，股票市场会有不同的反应，反应程度也会存在差异。

例如，在经济衰退的情况下，信奉凯恩斯学派的总统可能会通过增加政府公共支出来刺激经济。这对股市或许会有短期的激励效果，也可能对国防、住宅建设等股票有推动作用，因为这些部门的业务非常依赖政府开支。但是债券市场可能担心随之而来的预算赤字会提高利率，从而受到不利的影响。

相反，信奉供给学派的总统，可能倾向于对消费者大幅减税，同时放松对某些企业的管制，来刺激衰退的经济复苏。这同样也对股市利好。消费者负担的税赋减轻，对那些更多依赖消费者的企业，如汽车和零售企业的股票更为有利。此外，最有可能从放松管制中受益的行业是化工业和电信业，股价也有可能上升。

第 3 章

山姆大叔的工具箱

● 在 1933 年，弗兰克林·罗斯福总统实施新政，根据凯恩斯主义刺激经济的方案，大幅增加政府开支，使美国经济开始走上摆脱大萧条之旅。之后四年内，道琼斯指数上涨 240%。

● 在 1954 年，美国经济陷入大萧条以来最严重的经济衰退。艾森豪威尔总统的主要应对措施是减税、增加公共支出，熊市因此转向牛市，股票市场在之后的 15 个月内涨了 80%。

● 在 1964 年，为了纪念遇刺身亡的肯尼迪总统，国会通过了著名的肯尼迪减税计划。凯恩斯经济药方使美国经济摇摇摆摆走出阴霾，道琼斯工业平均指数在之后的两年半内上涨 40%。

● 在 1982 年，里根总统大幅减税，美国经济摆脱了货币主义束缚的链条，股票市场开始起飞，踏上了 5 年的牛市之旅，持续上涨 200%。然而，这并未成为史上最长的牛市。最长的牛市出现在喧嚣的克林顿执政时期。

● 在 90 年代克林顿履新之初，他提高税赋，削减政府开支，以平衡联邦预算收支。这一系列新政打消了华尔街对财政赤字增加的恐惧，恢复了经济繁荣，华尔街股市犹如一只兴奋的牛狂奔着进入一个新的时代。

- 在 2001 年布什执政之初，经济日渐下滑，到底该采取布什政府的减税措施，还是采取美联储主席格林斯潘的降息策略，陷入了一场持久的明争暗斗之中。布什与格林斯潘之间相左的观点导致政策的停顿，使得恢复美国经济更为困难。随之而来的经济不确定性增加了对通货膨胀的顾虑。在这个过程中，美国股市的恢复速度也被延迟。

以上举例说明了财政政策对股票市场的走势如何产生深远的影响——这里的财政政策是指，增加政府开支、降低税赋以刺激经济增长，或减少政府支出、提高税赋以控制经济过热。在本章，我们首先应该理解财政政策的运行机理，然后使用巨波逻辑分析法分析财政政策对股票市场的影响。

宏观经济计量

为了真正理解财政政策的本质，我们需要了解一点国民收入核算的知识。为了统计 GDP，我们必须将消费性支出、投资性支出、政府支出和净出口进行加总。此处净出口是出口总额减去进口总额的差额。从理解财政政策本质的角度讲，GDP 的计算很重要，原因有二：

第一，我们可以了解 GDP 各组成部分的相对重要性。例如，消费几乎占 GDP 的 70%。机智的巨波投资者给予消费指标，如消费者信心指数、零售额、个人收入等特别的关注，其原因即在于此。作为 GDP 最大的组成部分，主要消费指标的变化将成为经济衰退或经济过热与通货膨胀的警示性信号。

GDP 计算公式之所以重要的第二个也许是更为重要的原因，是它对我们根据巨波理论进行投资决策有很大帮助。巨波理论是政府采取财政政策的理论依据。例如，假设宏观经济受到中东战争、厄尔尼诺引起的大面积干旱的不利影响，消费者由于担心经济不景气而增加储蓄，减少消费支出，那么在 GPD 公式的四个组成部分中，消费就会开始下降，而这之后，将引发连锁反应。

接下来发生的事情就是，由于消费支出的减少，企业的商品库存将会滞销。企业因此将会减少投资，解雇员工。你认为那些被解雇的员工会做什么或不做什么？这需视情况而定。被解雇的员工会减少开支，消费进一步下降。这导致商品的更多积压，投资的进一步减少，解雇人员的进一步增加。经济衰退进一步加剧，直至到达经济低谷。

现在，财政政策的主要思想应该是阻止下滑，并使经济衰退转向增长。通常通过抑制消费或减少投资的措施实现该目的。

➤ 打开山姆大叔的工具箱

凯恩斯主义的第一个选择是单纯增加政府开支。实际上，当时的政府为了摆脱 30 年代的经济大萧条，正是采取了这样的做法。罗斯福新政时期，政府对公共项目进行大规模投资，以抵消由 1929 年股市大崩盘带来的消费和投资急剧下降带来的不利影响。在 50 年代，类似的凯恩斯刺激经济的方案也被成功使用，使经济走出衰退。然而，自从那时起，已过去 50 年，政府很少使用这种财政政策作为阻止经济衰退的工具。

凯恩斯主义的第二个选择有所不同，它具有明显的政治诉求——使用减税手段刺激经济增长。例如，最著名的凯恩斯减税政策在 1964 年约翰逊总统任期内得到了有效执行。前文引述的肯尼迪减税计划是为纪念被暗杀的肯尼迪总统而获得国会通过，实际上肯尼迪总统在世时对此持反对意见。这项减税计划促使道琼斯工业平均指数在两年半内上涨了 40%。当然，具有讽刺意味的是，该减税计划仅实施五年之后，约翰逊政府不得不增加税赋，以抑制经济过热。

这次经济过热是由当初的肯尼迪减税计划、越南战争、约翰逊政府社会复兴项目的政府支出共同影响形成的。本质上，这次增税是原财政政策的反向使用。

利用减税政策刺激经济增长的第二个例子发生在80年代里根政府时期。尽管这位共和党总统标榜这种减税是供给方减税政策，至少还有些人士认为，里根减税政策主要是对总需求发挥效应，实际上它是古典凯恩斯主义财政政策而不代表真正的供给主义经济学的思想。在《商业周刊》中对此政策的描述如下：

> 里根政府进行了一系列经济试验。根据供给主义经济学，里根总统提出减税政策、鼓励防守型行业的消费支出并平衡预算。但是，1981年的减税政策并不能增加民众的收入。现在许多经济学家认为，里根政府时期的经济增长是财政赤字刺激的结果，当属凯恩斯主义的思想，而非供给主义经济学的应用。

这一评价听起来有些令人不悦，可能也并不准确。但是，里根减税措施属于凯恩斯主义还是供给主义学派并不重要，这些减税措施对经济和股市的恢复作用很大。

巨波投资者对这些财政政策非常感兴趣，他们主要是想了解财政政策为什么能够将其效应传递到股市，以及是如何向股市传递的。这是因为增加政府支出或减少税收，政府财政就会出现亏空，预算赤字就会增加。就此，巨波投资者需要问的重要问题就是：政府如何为扩张性的财政政策造成的财政亏空融资？

从实际情况来看，政府为财政亏空融资的方式有两种：销售政府债券（发行国库券）或多印钞票（发行钞票）。我们在此需要强调的是，这两种方式对于巨波投资者意义不同，它们具有非常不同的风险，也具有非常不同的赚钱机会。

➤ 别把我挤出去!

70年代，当我还是大学生时，从书本中学到：要成功地发展经济，最重要的是使用财政赤字刺激经济增长。这一思想，植根于凯恩斯的著述……然而，自从我学习这些理论的那个时代开始……我就认识到，从经济长远增长的角度考虑，我们必须更多地关注供给因素。同时，要清醒地认识到，财政赤字政策对投资存在挤出效应，可能会降低生产率，陷入一个“以更高的利率发行国债、私人投资因被挤出而更少、经济发展更慢、财政赤字更大”的恶性循环。

——前美国财政部长劳伦斯

美国财政部直接进入私人金融市场，发行债券筹集资金，以弥补财政赤字。这一行为的最大危险在于，政府债券的销售将会提高利率，因此挤出私人部门的投资——前财政部长劳伦斯语重心长地提出以上警告。这种对私人投资的挤出效应之所以存在，原因在于为了顺利销售债券，筹集到资金，政府也许不得不提高债券的发行利率。但是，政府债券的高利率将会使得公司债券对投资者的吸引力降低，结果会使私人投资减少。至此，你就会明白，财政赤字令股票和债券市场极为紧张不安。

注意下面这种情况。经济衰退时期，政府增加财政支出以抵消消费和投资的减少。然而，政府发行债券为财政开支筹集资金，这会提高利率，然后进一步降低 GDP 公式中的私人投资。随着政府支出的增加、私人投资在一定程度上的减少，这种对私人投资的挤出效应使得财政政策的效果大打折扣。

➤ 政府的印钞机

在进入70年代时，尼克松总统任命他的老朋友安瑟·波恩为美联储主席……波恩向尼克松总统保证，若获任命，不管美国经济需要多少银根，他都会照给不误，以便让共和党在1970年和1972年胜出。然而，当他如愿入职后，就变得甚为犹豫。波恩非常清楚尼克松的货币政策将如何引起通货膨胀。如果尼克松直接限制价格，他决定，自己继续……在1971年8月15日，尼克松宣布了自1933年以来美国经济政策最惊人的转变。他冻结工资和价格90天，对所有进口商品增加10%的附加费，禁止以35美元的价格用黄金自由兑换美元。

从短期来看，这个计划是有效的。高兴的安瑟·波恩开动印钞机印钞，尼克松如愿实现1972的繁荣和61%的选票。然而，在1973到1974年间通货膨胀率达到2位数，能源出现短缺，国际货币体系瓦解，出现了1940年以来最糟糕的经济衰退。

——《标准周刊》(*Weekly Standard*)

《标准周刊》列出了波恩时代不加限制疯狂印钞带来的一系列金融灾难，在这里，我还想再加一条。当然，这一条就是美国股市有史以来的第二大熊市。在1973到1974年间，道琼斯工业平均指数下降一半。绝无仅有的、比其更糟糕的一次就是大萧条时期的股市灾难，道琼斯指数下降89%。

显然，政府的印钞机给你的投资组合带来了极大的风险——或者，是你沽空的绝好机会。但是，你也许会问，美联储是如何印发钞票，为财政赤字筹集资金的?

美国政府发行债券，在这些债券进入公开市场之前，美联储购入这些债券，政府因此便筹集到弥补财政赤字所需的资金。在这种情况下，美联储配合政府的财政政策，将政府发行的债券在进入公开证券交易市场之前购进，以防对公司债券价格的不利影响。为财政赤字筹集资金就相当于印发钞票，原因即在此。美联储购入债券只需签发一张支票，但实际上会增加银行的准备金。

历年来，为了争取美联储对自由裁量财政政策的宽容，曾经发生过一些很有趣的部门间的扯皮较劲。例如，在越南战争期间，美联储主席威廉姆一直拒绝配合约翰逊政府为越南战争和大社会项目融资的财政赤字政策，其结果导致利率增长达两位数。另一方面，正如我们上文摘自《标准周刊》的消息一样，为摆脱经济衰退，安瑟·波恩时的美联储配合政府采取了宽松的财政政策，而宽松的财政政策带来的也是一场经济灾难。

从更广泛的意义上讲，机智的巨波投资者应该清楚地认识到，为财政赤字融资的两种方式——发行债券和印发钞票——对金融市场的影响具有很大的差异。在通过发行债券融资时，高利率很可能导致股票和债券市场走低，美元价格上升。这是沽空和货币投机的机会。相反，印发钞票筹集财政亏空所需资金时，利率会下降，债券的价格会随货币的价格而逐渐下降，但是，股市会走强，至少在短期内会是牛市。然而，宽松的货币政策引发通货膨胀，就像安瑟·波恩时代那样，华尔街几乎每个人都会逃走。在这种情况下，只有那些敏捷的沽空者会进入股市做次交易，赚钱即跑。

那么，你已经看到，财政政策对金融市场的影响极其复杂。在下一章，我们将会看到，货币政策的影响也同样极为复杂。

第 4 章

格林斯潘的公文包

2月4日，美联储开始提高利率，我们预期会挤掉股票市场上的投机泡沫。

——前美联储主席格林斯潘

这是一个令人惊恐的引用。美联储主席公开承认，他特意使用货币政策使股票市场下跌，以走出投机性的“非理性繁荣”。我们这个时代最雄辩的经济学家保罗·克鲁格曼的评论又如何呢？克鲁格曼说：

你也许不同意美联储主席的判断——认为他应该采取更为宽松的货币政策——但你几乎不能怀疑他对经济的影响力。的确，如果你需要一个简单的模型来预测未来几年美国失业率的话，我这里有一个：格林斯潘想让失业率是多少就是多少——只需加上或减去反映实际情况的一个随机误差，毕竟他不是神！

你理解了吗？“不要与美联储对抗!”是华尔街职业投资交易员的一条格言——它直接说明美联储和货币政策极为重要！的确，曾经与美联储对抗过的交易员或投资者，从血的教训中认识到，不确定的货币政策对金融市场有何影响。

神秘的货币政策

货币政策包括增加货币供应量，刺激经济走出衰退的宽松性货币政策；也包括减少货币供给，防止经济过热和通货膨胀的紧缩性货币政策。联邦储备委员会通常使用两种货币政策工具调控经济。

第一种是公开市场业务。简单来讲，联邦储备委员会想要增加货币供应量、降低利率时，在公开市场中购入政府债券；当希望减少货币供给、提高利率时，销售持有的政府债券。

公开市场业务曾经一度是联邦储备委员会最重要的工具，但现在，至少在格林斯潘时代，又出现了第二种工具可供选用。这种工具包括贴现率和联邦基金利率的制定。贴现率是指商业银行向美联储借款时美联储收取的利息；联邦基金利率是指商业银行之间相互提供贷款时收取利息采取的利率。降低贴现率和联邦基金利率，可以使银行取得借款时更便宜，从而增加货币供应量；相反，提高这些利率，会增加银行从美联储取得借款的成本，减少货币供应量，从而产生紧缩性货币政策效应。

巨波的连锁反应

6 月份的新屋销售与 5 月份相比下降 3.7%，达到了两年多以来的最低水平。这是因为提高抵押贷款利率给了繁荣的房地产市场重重的一击……新屋销售额的降低，意味着消费支出的减少……新屋销售减少，意味着新的家电——

洗衣机、甩干机、洗碗机、冰箱和其他家电物品——需求减少，地毯需求和房屋装修、改建支出也会受到影响。而且，当人们减少大件商品采购时，也会倾向减少一些小件商品的购置支出。

——《投资者商业日报》

这段文摘中所谈论的一系列事件，正是联邦利率的微幅上调波及其他行业链条，并产生重大影响的例子。如果新屋销售下降，与房产相关的其他许多行业都会受到重创。

引起这一系列调整的核心，正是需要我们理解的货币传导机制。它能准确地解释美联储调整利率紧缩和刺激经济的原因及方式。下面有一个例子，在经济过热引起通货膨胀的情况下，货币传导机制如何发挥作用。

首先，联邦储备委员会通过公开市场业务或提高贴现率来提高利率。提高利率不仅减少了商业投资，而且减少了消费支出和出口。例如，抵押贷款利率提高后，消费者将购买小户型房屋，或者不购买新房屋，而仅仅装修一下旧房继续居住。同样，在一个对外开放、开展国际贸易的经济体中，利率的提高导致美元价格上升，进而降低出口能力。消费、投资和出口降低的总效应使GDP和通货膨胀率下降，从而实现预期的政策目标。

你也许会想，在经济衰退时，货币政策正好起一个相反的作用，刺激经济增长，恢复充分就业。但是，是这样吗？这一问题我们将继续讨论，它涉及在什么时候货币政策是最有效或最无效的，在什么时候财政政策是应该优先选择的政策。

绳子可以拽，不可以推

在30年代，美联储注入大量流动性到银行体系，但是银行家拒绝提供贷款，客户不愿意借款。这让财经记者创造了一种新的说法，“你不可以推绳子。”说得很对，你的确不能推绳子。

——《福布斯》

总的来讲，财政政策是在经济陷入深度衰退或萧条时可选择的政策工具；相反，货币政策是在政府抑制通货膨胀或仅为治疗小的经济衰退时更愿意选用的政策工具。了解下面这句格言相当有用：绳子可以拽，但却不可以推。

下面是一个拽绳子的设想。假定经济充分就业或接近充分就业，并有经济过热和通货膨胀的危险。在这种情况下，美联储所能做的一切就是开始慢慢提高利率。之后的反应是，消费者开始削减他们所能负担的贷款消费。这很可能意味着房屋和汽车消费支出的减少、冰箱和洗衣机等耐用品消费支出的减少。这些消费支出的削减随后会传递给生产这些商品的行业及其经济的其他领域。与之同时，企业很可能开始削减它们的投资。对利率较为敏感行业的一些企业，如零售和金融业，由于预期销售和收入减少而降低投资额；对利率不敏感行业的一些企业，由于货币的价格——利率——上升，而削减投资。结果就会使过热的经济降温，通货膨胀的压力降低——即使观测到这一结果需在三到六个月或甚至更长时间以后。在这种情况下，美联储成功地拉紧了缰绳，使濒临通胀边缘的经济悬崖勒马。

现在，设想另一种情景，并与上面拉紧绳子的设想进行比较。假设经济正在不断滑向更深的衰退。在这种情况下，美联储也许最好采取宽松的货币政策，以实现经济复苏和充分就业。然而，此时消费者和企业能否对利率降低做出反应，这很难确定。从消费者的角度来看，虽然利率降低，但由于他们担心经济形势进一步恶化，在购买汽车和冰箱时就更趋谨慎；同时，企业由于看到生产能力过剩、仓库的存货因滞销而堆积如山，即使利率降低它们也不愿意扩大规模，增加投资。这就是绳子不可推的问题，此种情景用一个“老马与水”[①]

① 老马与水，是西方的一个谚语。意思是说，你可以把马牵到水边，但却不一定能使得马饮水。比喻你可以为某人创造做某事的机会，但他也许会拒绝去做。——译者注

的典故描述更为形象贴切：你可以给企业更低的利率，但却不能让企业利用这个机会去投资。在这种情况下，政府很可能不得不转向扩张性财政政策，刺激经济走出衰退的泥沼。

对于巨波投资者的重要意义在于：经济衰退时，观察财政政策的调整；经济充分或接近充分就业时，观察货币政策的调整。

当然，我们已经讨论了市场对这两种政策具有不同的反应。现在，为了把故事讲得更圆满，我们继续讨论美联储采取的针对国内的货币政策如何对国外经济和股票市场产生深远的影响——影响至欧洲、亚洲再到拉丁美洲。

格林斯潘打个喷嚏，欧洲会患肺炎

吉列认为，最近的盈余报告让人失望的主要原因是欧元的疲软。他的股票价格狂跌不止。吉列表示，从欧元换回美元，少亏一点钱——其实，少亏的可不是一点。未来几周，或者几个月，同样的调子还会一吹再吹。

——《巴伦周刊》

联邦政策如何波及美国本土之外？在考虑这一问题时，需要理解的重要关系是利率与汇率之间的关系。汇率就是一种货币兑换另一种货币时的比率。例如，如果美元与日元之间的兑换比率为 110，就是说，你用 1 美元可以兑换到 110 日元。

当联邦储备委员会提高利率应对国内通胀时，外国投资者可以看到在美国有更好的投资机会。然而，为了到美国投资，在投资于美国国债、股票等美国资产时，他们必须将外国货币换成美元。这种货币兑换增加了对美元的需求，驱使美元相对外国货币升值。关于这一切，最令人感兴趣的是，在某种特定环境下，美联储提高利率的决定会破坏美国主要贸易伙伴的经济。为了解释个中缘由，请考虑欧洲各国因美联储提高利率而陷入的两难窘境。

假定美国经济过热，联邦储备委员会提高利率，正尽力拉紧经济的缰绳。进一步假定，德国和法国的经济增长速度稍低于美国，而欧元区其他国家比如比利时、意大利和西班牙实际上正面临着两位数的失业率。

现在，我们解释欧洲国家的两难困境。当美联储稳步提高美元利率时，美元价值相对于走弱的欧元稳步升值——欧元是欧洲货币联盟的通用货币。由于美元利率的提高，欧洲的投资资本逃出欧洲，进入有更高获利机会的美国金融市场。资本的外逃导致欧洲经济进一步恶化，伦敦和巴黎证券交易所的股票价格下滑，成为令人遗忘的熊市。

那么，欧洲国家对此该做些什么呢？事实上，它们有两种选择——但是没有一种选择特别好。的确，对于欧洲国家，美国联邦储备委员会使它们陷入了一种两难境地——怎么选择都不对！

欧洲国家的一种选择就是什么也不做，当投资资本外逃时，任其货币继续贬值。这种选择最重要的优点是，美元的走强和欧元的相对走弱会增加欧洲向美国的出口。最终，欧洲出口行业的增长将会刺激欧洲经济的发展。另一方面，由于选择不加干预和调控，欧元走弱会导致从美国的进口变得更加昂贵，欧洲经济就会出现通货膨胀。欧洲消费者购买力的下降，也会引起欧洲抵制“美联储帝国主义”的政治压力不断增加，愤怒的欧洲民众通过投票，罢免他们的领导。第一种选择看起来并不是一个好的选择。

第二种选择如何？也许更糟。在第二种选择下，欧洲中央银行跟着美联储提高利率的基点提高欧元利率的基点，阻止欧洲资本逃向美国，但是，这种选择可能导致欧洲经济更大的衰退。的确，如果欧洲作出这种选择，像美联储一样，他们采取的就是一种紧缩性的货币政策。当然，最大的不同是，美国经济处于充分就业的通胀边缘，而欧洲经济处于衰退之中，紧缩的货币政策会使经济更糟。各国首相将会做什么？

当然，重要的意义在于，美国货币政策势必影响到全球的金融市场。格林斯潘打个喷嚏，欧洲的确会患上肺炎。对巨波投资者，这意味着风险和机遇同在。

在这个特定的例子中，观察到这一系列事件发生的投资交易员也许会投机美国债券，或卖空欧元。另外，他也许投资于出口主导型欧洲公司的股票，或卖空美国周期性行业的股票。当然，在本书的第三篇，我们将更加详细地讨论美国货币政策创造的投资机会。现在，我们需要转向第二篇——巨波投资法详解。

第二篇

巨波投资法详解

第5章

巨波投资法的八大原则

罗伯特·费舍尔有两个爱好：下棋和买卖股票。因为他擅长其一，所以也就对另外一个了然于心。而如今，他即将大行财运，因为在他看来，整个股票市场就是一个大棋盘，棋艺的精通使得他在股票投资中也总能未雨绸缪。

罗伯特打算买下1 000股西北航空的股票作为自己股场开局的第一步。他为什么要这样做呢？在几分钟之前，美国航空业的大佬美国联合航空宣布将收购大陆航空公司，该公司对美联航来说是一个非常有价值的"卒"，通过这一收购，美联航将成为全世界最大的航空公司，成为真正的业界之王。

很多交易员一听说这一收购案，便开始争抢着买进大陆航空公司的股票，然而罗伯特心中明白，这些没有全局意识的交易员们都将因为他们手头上攥着的迟早要发生的投机泡沫而付出太多的代价，其中有很多人甚至会因此赔掉不少钱。

就在这个时候，罗伯特对美联航这一策略性举动的意图早已心知肚明：美联航意在通过这一次收购在美国航空业中形成对自身发展有利的垄断局势，“将死”其对手——达美航空公司和美利坚航空公司。罗伯特预测，达美航空和美利坚航空在这样的情况下，将被迫采取防御性措施，立即寻找自己的收购目标。这正是罗伯特迅速买进西北航空的 1 000 股的巨波逻辑，因为据他对航空业的了解，该航空公司是上述两家公司最有可能的收购对象。

就在接下来的两周内，西北航空公司的股价先从 24 美元快速涨到 28 美元，然后又高跳到 35 美元。这背后的原因，就在于美利坚航空公司确实出高价要收购西北航空。而就在这时，罗伯特又毅然地卖出手中所持的西北航空的股份。就这样，罗伯特通过这次巨波投资，轻而易举地赚到了高达 2.2 万美元的利润。而那些在大陆航空公司股价从 25 美元跳空向上至 49 美元时跟进，以借此牟利的风险投资者，却备受打击，因为股价很快从 49 美元跌至 40 美元。好家伙！罗伯特真是爱死这个巨波投资游戏了！

巨波投资法的目标是，在一个特定的风险等级下，将收益最大化的同时，使损失最小化且能保本。实现这个目标，巨波投资者必须理解以下巨波投资法的八大原则。

1. 理智投资，绝不投机。

2. 明确区分市场风险、行业风险和企业风险。利用巨波投资理论分散风险，并使其最小化。

3. 搭乘列车，往它要去的方向。视情况需要而做多、卖空或收手不动。

4. 搭对列车。不要把眼界仅仅局限在股票市场，也要注意研究债券市场和外汇市场，在可能的时候进行债券和外汇买卖。

5. 总体经济形势是市场趋势看涨或看跌的一个最重要的决定因素，也是投资者的益友，永远不要逆势操作。

6. 在股票市场内，不同的行业对不同巨波事件消息的反应截然不同。巨波投资者会在看涨的时候购进强势行业的强势股，会在看跌的时候卖空弱势行业的弱势股。

7. 股票、债券和外汇市场对总体经济面的消息做出不同的反应，差异也很大。巨波投资者深知，其中某一个市场行情的变动，常常预示着其他两个市场行情的变动，所以要仔细观察每一个市场。

8. 不要在象棋棋盘上下跳棋。① 影响某一特定公司或者行业的总体经济消息，也会影响其他公司、行业或市场。巨波投资人若想看清这种传递效应，就必须学会象棋手的思维，尽可能向前多看几步。

现在，我们从巨波投资者的角度，逐条分析上述八条原则。

原则一：理智投资，绝不投机

你是抱着赚取一笔巨额利润的想法盲目下注，还是想理智地进行投资，来赢得一笔数额不大但却更为稳当的利润呢？

——杰西·利弗莫尔，《股票作手回忆录》

巨波投资者理智地投资而从不投机。投资和投机两者之间的区别非常重要，因为久而久之，正是这样的一个区别，将一贯的赢家同稳赔不赚的输家截然区分开来。

投机者必定失败，因为在形势对其不利的情况下仍然选择冒险。各种形式的投机行为，在我们的日常生活中几乎无处不在，就像买彩票、赌轮盘、痴迷于玩吃角子的老虎机等等。冒这样的风险，就像在赌场里赌钱一样，注定要输给赌场的。

① 意指不要走一步看一步，要看整体经济趋势。——译者注

投机者之所以一直敢于冒险，是因为偶尔也会有令人兴奋的大额利润进账，让他误以为通过投机盈利的概率很大。然而，也许某一天他很幸运，但概率定理最终会让他自食恶果。长久来看，“赌场”从来不会输，这正是“赌徒破产定律”。

与此相反，理智的投资者只在形势对其有利的时候才去冒险。也就是说，理智的投资者只有在天平向他一侧倾斜的时候，才会进行投资，而并不是在对“赌场”有利的情况下下注。再者，他从不在没有把握的情况下冒险投资，也从不孤注一掷。

扑克游戏，实际上就是一种按照风险进行投资的行为。同股票市场上的风险投资行为相比，却有着明显的不同。加里·贝弗德（Gary Bielfeldt）在他的经典著作《金融奇才》（*Market Wizard*）中，巧妙地解释了投资与投机之间的关系，解释得很漂亮。

在很小的时候，我就学会了怎么玩扑克。爸爸告诉我，玩扑克要学会算获胜的概率，并不是每一手牌你都一定要打，因为，如果你每手牌都要打的话，你输掉的可能性就会很大。当你觉得手上的牌胜算很大的时候，你就跟；如果牌很差，你可以选择不跟，放弃自己所下的注。当桌上的牌越来越多，而且你手中的牌非常好，也就是说，当你觉得形势对你非常有利时，你再提高赌注，倾力玩好这一局。

把打牌的原则应用于股票投资，将会极大提高你赢钱的可能。我一直试图让头脑保持冷静、耐心，等待合适的交易机会，就像你打扑克牌的时候计算胜算几率一样。如果某单交易看起来不妙，你尽早抽身，这样损失会小一些，这就好像打牌时，如果手上的牌不好，你就不跟，放弃所下的注一样。

巨波投资法的其余七条原则，非常重要，它们将会帮你将赢利性的投资活动和注定要破产的赌徒投机行为区分开来。

➤ 原则二：分散投资，使市场风险、行业风险和企业风险最小化

不分散投资，就相当于你直接把自己的午餐扔出窗外。如果你的投资组合不分散风险，那么你就是在一年一年地把自己的钱用火烧掉！

——维克特·尼德霍夫（Victor Niederhoffer）

巨波投资者知道区分市场风险、行业风险和公司风险非常重要。他们认真地遵循巨波投资法的原则，知道如何分散投资，并设法将其风险最小化。

股票市场是在上涨，还是在下跌，或者是在横盘整理？这个基本的问题是市场风险的主要内容。从这一点上来说，市场风险其实就是最单纯的整体经济风险。这是因为市场趋势大体上是由不断出现的宏观经济事件和状况来决定的。1997—1998 年的亚洲金融危机，就是最恰当的例子。在危机袭来时，几乎世界各地的每一个股票市场都遭遇崩盘。同样地，在 2000 年，当美联储宣布大幅增加利率的时候，道琼斯和纳斯达克两个股市纷纷应声急剧下跌。

巨波投资者知道，把市场风险降到最低的最好的办法就是遵循上述八大原则中的第 3、4、5、8 条。其中第 3 条“据势而动”和第 5 条“不要逆势而动”，帮助投资者规避市场风险转而盈利。第 4 条的股票、债券和外汇市场三管齐下的原则，让投资者将投资有机会分散于三个不同的市场。最后，根据第 8 条原则，去预测某些巨波经济事件对其他市场的溢出效应（spillover effects）。巨波投资者总是可以在任何一个间接的市场风险出现之前未雨绸缪，于是，他们就不是在象棋的棋盘上下跳棋，走一步算一步了。

而行业风险，是指影响特定行业或部门的任何事件。例如，当美国总统和英国首相发表联合声明，要求正在竞争进行新基因研究的对手们分享其研究成果时，生物技术板块出现了暴跌的情况。两国官方这一管制性举措暗示了未来

那些正在勾画人类基因图谱的公司的专利权问题可能受到限制和威胁。同样地，每一次石油输出国组织宣布调高油价或降低产量时，航空业、汽车业和公共事业等能源密集型行业就要面对能源成本上涨的风险，使其利润降低，并使得股价下跌。其他的例子还有很多，例如思科公司销售量下滑，任何一个作为思科公司的供货商或利益相关者的公司的股票都会因此下跌；当新型的宽带通信技术（例如无限高速宽带和数字用户线路等）出现的时候，有线调制解调器提供商的股票也都会急速下跌。

现在，重点来了，这也正是本书中我们要分享的最重要的观点之一：个股价格变动至少50%是受行业风险的影响，有时甚至可能高达80%。也就是说，美国应用材料公司（Applied Materials）和英特尔公司股价上涨或下跌，与其说是因为命运在向这些公司微笑或者皱眉，不如将其归因于正在冲击整个半导体行业的宏观和微观经济力量。

由此可见，巨波投资者买进个股时，一定会深入了解行业层面的风险。例如，由医药股安维世（Ivax）、网络基础设施股思科、金融股Schwab组成的投资组合，就有效地分散了行业风险。相比之下，由摩托罗拉、诺基亚、高通（Qualcomm）和沃达丰（Vodaphone）组成的投资组合，就无法避免行业风险，仅仅能避免公司层面的风险，这是因为这些公司的业务范围都在无线通信行业。本质上，你仅仅持有一只股，而非四只股。

企业风险的性质又是什么呢？企业风险可能会由企业的管理风险引起，例如Ask Jeeves公司的首席运营官意外辞职，使企业一片混乱；同时也可能由政府的管制政策所引起，例如微软的股价就曾因为该公司涉嫌垄断并遭到司法部指控而狂跌一半；自然灾害也会带来公司风险，例如一场严重的暴风雪可能会影响通用汽车的原材料供应流；另外，负面的新闻报道也可能会给企业带来风险，就像道琼斯集团下属的金融类杂志《巴伦周刊》刊发了一篇文章，对思科公司的股价进行了质疑，于是思科的股价便应声下跌。

通常情况下，巨波投资者有很多方法来使企业层面的风险最小化。其中一个方法就是：在行业层面进行交易。例如，某位投资者买下了半导体行业指数基金（SMH）作为其在半导体行业的投资，而没有买进半导体公司凌特技术公司（Linear Technologies）的股票。另外，他也可以进行“篮子交易法”，也就是说，如果他想在半导体板块建仓，他可以在该板块内购进几只热门股，例如英特尔、博通（Broadcom）、美光（Micron）和赛灵斯（Xilinx），之后根据股市行情的变动和个股的表现，出售表现最不好的一只或几只股，而继续持有其他的几只。

如果一个投资者决定买进某只个股，他一定会仔细地了解该股的基本信息，例如每股收益增长、市盈率和市值。另外，他也会观察该股的技术面特征，例如它是否买超或者卖超？价格是否要跌破支撑或涨至阻力水平？是不是刚刚突破双顶？更重要的是，在没有仔细查看媒体对该公司的最新报道和收益报告之前，他是绝对不会轻易买进的。

原则三：搭乘列车，往它要去的方向

公众对市场最大的误解是什么？那就是市场必须是牛市他们才能赚钱。而实际上，如果你有策略地进行交易，不管市场状况如何，你都可以赚到钱。

——托尼·萨利巴（Tony Saliba）

除非专业交易高手，几乎所有交易员和投资者都喜欢做多，等待价格高涨的时候卖出。也就是说，绝大多数的交易员和投资者都把他们的赌注下在购买那些有望上涨的股票上。然而巨波投资者的做法却很不同，根据具体的情况，他们可能会卖空或者平保。

卖空意味着，在预计个股、行业或大盘指数可能下跌时，卖出自己根本不持有的股票。这是怎样做到的呢？事情是这样的：几乎所有的股票经纪公司都有库存股票，你可以向它们借股票卖出。也就是说，如果思科公司的股票每股100美元，而你认为它会下跌，那就可以以100美元的价格将其卖空。如果股价果真降到了95美元，你就可以以95美元的价格从市场上买回股票，填平空仓，并将股票还给经纪公司。这个过程中，每股赚了5美元。

至于平保，可以是卖掉股票出场，换成现金；也可以是通过对冲交易以保持平仓，未必一定要出场，但让你的仓位不多也不空，直到情况明朗，再行做多或买空。例如，你可以同时空仓和多仓持有某只股共计1 000股。当你感到市场趋势明朗时，就可以平掉其中的某一仓，在这个过程中，即使你并没有持有全现金仓，也是处于平保状态。市场横向波动，巨波投资者无法看清市场的可能走向时，平保是典型的最佳策略。在这种情况下，无论多仓还是空仓都是一种赌博行为，它违反了巨波投资理论的第一条原则。

你也可以把这一观点提高到更高的级别，来讨论包括沽出期权等策略，利用市场横向盘整，获取时间溢价。另外，还有几项节税策略需要考虑。例如，你持有某只股票已达7个月，上涨了45%。如果你现在卖出，将被课以重税；而现在该股开始下跌，现已经跌了15%，你已经不想继续持有该股了，在这种情况下，你就可以买入认购期权，然后在回调结束时平掉期权仓，转而将在期权交易中取得的利润滚入基础仓，买进更多股份。

原则四：搭对列车

几乎没有任何例外，股票市场都是在经济衰退前下跌，在经济复苏前上涨。既然如此，在经济衰退前，投资者应该卖出股票，从股市撤出资金购买短期国债，而在经济复苏前、股市前景看好时返回股市。

——杰里米·西格尔

就像大多数非职业交易员和投资者总是选择做多一样，绝大多数人往往只关注股票市场。然而，在某些情况下，只关注股票市场未必合理。实际上，在某些特定的情况下，通往“利润王国”的子弹头快车，可能是债券或者外汇市场。

适时从股票市场转投债券市场的一种情况，正如上面沃顿商学院著名教授杰里米·西格尔所说的那样。然而，可供巨波投资者利用的绝不仅仅是那些经济周期中的大转折点。

为了更清楚这一点，假设美联储连续调高利率，积极应对通货膨胀。这一利率政策可能会导致股票价格下跌。在这种情况下，巨波投资者可能卖空。但是，卖空某只股票存在困难，即上档放空规定[①]。[在这里需要注意，我将会在下一章谈到利用所谓的“交易所指数基金”（ETF）规避上档卖空规定的优点。]

上档放空规定由美国证券交易委员会设立，旨在维护市场的稳定性。该规则可以回溯到大萧条时期和1929年的股市风暴。其基本内容是，你不可以在某股价格狂跌的时候将它卖空；这一规则的意图非常明显，即防止由于卖空而使该股陷于狂跌螺旋之中。由于上档放空规定的影响，外加债券、股票和外汇市场有时候会沿着相反的方向波动，所以巨波投资者务必看清方向，搭对列车。

例如，美联储采取宽松的货币政策时，股市可能上涨，但是该政策也会使债券市场的投资者对通货膨胀预期感到恐惧，造成债券价格下跌。同样地，预计利率调高，通常会导致股价下跌，而美元很可能会升值。这就是为什么一个老道的巨波投资者能够利用有关通货膨胀的新闻，通过在外汇市场上进行“期

① 美国的上档放空规定（up-tick rule）主要目的在于节制金融市场的空头行为、限制卖空的时机，最早于1929年经济大萧条期间出现。当时监管单位认为放空投机对股市暴跌的现象难辞其咎，因此提出新规定要求只有在最新卖价高于前次交易的价格时，这只股票才能卖空。——译者注

货赌博”赢得一大笔利润的道理所在。但是也要小心，很可能会出现对市场的误判。

从理论上讲，美元会随着利率的上升而升值，然而，有些时候，经济放缓的预期远远抵消了利率增长所带来的美元需求的增加。所以，当人们预期会衰退时，投资者们就可能开始脱手以美元计价的资产。而一旦利率再次回落，随着资本流入到以美元进行计价的资产时，美元便开始升值，即使理论上美元会随着汇率的下降而贬值。

更广义地说，巨波投资者可以在股票市场选择做多、放空或平保，他也必须学会在除股票市场之外的其他金融市场进行操作。关键时候，这是一项非常有价值的操作技能。但是，债券市场和股票市场相当复杂、风险很高，可能你不喜欢进入这样的市场进行操作，即使如此，观察上述两个市场的行情走势也十分重要。因为一个市场的变化趋势，往往会是判断其他市场走势的先兆。这一点，我们将在下文继续讨论。现在，我们首先要明白为什么市场趋势是你的朋友。

原则五：永远不要逆势操作

飓风来时，连笨重的火鸡都会飞。但随着风势慢慢平息下来，火鸡又回到地面。

——凯文·马罗尼（Kevin Maroni）

在市场形势严重不利的情况下，你仍不尽早退出，那么，迟早会被踢出局。

——兰迪·麦凯（Randy McKay）

任何一天，股票市场只有三种走向：上涨，下跌或平盘。一段时间之后，每天的波动在整体上就会形成一种趋势。例如，下面的图 5—1 就显示了纳斯达克综合指数在 12 个月中的各种不同趋势。

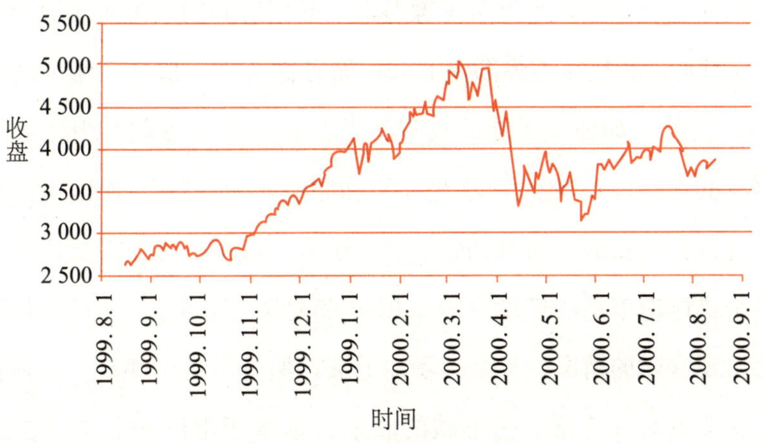

图 5—1　牛市、熊市和震荡市

例如，在 1999 年 9 月、10 月中，纳斯达克指数基本上是在横向波动，上涨几天，然后下跌几天，但是很明显是在一个固定的区间内摆动。但是在 1999 年 11 月到 2000 年 3 月期间，该股指持续上涨。这样一种持续的趋势对于大多数的投资者来说是一个极好的顺风车。确实，在这样的情况下，就像凯文·马罗尼的机智之言所说，“飓风来时，连笨重的火鸡都会飞”，即使是一向积弱的股票都被整体形势带动得涨到高位。然而，我们仔细观察上表可以发现，在 3 月中该股指涨跌变化激烈，然后从 3 月末开始直到 5 月末，该股指呈现出明显的熊市下跌趋势。之后，市场归于以横向波动为主的趋势。

从上图中可以看出，为什么在牛市上涨时放空股票，或者在熊市下跌时买入股票，都是极为冒险的操作。事实上，这样做无异于在形势对你极其不利的情况下进行赌博。这违反了巨波投资法的第一条原则。至于到底为什么当你试着逆势而行的时候，形势会对你极其不利，让我们这样想想就会明白：通常情况下，在一个呈上涨趋势的市场上，上涨的股票数量远多于下跌的股票数量。换句话说，买到上涨股票的概率，远高于买到下跌股票的概率。相反，在下跌大势中，下跌的股票数量要明显多于上涨股票的数量。

了解这一点之后，让我们把股市飞镖盘拿出来，做一个小游戏：飞镖盘上有100种纳斯达克股票，每天拿飞镖射盘，根据射到的结果买卖股票。如果腾落指数[①]（ADL）和整体趋势都在上升，而且你买进了股票，赚钱的机会就会高于50%。为什么即使最无能的投资者都会在涨势中盈利？为什么华尔街那群能言善辩的人会说："绝对不能把牛市和聪明混为一谈"？原因正在此处。

噢，且慢！在我们的飞镖靶分析中，还有一点精妙之处需要说明。确切说来，我们是要讨论市场的广度（breadth）和趋势（trend）之间的关系。股市上经常会出现这样的情况：整个市场在上涨，但是市场广度却一直是负数。换句话说，虽然大盘在上涨，但下跌的股票远远多于上涨的股票。在这种情况下，用射飞镖的游戏选股，你肯定会赔钱。所以说，仔细地看清市场广度，对准确地衡量股票上涨的稳健度有重要的意义。例如，在2000年初的几个月中，有几次大盘都在猛涨，然而市场广度却很小。这种小广度的上涨使得巨波投资者保持了警戒，因此，他们的投资安全也得到了保障。

相信已经说服了你不要逆势而动，而现在让我说明要"违反"这一坚不可摧的规则的唯一情况，那就是宏观经济信号说明趋势即将发生逆转时。但是，在这一点上，你需要特别小心，因为只有最幸运和最聪明的人才能从一开始便预测到趋势的变化，而这一点是少有的几件能让所有专业投资者意见一致的事之一。关于这一点，经典著作《股票作手回忆录》中有一句话我很喜欢，请大家把杰西·利弗莫尔这位传奇人物的话牢记在心：

每个人都能学到的最有益处的一件事情，就是学会放弃一个念头——抓住最后的1/8点或最初的1/8点。这是全世界最昂贵的两个1/8点。正是这两个

① 腾落指数，是以股票每天上涨或下跌的家数作为计算和观察的对象，以了解股票市场人气的盛衰，探测大势内在的动量是强势还是弱势，用以研判股市未来动向的技术性指标。——译者注

1/8 点，使得股票交易员们损失了千百万美元，而这些钱足够修一条连接美国东西海岸的混凝土公路。

原则六：不同的行业板块有不同的反应程度和方向

投资者中那些“早飞的鸟”，四个月前买入公共事业等利率敏感板块的股票，一两个月前买入科技股，现在都已经转向那些因经济复苏而受益的行业股。他们一直在买入汽车板块股票，尽管汽车制造巨头一直在大幅削减员工的工资和股利。

——《金融邮报》(*The Financial Post*)

在股市内，不同行业的股票对总体经济层面的好消息或坏消息，反应程度不同，甚至在某些情况下反应方向也不同。虽然将其列为巨波投资的第六条原则，但实际上它可以算为“第一原则”。这是因为，从某一行业板块的角度来考虑，巨波投资者可以充分地、最大化地利用最好的机会创利、获利。

说明这一问题最好的方法就是举例。我们还是回到 2000 年 4 月 13 日，也就是最新的消费者物价指数公布之前那一天。你一定也研究过，这是一个非常重要的报告：如果该报告中表明，存在通货膨胀升高的任何重要迹象，美联储几乎毫无疑问地会把利率提高 25 个基点，甚至可能是 50 个基点。想必你做过研究，所以你也知道市场期待的是一个相对温和的消费者物价指数。然而你相信，市场过分乐观，拒绝承认在整个经济环境中存在已经非常明显且日渐增长的通货膨胀迹象。就在这个时候，你准备根据通货膨胀将出乎意料地增长这一情形进行操作，那么你将如何操作呢？

针对这个问题，表 5—1 展示了一些可能的方案。表上列出的几个行业，通常对消费物价指数的意外变化，一向反应十分强烈。如果消费者物价指数意外上升，这些行业股会猛跌，反之则大涨。但是，这些行业究竟为什么会有这种反应？从直觉上说，原因在于，所有这些行业都对利率非常敏感。确实，对于这些行业来说，利率上涨意味着其产品价格的上涨，例如按揭、贷款和边际利率（margin interest）等。当然，产品价格上涨了，能卖出的产品数量就会减少，这就意味着收益将会减少，随之而来的就是股价下跌。

表 5—1　一些会对消费者物价指数的消息反应强烈的行业

● 银行业
● 经纪行业和投资行业
● 建筑和住房行业
● 金融服务行业
● 家庭理财行业
● 休闲娱乐业
● 多媒体行业

从更广义的角度来说，表 5—1 中的这些行业，为巨波投资者提供了一个非常清晰的战略方向。从这个角度讲，如果 CPI 出乎意料地变坏，表中任何一个行业都适合操作。例如，巨波投资者可能会卖空银行业或者经纪行业中的一只股。平保可能会是一个更为保险的举动。也就是说他可以对任何行业中的任何会因负面的消费者物价指数变动而大跌的股票进行平仓处理。

➤ 原则七：股票、债券和外汇市场会对总体经济面的消息做出不同的反应

在美国股市中，一种典型的波动方式可能是这样开始的：美国债券市场前景看好，价格上涨，于是美元也跟着上涨。美国股市立即整体上扬，因为利率下跌后，美国企业的盈余会增长。初级工业金属铜的价格，由于预期投资的增加而上涨。由于美国资产对外国人更有吸引力，日本股市开始下跌。而美元的

走强使得通胀的风险降低，所以国际金价下跌。而通胀降低之后，一些商品的吸引力就会随之降低。这时候，肉类、谷物等商品的价格就开始下降了，因为所剩下的可以分给它们的购买力已经不多了。但是，如果欧洲和日本的资产价值下跌，美国股市很快也会被它们拉低。整个周期就要反过来。上述的过程就发生在一两分钟之间，在一天之内可能会发生10到12次。

——维克特·尼德霍夫（Victor Niederhoffer）

真是无法抑制对维克特·尼德霍夫的爱。他简直是巨波投资界的王子，但他也曾在该领域扮演过“小丑王子”的角色，因为他有时候也会犯下令世人大跌眼镜的错误。例如，在1997年，尼德霍夫与索罗斯在泰铢上豪赌，他认为美国市场将会从亚洲金融危机的影响中反弹，可是在这一点上，他犯了致命的错误。然而，上一段他的引言中却隐含着一个非常重要的信息，那就是：股票、债券和外汇市场，还有全球各地的商品市场和金融市场对宏观经济层面的好坏消息的反应程度都是不同的，且变化的方向也可能不同。表5—2用发生在2000年4月14日CPI急速上涨的例子，说明了在这样的情况下股票市场和债券市场的不同变化。

表5—2　股市和债券市场对通货膨胀的反应方式

股市指数	2000年4月13日收盘	2000年4月14日收盘	百分比变化
道琼斯工业平均指数	10 923.55	10 305.77	−5.66%
纳斯达克综合指数	3 676.78	3 321.29	−9.67%

债券市场指数	2000年4月13日收盘	2000年4月14日收盘	百分比变化
30年期	5.803	5.782	−0.36%
10年期	5.914	5.885	−0.49%
5年期	6.207	6.167	−0.64%

从表中我们可以看出，从CPI相关信息发布前一日的收盘时开始，到消息发布当日的收盘时止，道琼斯指数大跌将近6个百分点，而纳斯达克综合指数

更是狂跌近 10 个百分点。当然，这种情况也是非常直观的：同 CPI 有关的坏消息会使得股市下跌。

那么债券市场呢？我们从表中可以看出，30 年、10 年和 5 年期的债券收益率都有所降低，这意味着受 CPI 相关信息的影响，债券的价格都上涨了，这是因为债券收益率同债券价格反向变化。这似乎有悖直觉。毕竟，如果通货膨胀率意外激增，美联储提高利率水平的可能性增加。而当美联储果真提高利率的时候，债券价格就必然会下降。但是至少在 4 月 14 日那一天，这样的现象却没有发生。

那么究竟发生了什么？如果你观察一下债券价格在 4 月 14 日一天之内的变动情况，我们之前得出的违反直觉且自相矛盾的结论就很容易解决了。实际上，就像我们凭借直觉可以预料的一样，受到通货膨胀的影响，4 月 14 日早晨债券市场的价格确实有过狂跌。然而，当同样的通胀消息开始对股市产生影响的时候，投资者们便开始恐慌地抛掉股票，转投相对安全的债券。这样的一场安全投资转移戏剧性地增加了市场上对债券的需求，因此债券的价格便开始回升。而到收盘的时候，仅以一天为单位来看，债券的价格确实上涨了，但是债券收益却下降了。

在这种情况下，投资者需要理清两个彼此竞争的力量。一是促使债券价格下跌的利率效应，另一个是促使债券价格上涨的股票效应。至少这一次，两股力量对债券价格的净效应是正面的。

这个例子不仅表明了巨波投资逻辑的复杂性，而且说明了为什么华尔街的博弈更多地是象棋式的博弈，而不是跳棋式的走一步算一步。这又为我们引出了下一条原则。

原则八：不要在象棋棋盘上下跳棋

优秀的投资者基于某一简单的基础建立自己的头寸，在这个基础之后，连接的是一长串富有弹性的交易链。下面讲的是一个古老的状况，一年出现一两次，而且每次出现——不管怎样操作——都灵验。为了在大选将要到来之际保持较高的就业率，政府将会在一定时期内保持较低的利率，因此美元将会疲软。而这时，德国马克便成为最大的受益者，那么我们赶快购进吧！市场的不断走强将会带来对德国债券和股票的更大的需求，那么我们再买点德国债券和股票！于是，英镑和里拉的压力就很大了，难以与马克并驾齐驱，那我们赶紧卖掉英镑和里拉，还有英、意两国的债券和股票。于是整个的支持系统就开始变得纠结不清，而这对墨西哥就很不利了。那么我们赶紧将比索甩掉。这时如果你手头还有印度的全球预托证券，那就赶紧卖空，当然还有芝加哥期权期货交易市场上的限价买进的墨西哥电话公司（Telemex）的期权。

——维克特·尼德霍夫

在尼德霍夫幽默的背后，还有一个永恒的真理，那就是：影响特定公司或者行业的巨波经济事件，也总会产生波及其他公司、行业或市场的溢出效应。在投资领域有太多太多不专业的交易员和投资者，他们都是“在象棋棋盘上下跳棋”，走一步算一步。与巨波投资者不同，这些人都不会将眼光放长远，所以他们错过了许多良机。

本章开篇的那个虚构的象棋手和投资者的做法就为我们提供了一个把握良机的很好的例子。在这个事例中，罗伯特·费舍尔显然胸怀全局。他知道美国联合航空和大陆航空公司的合并会给联合航空的竞争者达美航空和美利坚航空带来很大的压力，因为它们必须采取手段以防止在竞争中失利。这就是罗伯特迅速买进上述两家公司可能的收购对象——西北航空股票的原因，任凭那些“跳棋玩家们”铆足了劲争着抢着试图分得大陆航空的一杯羹。

另外一个溢出效应的好例子，就是本书开篇的一个例子。当美国司法部起诉微软公司违反《反垄断法》的时候，老练的巨波投资者立即买进太阳微系统公司和甲骨文公司的股票，这两家微软公司的竞争对手被认为是最有可能从微软被诉这一事件中获利的企业。

广义来说，巨波投资原则的要点在于：把市场看成一个巨大的象棋棋盘，并且要把眼光放得尽量长远，尽可能地向前多看几步，并且要尽可能地多观察各个行业。这就要求要根据巨波经济事件来发现众多溢出效应，然后根据相关的信息采取行动，同时这也要求做一些相关的发展路径研究。正如一句老话所说，“机遇偏爱有准备的人”。而在巨波投资领域中，这句话的意思就是，我们首先要让自己熟悉经济领域中的主要行业，以及这些行业中的强势和弱势公司。那么接下来我们就转向这个话题吧！

第 6 章

真笨！要看的是行业

米歇尔·卡雷拉一直从事长线交易，她严格地依照宏观经济信息进行投资。久而久之，她发现，无论是宏观经济事件还是经济指标报告，都会对大盘趋势产生巨大影响。

米歇尔根据过去一个月的持续性利好经济信息，预计今天市场将突破上扬。于是她开始行动了：她购买了 1 000 股金融服务行业板块的联合资本公司（Allied Capital）的股票，同时她还另外买了1 000股公共事业板块的太平洋煤电公司（Pacific Gas & Electric）的股票。

两个月之后，米歇尔仿佛就是一个天才——至少就大盘趋势来说。道琼斯工业指数和纳斯达克指数逐渐走高，而且上涨已经超过了 10%。然而，虽然股市整体上涨，米歇尔却有苦难言。她买的金融服务行业类的股票却一直横盘盘整；更糟糕的是，她的能源行业股却在整体上扬的情况下逆势下跌——或许这就是长线交易者不小心所获得的“终极鼓励奖”吧。

米歇尔到底哪儿做错了？她正确地预测了市场的趋势，但却选错了行业。

而这选错的行业使她无法翻身。

身为巨波投资者，米歇尔审视股票市场的时候所看到的并不是像雪佛龙、戴尔或者沃尔玛等公司层面的市场表现，而先看到的是诸如能源、计算机或者零售业这样的行业整体情况。这是因为，她知道，大多数股票市场的波动是靠行业驱动，而不是公司驱动。确实，正如我们所知道的那样，半数以上的个股波动通常都是由该股票所属行业的相关事件影响的，而并不是由这家公司本身的盈利表现来决定。这意味着，即使你选择了世界上最好的几家公司进行投资，但如果你在错误的时间选择了错误的行业，同样会落个损失惨重的结局。不信，你可以去问问米歇尔！

在这一章，我们希望详细地研究一下：个股的股价波动和投资组合的表现，在不同的行业进行操作所存在的差异，这些差异存在的原因。请看以下这些至关重要的关系。

- 计算机业和休闲行业，严重依赖于消费者的直接消费。化工业、环境服务业则将消费目标瞄向制造业企业。另外，军工以及航天航空工业的主要消费者则是政府。当需要估量诸如消费者信心、耐用品订单或者预算赤字等经济指标对不同行业所产生的影响时，行业差异就会显得很重要。

- 零售业是典型的劳动密集型行业，能源业属于资本密集型行业，交通运输业则属于能源密集型行业。在评估各种宏观经济事件（如工资上涨、利率上调或者能源价格震荡）对个股价格的影响时，考虑这些行业的差异非常重要。

- 一些周期性行业，如汽车业、造纸业，是同经济周期的变化紧密联系在一起的，这些行业在经济衰退中最先开始下跌。另外一些行业，例如食品、卫生保健业不具有周期性，因此对经济衰退的影响具有天生的免疫性。这些差别能够帮助你在牛市中发现牛股，在熊市中也能够找到防守型行业暂时退守。

- 农业、电力、工业设备以及医药业属于出口导向型行业；而金融服务业、健康保健业与外贸没有多少关系。通常状况下，出口依赖型公司股票价格变化受贸易赤字或美元贬值的影响更为明显。

- 价格控制、诉讼或者新的税收政策等管制性风险的影响，以及洪水和干旱等外生事件的冲击，是影响医药行业、烟草行业以及农业类股票股价变动的重要因素。

总而言之，这里所要强调的重中之重在于：观察并利用这些行业存在的差异进行操作，是巨波投资法的核心所在，同时也是巨波投资者获取优势的主要来源。持续不断地从行业层面观察股票，学会在正确的时间、选择正确行业中的正确的股票，同时也可以远离错误行业中的错误的股票。另外，你也可以学会如何更好地防范投资组合的市场风险和行业风险。

行业轮动[①]的重要性

行业轮动在华尔街也是存在的，投资者把出售蓝筹股所得资金转投科技股。这就是华尔街的行业轮动，又称为类股轮动。

——美国有线电视新闻网（CNN）

行业轮动对巨波投资者来说是一个非常重要的概念。想要好好领悟这一概念，我们需要先讨论一下，如何最好地将股市“切割”成更容易操作的行业板块。不过顺便说一下，想要这样做，绝不容易。如果你将行业范围划分得太广，你不但会蒙受巨大的损失，还会错失很多很好的交易机会。如果你将行业范围划分得过细，你就会在一些浩如烟海且毫无意义的“小行业”中迷失，浪费大量的时间和精力，试图对这些微小行业进行区分。

① 尽管翻译为行业，但实际上并不仅指行业，而是指股市中的各种板块，如行业板块或其他形式的板块。——译者注

首先，谈谈行业划分过宽带来的问题。表 6—1 中的九个条目，与其说是行业，不如说是分类。之所以说这些所谓行业划分过于宽泛，是因为同属于一个行业的个股，彼此呈现出相反的变化。例如，在周期性的消费行业类别中，零售类股票可能在一整天表现突出，而同一类别中的休闲行业股却可能惨跌。如果你没能意识到这一点，实际上你并不是错失了一个机会，而是两个：一个做多，另一个做空。同样，同属金融行业的银行股和保险股，却经常会朝着相反的两个方向变动。而在科技类别中，网络股是臭名昭著的，因为它的变化实在是难以琢磨，网络股经常是一天一个变化，今天同半导体类股走势相反，而第二天又与电脑类股票走势相反。

表 6—1　　股市上广泛的行业或板块分类

股市上广泛的行业或板块分类
● 周期性的工商业
● 周期性的消费业
● 非周期性的消费业
● 能源和公共事业
● 金融业
● 保健业
● 房地产业
● 科技业
● 运输业

那么，我们现在已经很清楚为什么不能把行业划分做得过于宽泛了。那另外一个问题就是，如果我们将行业划分得过细，又会怎么样呢？这会使我们在处理这些微小的事情过程中消耗大量的时间。为了分析清楚，让我们以汽车业为例加以说明。汽车业又可以分成一些小的行业，例如制造业、零部件生产业、轮胎生产行业等等。同样地，对于零售业来说，你又可以将其细分为折扣店、百货商店和邮购商城等小行业。实际上这种更细的划分，对我们在行业层面上进行交易几乎没有任何帮助。这是因为，在绝大多数情况下，当一个行业的行情发生变化时，其下属的一些小行业也大多会发生一定的变化。换句话说，如果汽车生产厂商的股票开始下跌，大多数情况下，汽车部件生产商和轮

胎生产商的股票也会挣扎在下跌的漩涡之中。

但是，请注意，这可是一个大大的“但是”，至少对于一个行业类别，也就是科技行业下的那些所谓“新经济”类的股票，细致的“小行业”区分却会更有帮助。为什么呢？这是由“新经济”这类“怪物股”的特性所决定的。

让我们以电信业为例吧。电信业下面至少有两个行业，一个是传统的光纤通信行业公司，例如AT&T和南方贝尔（Bell South）；而另一个是主营宽带和无线蓝牙适配器的公司，例如高通和摩托罗拉。确切说来，同属于广义的电信行业，这两种次级小行业实际上正在为抢夺世界市场而斗争的你死我活，所以这两个次级行业的股票也经常是此消彼长的。

说了这么多，我到底想说什么呢？现在为大家揭开我自认为对新、旧经济股都很奏效的行业图谱。我们还是先从旧经济开始说吧，图表6—2已经很好地将其“切块切片”了。这张表包括34个行业，分属于7个类别之下。这种划分在太粗和太细的行业划分之间做到了恰当平衡。

花几分钟时间，好好研究一下表6—2。这是培养我们至关重要的行业意识的第一步！为了更好地建立这种意识，请试着在脑子里为该表中的左右两栏建立起一个联系。左边一栏是行业名称，而右边一栏则是该行业中具有代表性的公司名称。

表6—2　　旧经济产业地图

周期性工商行业	
基础工业原料业	Dow，3M，Monsanto
商务服务业	ADP，First Data，Paychex
化工业	Dow，Dupont，Union Carbide
国防和航空太空业	Boeing，General Dynamics，Lockheed Martin
环境服务业	Ogden，Thermo Electron，Waste Management
工业设备业	Caterpillar，General Electric，Pitney Bowes
造纸和林产品业	Georgia Pacific，Kimberly Clark，Weyerhauser
周期性消费行业	
汽车业	GM，Ford，Honda

建筑和房地产业	Home Depot，Gannie Mac，Whirlpool
休闲和娱乐业	Disney，Seagram's，Time Warner
多媒体业	Cox，Fox，Viacom
零售业	Costco，Gap，Target
非周期性消费行业	
化妆品业	Alberto Culver，Estee Lauder，Revlon
教育及出版业	Apollo，Learning Tree，McGraw-Hill
农业和食品加工业	Anheuser Busch，McDonalds，Safeway
烟草业	Philip Morris，R. J. Reynolds，UST
能源和公共事业	
能源行业	Chevron，Exxon，Schlumberger
能源服务业	Halliburton，Noble，Weatherford
石油和天然气业	Chevron，Enron，Schlumberger
光纤通信业	AT&T，Bellsouth，Verizon
公共事业	American Electric Power，Duke Power，PG&E
金融及不动产业	
银行业	Chase Manhattan，Mellon，Wells Fargo
经纪和投资业	Lehman Bros，Morgan Stanley，Schwab
金融服务业	AMEX，Berkshire Hathaway，Citigroup
住宅金融业	Freddie MAC，Fannie Mac，Golden West
保险业	Cigna，Chubb，Hartford Financial
不动产业	Burnham Pacific，Grubb & Ellis，Wilshire
保健与医疗业	
健康护理业	American Home Products，J&J，Medtronic
医疗服务业	Aetna，Cigna，Wellpoint
医疗器械业	Allergan，Biomet，Guidant
药品业	Bristol Myers，Glaxo，Schering-Plough
运输业	
空中运输业	American，Delta，Southwest
交通运输业	Burlington Northern，Eaton，Delta

研读过该表之后，你很可能会发现，有一些行业是相互有交叉的。例如，交通运输业包含空中运输行业，但也包含铁路和卡车公司等。不过，你不需要担心这个，因为会影响空中运输行业行情的巨波经济力量不同于交通运输业下的其他行业，所以说，在这样一个例子中，包括一个不同的空中运输业也是有一定意义的。

现在我们开始讨论新经济科技类股。请看表 6—3，你可能会发现每一个类别下都分得更为精细。

表 6—3　　新经济产业地图

生物技术业	Amgen, Genentech, Immunex, Ligand, Xoma
电脑业	
● 服务器	Cray, IBM
● 个人电脑	Apple, Compaq, Dell, Palm
● 小型电脑	Hewlett Packard, Silicon Graphics, Sun
● 软件	Adobe, Corel, Intuit, Microsoft, Oracle
● 存储器	EMC, Sandisk, Seagate, Silicon Storage
电子行业	
● 测量仪器	Agilent, KLA-Tencor, Teradyne
● 半导体	Applied Materials, Intel, Micron, Zoran
互联网业	
● 网络架构	Cisco, EMC, Sun
● B2B	Ariba, Commerce One, Internet Capital
● B2C	AOL, Yahoo, Amazon, eBay
● 网络基础建设	Akamai, BEAS, Exodus, Real Networks, Verisign
● 网络连接	Juniper, Novell, Redback
新经济通信及宽带通信业	
● 光纤通信	Ciena, Corning, JDS Uniphase, Sycamore
● 无线技术	Ericsson, Lucent, Motorola, Nokia, Qualcomm

下面让我们以电脑行业为例进行阐述。当我们分析该行业时，我们并不是宏观地从整个电脑行业来分析，我们通常要把该行业细分为电脑主机生产商，例如 Cray 和 IBM，个人电脑生产商，例如苹果和惠普，小型电脑生产商，例如 Silicon Graphics 和太阳微系统，电脑软件公司，例如 Corel，微软和甲骨文，以及电脑存储设备生产商，例如 Sandisk 和希捷（Seagate）。

同样地，我们在分析互联网类股票的时候，也不能把整个类别当成一个行业从整体上来看待。通常情况下，我们会将该类别分成网络架构公司行业，例如思科和太阳微系统；B2B 行业，例如 Ariba 和 Commerce One 公司；B2C 行业，例如美国在线和雅虎；网络基础建设类公司，如 Akamai，Exodus 和 Verisign；以及网络连接公司，如瞻博（Juniper）和 Redback 等等。

现在我们就开始讨论这些更为精细的分类。新经济产业中的这些个股的波动性很大，不仅在新经济的不同行业如此，在很多细分行业中也是这样。实际上，如果你所投资的行业都是新经济行业，你可能就需要把这些行业再细致地区分一下，分成更小的行业。在这种情况下，我推荐你访问 www. changewave. com 网站，这是新经济产业进行产业细分领域中的王者！

➤ 行业（或板块）如何形成？

现在我们已经将市场“切块”和“切片”成各个板块了，那么接下来的问题是：不同的行业之间的差异可能会在哪些方面？这些差异会以什么样的方式使得这些股票对不同的宏观经济事件产生不同的反应？实际上这才是巨波投资思想的关键所在。要回答上述几个问题，我们先需要在搞清楚“行业”（或板块）这个问题之前过几道“关”。

第一关，我们要先探讨一下行业消费者的问题。这个行业更多地是依靠普通消费者、企业客户还是政府？这一点很重要，因为消费者信心指数和零售销售额等重要的经济指标对零售行业和多媒体行业有很大的影响，而对其他行业，例如生物化学行业和保健行业则不然。

接下来的第二关，我们将从某一行业在生产过程中用人力更多，还是机器更多，或是燃料更多，来分析一下该行业的属性。也就是说，该行业是劳动密集型行业，是资本密集型行业，还是能源密集型行业？我们会很清楚地看到，不同行业的不同投入组成（包括劳动、资本和能源），会使得该行业对加薪、加息及油价变动等事件做出非常不同的反应。

最后一关，我们分析的问题是，出口依赖性、管制性风险以及行业本身对自然灾害防范的脆弱性等因素如何影响不同的行业。

客户是谁?

7月份的零售业销售月报发布了，结果好于预期，随后零售业股票出现了一定程度的上涨，西尔斯（Sears）增长7/8，达到43.125美元。五月百货（May Department Store）上涨1 5/8，达到每股57.75美元，而伍尔沃斯（Woolworth）则上涨3/8，涨到了28.75美元。

——《纽约时报》

削减国防预算，持有航空航天类股票的投资者大感失望。

——《航空周刊和空间技术》

(*Aviation Week & Space Technology*)

我们要问的问题很简单：从销售收入的角度来看，该行业是更多地依赖普通消费者，还是企业客户，或者是政府？表6—4解答了这个问题。表中括号内的数字显示了这些重要的行业给普通消费者、企业客户和政府的销售金额占总产量的百分比。

表6—4　谁是我们的顾客——普通消费者、企业还是政府？

顾客是普通消费者的行业	顾客是企业的行业	顾客是政府的行业
● 汽车业（77%）	● 化工（91%）	● 建筑及房地产（22%）
● 娱乐业（76%）	● 能源（71%）	● 国防及航空（54%）
● 零售业（92%）	● 工业原材料（83%）	
● 制药业（64%）	● 造纸及林产品业（86%）	

资料来源：美国经济分析局投入—产出表。

从表中可以发现，零售业很大程度上依赖普通消费者，因为普通消费者所购买的商品占其总产量的92%。这就解释了当较为正面的销售行业报告发布之后，诸如西尔斯和五月百货这样的零售行业公司的股票为什么会上扬。国防及航空业的销售，则主要是依靠美国政府的消费，这部分消费占其总产量的一半多，所以当预算出现赤字而导致国防开支减少的时候，波音和通用动力这一类公司的股票就会下跌。

概括说来，在跟踪严重依赖普通消费者的行业时，投资者会发现消费者信心指数、消费者的收入水平和零售销售额等都是非常有用的经济指标。相比而言，采购经理人指数和生产能力利用率等指标，对化工和造纸等以企业为主要客户的行业来说，则更为重要。而与预算相关的一些新闻，则会对国防产业和房地产行业产生很大的影响。

产品是怎么制造的？

油价突然高涨，激起了人们对通货膨胀的担忧，于是股价狂跌。上周刚刚举行的欧佩克会议，达成一个关于石油产量的协定，这将推升石油和天然气大公司的股票价格。因此，交易员们乐观地认为，大盘跌幅将会非常有限……各个行业中，航空业是受损最大的行业，油价提高使得飞行燃料成本上升……一些化工行业股票也下跌了，因为原油是很多化工制品的主要原料。

——《洛杉矶时报》

一个行业的产品究竟是怎么生产出来的，服务又是如何提供的？这个问题讨论的是，行业在生产过程中的投入组合，包括人力、机器、能源和原材料等。

例如，固定电话服务业、公共电力行业等资本密集型行业，在提供服务的过程中投入更多是机器和设备，而不像零售业和电脑软件服务业等劳动密集型行业，需要投入更多是人力。这些资本密集型行业对利率更加敏感，因此，它们对利率消息的反应更激烈。相比之下，劳动密集型行业对失业率、薪酬变动反应更强。

对于能源密集型产业来说，上面所引用的那则新闻很清晰地表明，像航空业中的达美航空公司、化工行业的陶氏化学公司，可能会对能源价格变化的消息反应非常激烈，因为这些行业严重依赖于石油这种黑金。

➤ 周期性和非周期性，它们到底是什么？

一般来说，经济好转之前，消费需求和房地产市场会先行一步开始升温。消费品行业和房地产行业对利率非常敏感，经济衰退、利率下调的预期出现之前，这些行业通常也首先作出反应。

其他对利率敏感且通常会引起经济扩张的行业有零售、餐饮、化妆品、烟草、保险以及通信和公共电力行业等。

当经济复苏逐渐加快，那些在经济衰退中受损的公司的股票就会被重估。随着经济状况的好转，一些生产商的订单逐渐多了起来。最后，订单量超过了生产商的生产能力限制，于是生产商就开始投资建立新工厂。因此，与资本支出有关的钢铁、化工和采矿等行业的股票，通常是经济形势的滞后指标。

——《投资者纪事报》(*Investor's Chronicle*)

这段新闻摘要直接阐述了周期性行业与非周期性行业间的重要区别。关于它们之间的区别和两种不同类型的股票对经济周期和股市周期的不同反应，我们已经作了很多讨论。为更新一下大家对这一问题的记忆，请大家看一下表 6—5 中的一些主要的周期性和非周期性行业。

表 6—5　　周期性与非周期性行业

周期性行业	非周期性行业
● 汽车业	● 国防
● 建筑和房地产	● 餐饮业
● 造纸业	● 健康保健
● 零售业	● 制药业
● 交通运输业	● 公用事业

我们现在都很清楚，以汽车、建筑、房地产、造纸、零售和运输等为代表的周期性行业，比以食品饮料、保健和基础公共事业等为代表的非周期性行业，对经济萎缩和经济周期的变化反应得更快而且更激烈。这是为什么呢？大部分的非周期性行业生产的都是生活必需品——即使生活困难也必须消费的物品。可口可乐、桂格燕麦和宝洁等食品饮料和生活必需品公司很明显属于这个行业。另外，佛罗里达电力照明、杜克电力等电力事业公司，以及很多医疗保健公司同样是不可或缺的，所以强生、默克等医药类公司的股票很可能会对经济周期反应相对较小。

而当经济情况开始变糟时，消费者就会更少地出行，也不大会买新车或者冰箱。所以，达美航空公司、通用汽车和惠而浦公司随着销售的下降，收入就会下降，于是它们就遭殃了。同时，在日常生活的花费中我们也不会像往常那样毫无节制，所以凯马特和沃尔玛这样的传统零售商和近年来兴起的高科技零售商 Circut City 等的股票便也随之开始下跌。

从巨波投资的角度来说，你应该立即看出区分非周期性行业和周期性行业的好处。了解到这一点，在股市变动的时候，你就会洞悉某些行业的变化路线，这样的信息会告诉你，在经济下滑的时候需要卖空哪些行业的股票，在经济回暖的时候在哪些行业中做多。二者之间的区别同时也会告诉你，在经济衰退迎面扑来的时候，我们应该购买非周期性的行业作为暂时的防守区。当我们需要对周期性和非周期性行业的不同命运进行评判时，跟踪汽车销售额和楼盘破土动工量这样的衰退经济指标是非常重要的，其原因大概于此。

尽管向俄罗斯出口吧！

上周，美元大幅贬值，引起股民极度恐慌，大量抛售股票，股价急剧下跌。这是因为，欧洲的利率增长速度比美国国内快很多，所以“以往，以美元标价的证券很受欢迎，而现在情况变了，以其他货币标价的证券胜出”，第一奥尔巴尼公司（Firs Albany）的市场策略师休·约翰逊说。他推荐了那些在美元走弱的时候出口量会提高的公司的股票，例如IBM、英格索兰、迪尔、卡特彼勒、康宁、柯达等公司。他认为当欧洲大陆的经济再恢复的时候，这些公司的股票通常会表现很好。

——《查尔斯顿周日宪报》

（*Charleston Sunday Gazette Mail*）

美国很多行业的盈利主要是来自于出口销售。高度依靠出口的行业包括农业、计算机、军工、电子、工业设备和制药等行业。相比较而言，金融服务业、保健行业、光纤通信业及交通运输业的盈利对出口的依赖较低。总体说来，出口密集型行业会对国际贸易和外汇市场方面的宏观经济消息做出更为强烈的市场反应。

让我们以贸易逆差增加为例来说明这种反应的复杂性。逆差不断加大，美元向下的压力变大，这是因为，当美国的进口量比出口量大的时候，更多的美元就会从美国人的手中流动到外国人的手中。国外的美元储备量的增加，意味着会有更多的外国人试图把美元兑换成他们本国的货币，例如欧元、日元和韩元。这就降低了货币市场上对美元的需求，所以美元的价格——所谓的汇率，就会降低。即使是在欧元、日元和韩元等货币价格升高的情况下，这种现象也会发生。

从某种意义上来说，贸易逆差逐渐增大，对IBM、卡特彼勒和康宁等依靠出口的公司来说却是一个好消息，因为美元走软，使得它们在国外的市场上更有竞争优势。且慢！但是同时，也有一些情况会使得逆差增大，给依靠出口的企业甚至整个市场都带来很负面的影响。

例如，当贸易逆差增大，美元疲软，国外的投资者可能就不太愿意继续持有美国公司的股票，因为，随着美元贬值，实际上这些股票的价值也在降低。这就解释了为什么贸易逆差增加的消息一出，股市经常会应声下跌。

那些“黑暗”的管制措施让人怎能入睡！

Schwab华盛顿调查研究团队的首席战略官葛瑞格·维力尔说，这次大选在接下来的几个月中应该会对制药、国防和烟草行业的股票产生比我们所能想象到的更大的影响。他说“假设没有一些我们所看不到的因素影响，这次大选的焦点很可能会是医疗保健政策。如果在劳动节之后整个大选形势看起来对戈尔有利，那么很明显这将会对制药行业非常不利。”而这其中的原因就是，戈尔推崇联邦医疗保险处方药计划，实际上就是在推行药品方面的价格控制。

——《巴伦周刊》

尽管所有的行业都受管制性风险和政治风险的影响，但个别行业比其他行业受到的影响更大。例如，老年人是美国政治投票中一个非常强大的团体，因此，价格控制和处方药的专利权方面的限制，始终都威胁着制药行业。同样地，油价的激烈波动外加油价变动所带来的政治敏感性，使得能源行业经常成为价格管制和巨额暴利税的开征对象。

“害怕”管制性措施的不仅仅是制药和能源行业。生物科技行业的老板们，经常因为在夜里梦到政府对基因食品的禁令而吓醒。化工行业巨头，因环境保护署不公平的限制政策而遭受巨大的损失。他们的愤怒是众所周知的。那些军用物资行业的高管们，一直满怀希望地祈祷着白宫能有一位鹰派的总统。备受挫折的电力事业的老板，每当要建立一个新电厂的时候，都要在各种限制条款所形成的魔方中转得晕头转向，而这时候，倘若不给自己的静脉注射抗酸剂，他们是无法挺过去的。而几近疯狂的互联网商务资本家，每每听到有人提起要对网络购物进行征税的说法，他们都会紧张到直接进入强直性昏厥状态。鉴于上述种种不同的管制性措施和政治风险，巨波投资者需要保持谨慎，时刻注意国会、法庭和白宫的各种最新动向。

另外，我这还有一条很不错的建议：如果你所持有的某只股票突然间不合时宜地狂跌或者飙升，那你尽快去 redchip. com 或者哥伦比亚广播公司的 marketwatch. com 等类似的网站上看一看最近的股市新闻，很可能你会发现要么是最近发生了一个新的官司，要么是国会出台了新的议案，或者是政府采取了某些行动。

巴西下雨了，快买星巴克的股票！

在上周早些时候，这场新世纪第一个冬天发生的大风雪严重影响了汽车零售商和东海岸的生产厂家，使得他们的销售量锐减，从佐治亚到缅因，很多工厂都被迫在短期内停止生产。而到周末的时候，这场灾难的影响已经波及内陆地区。又一场暴风雪袭击了俄克拉何马市，带来了 30 多厘米的降雪。达拉斯市的一场冻雨使得汽车的生产和销售都不得不停止。天气预报说，周末将会有更为极端的天气状况袭击东南地区。……有几家汽车生产商无法进行生产，因为工人们无法上班，供货商也无法运送零部件。

——《汽车新闻》(*Automotive News*)

巴西的种植者生产了世界上 1/3 的咖啡豆，而在近几个月他们发现咖啡豆的价格骤降，原因就是 12 月的那几场雨。秋天旱季过后的这几场雨使得原本悲观的产量预期提高了很多。世界咖啡馆运营巨头星巴克去年 5 月将每杯咖啡的价格提高了 10 美分。而现在，他们说他们不会因咖啡豆降价而降价。此前星巴克从来也没有降过价，无论他们采购的咖啡豆的价格变动有多大。

——《洛杉矶时报》

对食品饮料行业来说，老天不下雨，就会搞得鸡飞狗跳。确实，正如本书的书名所说，当巴西开始下雨，旱灾结束时，你不妨买进星巴克的股票，因为咖啡豆的价格一定会下降，星巴克的利润会增加。同样，汽车、零售等行业也很容易受到暴风雪、洪水和热浪等偶发天气灾害的影响。例如，在美国中西部地区，如果冬天天气极其寒冷或者下雪太多，会影响到汽车销售行业和其他零售业第二年春季的销售额，因为这些公司的股票价格很容易会受到天气状况的影响。

我们关于不同行业的差异的讨论就到此为止。资本密集型、劳动密集型，抑或出口密集型行业对一些事件的反应不同，也会因为其消费者的不同，受制于不同的管制性条款而产生不同的反应。我估计，到现在为止，你应该很清楚，从行业层面来评价股票非常重要。如果真的是这样，我就可以猜想，你现在心头一定会有两个问题：一是跟踪每一个行业最好的方法是什么？应该在行业层面进行交易吗？而这正是我们将在下一章中讨论的话题。

第7章

如何追踪那些难以捉摸的行业

在证券公司的大户室内，丹尼、佐伊和杰克之间竞争激烈。每个月，他们都打两个赌：交易中赚钱最多的人将会赢得100美元，当月最差的一笔交易中跌幅最小或者损失最小的人，将会赢得50美元。

在这场比赛中，有趣的是，他们三个人所采用的交易风格截然不同。丹尼严格地根据自己对市场趋势的判断来进行交易，从不愿意冒险，无论是行业风险还是特定的公司风险。所以丹尼只交易那些紧跟纳斯达克市场的交易型开放式指数基金（也称交易所交易基金，ETF）和那些紧跟标准普尔500指数的股票型基金。如果丹尼感觉市场在上扬，那他就会做多上述两种类型的基金，如果他觉得市场将要走低，他便会卖空相应基金。

而佐伊却完全不同，她严格地在行业层面进行交易。她最钟爱的是IYD和IYF等跟踪化工或者金融服务等行业的iShare类交易型开放式指数基金和BBH和HHH等跟踪生物科技和互联网行业的holders基金。佐伊的交易方式基本上就是在各个行业间轮换。她只观察各种行业指标，以分析哪些行业会上升，哪些行业将会下挫，然后根据观察结果在各个行业间轮转。

而至于杰克，他是三个人当中唯一利用巨波消息操作的投资者。在杰克看来，丹尼和佐伊所关注的市场大势和行业趋势的基金、iShare 和 HOLDERS 等实用指标，他也一直紧盯着电脑屏幕对其进行跟踪，但同时，他也在关注其他更有价值的趋势指标，例如 TICK、TRIN、S&P 期货等更加实用的趋势指标等。然而，当需要冒很大的风险进行投资时，杰克严格按照篮子交易进行操盘。他遵循巨波投资金律，只在强势行业整体上扬的时候买进该行业中的一组强势股，同样，也只在某弱势行业整体走跌的情况下才会卖出该行业中的弱势股。

哦，顺便提一下，丹尼和佐伊都很嫉妒杰克。因为每月都是他赚的钱最多，总能赢得那 100 美元。但是，一般情况下，都是丹尼赢得了“每月最差交易中跌幅或损失最小奖”，而获得那 50 美元的“奖金”。

Cubes、spiders，HOLDRS、iShares，TICK 和 TRIN，只是精明的巨波投资者使用的一些术语。了解这些术语，并知晓其他的行业和市场趋势指标，如何同篮子交易模式共同使用，是你提升交易水平的关键一步。

在本章中，我们将会探讨，如何利用各种指标来跟踪大盘和行业趋势。另外，我们还将学习如何利用佐伊相对保守的行业层面交易方法、杰克相对激进的篮子交易法来有效地进行巨波投资。准备好了，这一章会很有趣！

趋势是你的好友

先专心思考一下你进行交易时的市场情势，而不要先去做其他任何事情。

——杰西·利弗莫尔，《股票作手回忆录》

记得巨波投资原则的第五条吗？市场趋势是你的益友，因此你一定不要逆势交易！记住，跟踪大盘趋势的确是巨波投资者的最重要的任务之一。为什么这一点如此重要呢？让我们回顾一下杰克的巨波投资金律吧：

- 在市场大势上扬时，买进强势行业中的强势个股。
- 在市场大势走跌的情况下，卖出弱势行业中的弱势个股。

按照以上两条规则进行交易时，你需要非常了解市场和行业的趋势，而且能即时洞察到趋势的变化。在本书的第三篇，我们将探讨，利用各种经济指标来评估趋势的方法。但是现在，我们需要关注的是，如何跟踪盘中和每日的趋势，因为每天你都需要作出买进还是卖出的决策。表 7—1 列出了一些主要的指标和操作工具，对你跟踪市场趋势并进行交易有很大帮助。

表 7—1　　主要的市场趋势指标

股市中“傻钱”追踪的指标
● 道琼斯工业指数（DJI）
● 标准普尔 500 指数（SPX）
● 纳斯达克综合指数（NDX）
华尔街“聪明钱”追踪的指标
● 标准普尔期货指数
● 纽约股票交易所跳动指数（＄TICK）
● 阿姆氏指标或称纽约股票交易所交易者指数（＄TRIN）
根据市场趋势进行交易
● Cubes ——纳斯达克 100 追踪股（QQQ）
● Diamonds——道琼斯工业指数追踪股（DIA）
● Spiders——标准普尔 500 指数追踪股（SPY）
● IVV——跟踪标准普尔 500 指数的 iShare

关注道琼斯工业指数、纳斯达克综合指数和标准普尔 500 指数的变动趋势仅仅对股票市场上的傻钱有效。因为上述几种指标中，没有一个能让投资者观察到市场的未来变化方向。相比之下，华尔街专业人士追踪和预测市场趋势时，至少跟踪的三个指标是：标准普尔期货指数（S&P Futures）、TICK，当然还有必不可少的 TRIN。

股票市场上头脑最敏锐的精英们，在芝加哥商品交易所交易标准普尔期货。大多数的专业交易员把该期货交易指数看作是判断市场可能变化趋势的绝佳先导指标。例如，如果标准普尔期货指数开始上扬，那么通常情况下标准普尔500指数十有八九也要跟着上涨了。出于同样的原因，如果标准普尔500指数在上升，而标准普尔期货指数却没有跟进，那么非常有可能，股市的上升趋势将不会持续很久。为什么这样说呢？因为那些套利的掮客们见此情形不会无动于衷，他们一定会立即介入，利用期货和现货之间的差价进行牟利，这样，很快两者间的距离就被拉近了。

至于之前所说的TICK和TRIN，是纯粹的指标，不是市场指数。TICK是纽约证券交易所中上涨的股票数量和下跌的股票数量的对比。举例说来，如果TICK数值为＋207，那就说明在纽约证券交易所呈上升趋势的股票数量比下跌的股票数量多207股。TICK数值为正，是一个牛市的信号。

接下来我们谈谈TRIN，这是我最喜欢的指标。TRIN跟TICK不同，不是仅仅对上涨和下跌的股票数量做纯数字的比较，它还包含了上涨的成交量同下降的成交量之间的比，并把它们代入以下这个公式中：

$$\text{TRIN}=\frac{\text{上涨的股票数量/上涨股票的成交量}}{\text{下跌的股票数量/下跌股票的成交量}}$$

简言之，如果上涨股票成交量远远大于下跌的股票的成交量，那么TRIN数值就会小于1，而这也是后市看涨的信号。

现在让我来解释一下，为什么我们不仅要紧密关注TICK和TRIN的数值，同时也要关注二者之间非常重要的关系。接下来我们看看，善于利用市场趋势进行交易的丹尼，如何利用这两个指标。

这一点很清楚，丹尼一直期待着TICK指数和TRIN指数向同一个方向变动，因为这样才能据此确定一个市场趋势。原因就是：假定某天，TICK数值令人欣喜地大于0，就说是200吧，那么你可能会认为市场应该是处在升势。且慢！如果那些下跌的股票的交易量多于那些上涨的股票的交易量，表明当时的股市实际上是在调整，而并非在上涨，而这样的判断并非仅仅通过 TICK 指数能做出来的。确实，在这种情况下，TRIN 指数会明显地朝着与 TICK 指数相反的方向变动，很清楚，这是一个非常复杂的信号。在这样的情况下，丹尼是不会轻易进行交易的，因为从中得不到确定的信息以判断市场趋势。

那么丹尼是如何利用市场趋势进行交易的呢？她知道股市中有很多交易所交易基金（ETF），跟一些重要的市场指数关系很大。而这些 ETF 交易基金都有很抢眼的名字，就像 cubes，diamonds，spiders，HOLDRS 和 iShares，它们的交易方式与股票并无二异。

例如，以 QQQ 为交易代码的 cubes，跟踪纳斯达克 100 指数。当日交易者和波段交易者都喜欢它，该基金成交量很高，每天的平均交易量超过 2 500 万股。丹尼很喜欢 cubes，是因为该基金的波动较大且流动性很强。如果丹尼正确地判断了 cubes 的走向，她就会通过交易大赚一笔。

同样地，SPY 就是一只所谓的“蜘蛛基金”，根据标准普尔 500 指数进行交易。而 DIA 就是一只“钻石基金”，紧跟道琼斯工业平均指数。当纳斯达克遇到问题，投资都纷纷转向更为安全的纽约证券交易所的时候，丹尼就尤为喜欢这一类型的股票。

同样，产业趋势也是你的好友！

周四那天，食品、饮料等餐饮类股票板块取代了科技板块，成为当日最弱的板块。

——《亚特兰大宪章报》

（*The Atlanta Journal and Constitution*）

现在，我们开始讨论追踪产业趋势的方法。无论其他选股评论叫你如何去做，你都不希望买进那些弱势行业中的股票，更不想卖空强势行业中的股票。因此，每天开盘之前，每一个巨波投资者们都要做的事情是：仔细地浏览两份重要的表格。

第一份就是《华尔街日报》刊登的“道琼斯美国工业组群”表（Dow Jones U. S. Industry Groups）。该表列出前一日股市中表现最好的五个行业和表现最差的五个行业。第二份表格来自《投资者商业日报》，表格名称为“行业价格”（Industry Prices）。该表按照过去六个月的价格变动，详细地排出了大约 200 个行业和“小行业”，同时也会圈点出前一日表现最好和最不好的行业。

请注意，通过仔细地研读这两份表格，你不仅会洞悉当天的强势行业和弱势行业，而且也会发现哪些行业正在走强，哪些行业正在走弱，也大概能预测到在什么位置各个行业的境况会发生轮转。

现如今，除了纸质媒体，还有一些很好的网站在跟踪着行业的行情和趋势。例如，smartmoney. com 网站有一个“行业追踪器”（sector tracker），根据道琼斯工业指数对 10 大行业中的 120 多个小行业进行追踪。另外，该网站还有一张注明的图表，该图表复杂精密，用颜色标注出不同的行业，能够鸟瞰出不同行业的冷热，绿色代表热门股，红色代表冷门股。

同样地，Bigcharts. com 和哥伦比亚广播公司的 marketwatch. com 不仅列出了各个行业的表现，而且列出了各个行业中的“龙头股”和“滞后股”。另外还有 cnbc. com 网站，这个网站有一个“行业观察”（sector watch）栏目，每天即时跟踪电视上优秀的行业趋势点评类节目。

好了！题外话说得够多了。接下来我们讨论一下，在每一个交易日中如何追踪你所选择的行业。要想弄清楚如何追踪，你就必须要看懂表 7—2，这可是本书中最有价值的表格之一。如果你意识到了它的重要性，你很可能会把它复印好，并贴在电脑旁边的墙上。

表 7—2　　行业趋势的重要指标

	ETF	行业指数
航空板块		$ XAL
汽车板块		$ AUX
银行板块		$ BIX
原材料板块	IYM	
生化板块	BBH	$ BTK
化学板块	IYD	$ CEX
计算机类		$ IXCO
● 计算机硬件		$ GHA
● 计算机服务		$ GSV
● 计算机软件		$ CWX，$ GSO
● 计算机技术		$ XCI
能源类	IYF，XLE	
● 成品油板块		$ XOI
● 石油服务板块		$ OSX
● 天然气板块		$ XNG
金融类	IYF，XLF	$ IXF
● 金融服务板块	IYG	
林纸产品板块		$ FPP
网游板块		$ GAX
黄金板块		$ GOX，$ XAU
医疗保健板块	IYH	$ HCX
工业板块		$ INDS
保险板块		$ IUX
互联网板块	HHH，IYV	$ INX，$ GIN
● 互联网构架	IAH	
● 互联网商务	BHH	
● 互联网设施	IIH	
网络板块		$ NWX
多媒体网络板块		$ GIP
医药板块	PPH	$ DRG
房地产板块	IYR	
标准普尔零售	RMS，VGSIX	$ RLX
证券经纪板块		$ XBD
半导体板块	SMH	$ SOX，$ GSM
科技板块	XLK，IYW	$ XCI，$ TXX
电信板块	IYZ，TTH	$ IXTC
● 宽带	BDH	
运输板块		$ TRX
公共事业板块	XLU，IDU，UTH	$ UTY

这张表为什么这么有价值呢？因为它列出了一些重要的交易工具，不仅可以用来追踪行业趋势，而且在一些情况下，还可以用来进行交易。现在，花几分钟时间，仔细读读这份表格。读的时候，你要注意，在表格中有两种不同类别的行业追踪器。

我们先说第一种。我们有用来判断市场趋势并以此进行交易的 cubes 和 spiders 等交易所交易基金，而在行业层面，同样也有具有相应功能的交易所交易基金，包括生化板块和半导体板块的 BBH、SMH 等 HOLDRS 类基金，化学板块和健康板块的 IYD、IYH 等 iShares 类基金，以及能源板块和公共事业板块的 XLE、XLU 等 Spiders 类基金。有一点值得注意的是，利用交易所交易基金进行投资的一大优势是，这些基金并不受制于上档放空规定的限制，所以，即使是在市场走弱的时候，你也可以卖空此类基金。而这正是佐伊喜欢用此类基金进行行业轮转的一个重要原因。如果生化板块暴跌，她当然不会卖空 Amgen 和 Genentech，但是她完全可能会卖掉手中的 BBH。

第二种行业趋势追踪器包括：航空板块的 XAL 指数，银行业的 BIX 指数，还有证券经纪板块的 XBD 指数等。不同的证券市场，例如美国证券交易所、芝加哥期权交易所（CBOE）、高盛公司和费城证券交易所，都会提供此类指数的信息。

接下来教你如何利用这些行业跟踪器。在开始交易某个板块之前，相信你总要事先查看一下相关的行业指数，看一看该行业的动向。也就是说，在你交易时，需要利用上表中的相关信息，在一些网站上找到你要交易的行业的相关指数信息，并在交易日中一直关注、跟踪。你应该竭力避免买进的强势股变成弱势股，或者是卖空的弱势股所在的行业却在不断走强。某一个股很难逆着自己所在行业的趋势走。记住，个股的波动，一半以上和所属行业的走势有关。

关于该表，还有一点需要说明：如果你将该表同我们上一章的行业情况表进行比较，你会发现，并不是股市上的每一个行业都有一个指数或者交易工具，这样就会使你在观察行业行情的时候会遇到困难。但我想，随着 ETF 基金数量的增多，越来越多的行业都会有相应的交易指数或者工具。

篮子交易的好处

如果你能在某一个行业内一直坚持篮子交易的做法，那你持续获利的可能性就比较高，同时投资风险会降低。

——迈克尔·辛希尔（Michael Sincere），

德龙·华格纳（Deron Wagner）

现在，我们来比较一下，是像丹尼那样在市场趋势层面交易，还是像佐伊那样在行业层面交易更好？还是像杰克那样，采用篮子交易策略进行交易更好呢？解决这一问题最好的办法，可能就是观察一段时间之后这三种不同投资策略所能带来的最可能的结果如何。

三人之中，确实是丹尼所冒的风险最小。这是因为，他只根据市场趋势进行交易，因此就成功地避开了特定的行业风险和公司风险。因为丹尼所冒的风险最小，通常情况下，他也是三人当中，在其当月最差的一笔交易中跌幅或者损失最小的人，这在情理之中。然而，丹尼在回避风险的同时，也丧失了获利的机会。这就是他从来没有打败过杰克，而赢得“当月收益最多”奖项的原因。

杰克曾经像佐伊一样，是个只做行业交易的投资者。但是久而久之，杰克发现还是篮子交易策略更好些，原因有二：第一个原因也许很明显，在买进股票的时候，你会把你认为最好的股票放到你的“篮子”里，那你在价格变动时获取最大利润的可能性就最大。比较而言，当佐伊利用 BDH 一类的 ETF 买进宽带服务提供商的股票，或者利用 IYG 买进金融服务类的股票，她就不得不损失自己的一部分资金，因为她在行业层面交易，手中就势必会有一些弱势股，这就降低了她的盈利潜力。

比起行业交易，杰克更中意篮子交易法的第二个原因，可能更为微妙而难以捉摸：在将自己的损失最小化和增加自己的收益两者中选择的话，杰克会更倾向于前者。实际上，当某个行业走低的时候，这个行业中的最弱的股票往往跌幅最大，跌速最快，且恢复速度也最慢，然而强势股则表现得更有弹性。这也就是说，通常情况下，如果杰克的"篮子"中装的都是某个行业中的强势股，且行情开始变得对其不利，他的下跌风险比佐伊的纯行业交易套路就要低很多了。

巨波投资运作实例

在本章结束的时候，让我用实例解释巨波投资究竟如何实现。再次借用上文中杰克的投资策略来加以解释。

首先，杰克听从富有传奇色彩的 20 世纪 20 年代华尔街投资者杰西·利弗莫尔之言，"先专心思考一下你进行交易时的市场情势，而不要先去作其他任何事情"。也就是说，杰克一直在不断地对市场趋势进行评估、再评估。与此同时，杰克也在紧紧跟踪行业情况的变化，关注着市场上的强势行业和弱势行业，也在关注着哪些行业在走强，哪些在走弱。

那么杰克是怎么区分他的强弱股的呢？他知道有很多方法，但是他自己是这样做的：首先，他利用基本面分析，画出一张表，列出他所交易的每一个行业中的强势股和弱势股。他的目标是，根据每股收益增长及其相对价格表现来找到每个行业的最强或最弱的 10 或 15 只个股。

杰克利用基本面分析法列出清单之后，再利用技术分析法来筛选股票，优化清单中的个股，并且抓准最佳投资时机。因为技术分析法能告诉他，在任何时点，哪些股票上涨或者下跌的潜力最大。于是，重点来了：那些既通过基本面分析，又通过技术分析，仍然留在杰克清单中的股票，就被放进了他的交易篮子内。

现在假设杰克判断股市即将上扬，并且已经选择了一个行业，例如医药行业，而且已经建仓，购进了一些股票，放进了他的“篮子”。“篮子”中的股票很可能会是艾文莉（Avenir)、CIMA Labs、Noven 和 Praecis 等。

杰克建好仓位之后（假设每只股票各买 5 000 美元)，他就开始在观察中等待。如果这次操作对他非常不利，他会立即认赔止损，出售“篮内”所有股票。但是如果后市上涨，这次操作对他有利，他便观察篮内哪些股票的涨势最好。根据观察的情况，开始淘汰出售那些相对弱势的个股。另外，也许再继续重仓那些走势最强的个股。例如，杰克可能抛售 CIMA 和 Noven，再多买艾文莉和 Praecis 两只股票各 5 000 美元。杰克使用这种方法，使他的获利最大化，当然，你也可以学着使用这种方法进行操作。

第 8 章

保本的十大原则

贺普·诺特以 20 美元每股的价格买进了 1 000 股 Buy. com 的股票，结果该股很快就跌到了 19.5 美元。这时，贺普开始怀疑自己这个投资决策是否明智，但是她深信该股的潜力。一年以来，Buy. com 一直在稳步上涨，而其间，互联网板块炙手可热。另外，Buy. com 的每一个技术指标都表明该股牛气冲天，势不可当。所以据此判断，一定是市场出了什么问题，而不是她自己。所以贺普又不安地忍了一天，希望第二天市场可以“恢复理智”。

然而第二天，该股进一步下挫，跌到了每股 18 美元。这时，贺普开始心疼了。贺普知道，现在她已经错过了卖出的最佳时机——投资专家们的建议是在损失还没到 8%的时候尽快脱手，然而她仍然还是下不定决心退出。

这是因为此时她的内心非常矛盾：贺普非常担心她的股票继续下跌，给她带来更大的损失，同时她也在更迫切地希望她的股票会反弹。她的勇气和自尊心在强烈地斗争着——她相信自己的判断，她相信是市场出问题了。这个时候，贺普的希望将心中的担心击败了。所以她仍然坚持不抛，结果发现Buy.com一路下跌，跌过16美元每股之后，又进一步跌到了每股12美元。

当然，此时此刻，贺普的损失太大了，以至于她现在最不想做的事情就是卖出这只股票。真该死！她不能那样做！损失这么大，她怎么能忍受！可是现在她唯一能做的事情就是尽量等，直到这愚蠢的股市上那只傻鸟股能早些反弹。

在接下来的两章中，我们将讨论巨波投资法的几条最基本的原则。你会发现，我们列出的很多原则，不仅对巨波投资法适用，也对其他的投资和交易方式适用。因此，我建议专业人士和经验丰富的交易员浏览一下本章内容，便可读后面的章节。然而我还是忍不住想说：要想操作成功，这其中的大部分原则，都非常重要，值得每一个投资者或者交易员反复回味，即使你已经在投资行业打拼多年，即使这些原则你早就烂熟于胸。

下面所要论述的这些原则，主要分为两大类。在本章中，我们将主要探讨一些能帮助你管理和保护资金的投资原则。而在下一章中，我们将会探讨一下能帮助你管理风险的一组原则。

管理资金和管理风险是巨波投资者需要掌握的最重要的两项技能。如果你没能管理并保护好自己的资金，很快就会被残酷的交易行业淘汰出局。如果你没能对风险进行有效的管理，无论你交易成功的可能性有多大，你最后一定会以失败告终。

现在，我们开始讨论管理资金的十大原则。这些原则已经在表8—1中列出，主要分为三大类：高效操作、高效下单和将交易成本最小化。让我们逐一探讨这些原则，并以此来告诉你，为什么这些原则是管理并保护你的资金的最根本的方法。

表 8—1　　巨波投资者资金管理原则

高效操作方法
1. 迅速认赔
2. 设置一个明智的止损点
3. 有利润就要赚足
4. 永远都别让一笔大赢的交易转而变成输局
5. 永远都不要以买进更多跌股的方式来“降低”自己的损失
6. 控制住自己不要频繁交易，否则会搅乱自己的投资组合
高效下单方法
7. 在刚开盘时和首次公开发行的新股中，不要下市价单
8. 在市场呈现出明显趋势的时候，选用市价单来捕捉价格变动
9. 市场箱内震荡时，利用限价单来赚取差价
10. 绝对不要追涨杀跌
交易成本最小化方法
11. 考虑来回操作的手续费，而不是单向操作的手续费
12. 选对经纪人，并仔细阅读交易细则

原则一：迅速认赔

好的操作具备三个要素：(1) 迅速认赔，(2) 迅速认赔，(3) 迅速认赔。如果你能遵守这三个规则，也许会有机会。

——爱德·赛克达（Ed Seykota）

迄今为止所有关于股市的书都会为投资者们提出这个建议，这是最频繁被提起的建议之一。这一建议之所以如此被重视，是因为它对长期投资非常重要，更重要的是因为这一原则同绝大多数交易员的基本认知不一致。

毕竟，我们都是凡人，大部分人都不愿意迅速认赔，而是眼睁睁看着小损失变成大损失。这个问题的根源在于，人们的心理对于成功的交易，就如白蚁对于房屋，有两种相互冲突的激烈情绪——希望和恐惧。每进行一次操作，总希望它能获利，但害怕发生损失。不幸的是，谈到迅速认赔时，希望往往压倒恐惧，这刚好本末倒置。

在本章开始的故事中，我用“血淋淋”的细节描述了投资者心中希望和害怕抗争的过程。在故事中，我们虚构的这位交易员贺普·诺特陷进了暴跌的困境，而在此过程中，她的情感也没能允许她尽早将手中的股票出手以摆脱困境。如果你自己也曾经历过这一类的事情，那么你一定深知学会克服你的情感倾向以减少损失的重要性。实际上，我们大多数人在职业生涯中的不同时刻，都一定会遇到这样的状况。所以，你必须学会用像终结者一样冷酷、机智且不留情面的高效之举在还来得及的时候趁早脱手，减小损失。

贺普一再挣扎着不卖掉她手中 Buy. com 股票，而最终落得跌到每股 5 美元的下场，这时候，她已经炒股炒成了股东。

像贺普那样做之所以很危险，原因有二，其中一个显而易见，而另外一个不会被轻易看出。较为明显的问题就是，贺普遭受到了可能使她很难再翻身的账面损失。而第二个问题虽然微妙，却可能会比前一个危险所带来的问题更为严重，那就是她手头的资金被套牢，不能再挪作他用。

确实，不仅仅是你迟迟不能脱手而损失掉的那笔资金让你身陷困境，而且这只不断下跌的股票上套牢的资金无法挪出，致使你无法买进其他行情看涨的股票，而这些股很可能会让你大赚一笔。这就是经济学家们所说的，抱着烂股不放的机会成本。这就证明，“既然我在这股上已经损失这么多了，我再等等也无妨，说不定还会反弹”这种做法的错误和鲁莽。

实际上，如果你手中持有某股，无论是什么时候，你不要问自己“这只股票会不会反弹，以弥补我的损失”，你要问自己的问题是“为了避免损失更大，在我脱手这只股，并得到一笔资金之后，我能否找到一只潜力股或者前景看好的行业，买进之后，可以更快更强地上涨，会比我忐忑地等着手上这只股反弹更合适?”在大部分情况下，这个问题的答案都是肯定的，而且你需要牢记在心的是，在你损失尚小的时候，随时可以脱手手头的垃圾股。所以，在能脱身的时候要尽早脱身。但是怎么样脱身最好呢？这就引出了我们下一条原则：

➤ 原则二：设置一个明智的止损点

我把止损点设定在太远或太难触及的地方。

——布鲁斯·科夫纳（Bruce Kovner）

设置保护性的止损点就像是在金融界玩象棋。你必须可以预测到大家把自己的止损点设置在什么位置，然后据此决定，你是要在股市触及大家的点之前就脱手，还是想等到股市先吞掉其他人的股票而你的却还握在手中。在大多数情况下，如果大多数人都丢掉了自己的股票，而你的还握在手中，这种做法是很明智的。

——佩吉曼·哈米德（Pejman Hamid）

那么现在我们就利用这个原则，开始研究一下如何减少损失，以达到高效交易的目的。实际来看，设定一个止损点有三个步骤，必须严格遵守。这三个步骤是：

（1）确定你愿意损失的资金量；

（2）建立一个心理上或者真实的止损点；

（3）到达止损点不要犹豫，立即脱手。

我们先来分析第一步：确定在某一单笔交易中你所愿意损失的资金量。对短线交易者来说，这数量可能小至 1 个百分点，甚至可能更小，小到 1/16 个百分点。对长线交易者来说，有一些投资专家认为，这个数量可能会高达 8% 甚至 10%。我们将会在下一章的风险管理中，进一步探讨如何确定适当的、可接受的最大损失值。但是，这里的关键问题是，在你进行交易之前，你必须要确定你所能接受的最大损失资金量。在确定了这个数值之后，你就需要根据这个数值估算出一个确定的卖出点或者止损点。这个点既可以是一个心理上的底线，也可以是一个实际的卖出点，而且两者皆有优点。

一个实际的卖出点可以通过对你的交易软件进行编程得以实现。现假设你以每股 20 美元的价格买进了 Buy.com 的股票，而你所能接受的最大损失是 8%。那么，如果其价格降至每股 18.40 美元的时候，你就进入了“卖出区间”，于是你的炒股软件就会通知你的在线经纪人替你以市场价卖掉这只股。另外你也可以给自己设定一个心理上的停止点，也就是跟自己签订一个协议，当股价跌至卖出点的时候，你就要卖出该股。

实际上，短线交易者主要是依靠心理上的止损点，而波段交易者和长线交易者通常更多的选用实际的卖出点。通过对比分析二者的利弊，我们可以明显地看出为什么不同的交易者有不同的选择。

通过交易软件设置一个固定的卖出点最大的好处就是你不必从股市开盘就一直守在电脑面前，以及时地退出交易。用这样的方式，如果你上班或外出就餐或者在班上，当 Buy.com 跌至 18.40 美元时，在你没有意识到的情况下，这只股就已经脱手了。而另外的一个优点就是，通过软件设置卖出点的方法，会帮助你强制退出交易，从而减小损失。如果你只是设定了心理上的卖出点，当股价跌至你的底线的时候，你内心的希望和恐惧之争很可能会使你摇摆不定，犹豫不决。而这正是通过软件设置一个卖出点的优点所在。

但是这也是有一定风险的。以这样的方法设置一个卖出点会有一个很大的缺陷，那就是你很可能会很不明智地从一个原本会带来可观收益的一笔交易中“被卖出”。实际上，“被卖出”交易，你却发现这只股又折回大涨到你事先所预料的所能涨到的最高价位，还有什么其他的事情对交易员的打击会比这更大呢？以此看来，学会通过你的炒股软件设置一个卖出点是巨波投资者所应该着重发展的一个重要的技能。这不仅仅是一门艺术，而且也是一门学问。然而重要的问题是，有太多的交易员，把他们的止损点设置在很可能会使他们“被卖出”的位置，即使是在一个很被看好的交易中。之所以会这样，原因有三：

首先，你的止损点可能是设置在了这只股的正常波动区间内。例如，Buy.com的股价一天之内可能会在上下两三个百分点间，甚至是五个百分点间摇摆，如果你将你的止损点设置在这一每日正常的变动区间内，即使当天该股走势很好，你也会在某一个小幅下跌的过程中“被卖出”交易。关于这一点我们将在下一章的风险管理部分继续讨论，但是我在这里所要说的重点在于，当你为自己设定一个止损点的时候，你必须留有一定的余地，就当多给自己一点机会。

当你把止损点设置得过于接近经常被触及的技术性交易决策节点时，第二个问题就出现了。在思考这一问题的时候，你要记得股市上有几百万个非常聪明的交易员们在对股市做着技术分析，在图上不断标示出支撑位和阻力位，以及日高低点和破位点等。上述所有的这些技术性指标都将会被用来作为决策节点，作为股民们买入或卖出的信号。

所以，设定一个明智的停止损失点就意味着要将该点设置在上述几种决策点的范围之外。例如，当你计算你最初的实质性损失时，你发现损失值就刚好在一个重要的支撑线上一点点的时候，如果你把你的止损点设定在这个位置，当遇到该股轻微下挫的情况时，你可能会冒着很大的“被卖出”交易的风险。而在这种情况下，稍微稳妥一点的办法则是把你的止损点设定在这个支撑线稍稍往下一点的位置。

第三个问题通常会在你把你的止损点设置成10、20或100之类的整数时出现。由于某种原因，整数就像牛粪吸引苍蝇一样，吸引着无数交易者将其作为止损点。如果你发现自己总是把止损点在几个整数中变换，那么你“被卖出”交易的可能性将会很大。也就是说，如果你的法则让你把止损点定在50美元，那么你就应该稍微将其降低一点，例如49.875美元，或者是更好一点的49.5美元。

在这里我必须要告诉你华尔街专业的“炒股大佬们”的一个古老的游戏，

那就是每个交易日中，他们都会心照不宣地“共谋”，以清除那些业余炒股者们所设置的止损点。如果你不相信这个游戏，那么你还是直接听听我们这位大师级的交易员——维克特·斯佩兰迪奥（Victor Sperandeo）的说法吧：

很多交易员都倾向于把止损点设置在前一交易日的最高或最低点或附近，这种行为模式对或大或小价格变动都是有效的。然而，当人们都集中把他们的止损点设置在某一个数值附近时，你就可以合理推断出在证券交易所大厅中的自由经纪人也都知道这一信息。当股票价格高于其价值，且逐渐接近于众多交易者所设置的止损买盘集中区，自由经纪人们就开始买进，同样地，当股票价格低于其价值，且逐渐接近于大家所设置的止损点的时候，他们便开始卖出。这些自由经纪人们预期扎堆在一起的止损点如果在短时间内依次启动一定会带来股价变动的轻微延时，所以他们都试图通过这样的延时来盈利。继而他们也会把这样的股价变动延时当做兑现他们的证券的机会，以迅速获利。所以操纵股价，使其尽快触及大部分投资者所设置的止损点区域，对自由经纪人是很有“利”的。

原则三：有利润就要赚足

有利则图，无利则退。(Milk the cow，shoot the dog.)

——托宾·史密斯（Tobin Smith)

在你对某手交易非常确信的时候，你就一定要出手击中要害。否则做猪都需要勇气啊！

——斯坦利·德鲁肯米勒（Stanley Druckenmiller)

奶牛？狗？猪？你没有一头雾水吧？请原谅我用了这么多跟农场相关的比喻。虽然上述问题听起来仿佛就是在说动物王国的事情，但实际上它们却非常恰当地强调了股市交易中最最重要的一个原则，那就是有利润就不要轻易放手，要赚足！

貌似这听起来很简单，但问题是，像大部分交易员都迟迟不肯出售手头上亏损的股票一样，大部分的交易员也都过早地把正在盈利的股票抛出，因此也就过早地中断了他们的收益。

当你做了一笔不错的交易，而且行情开始对你有利，这个时候你应该开始希望价格可以走得更高。而实际上却有很多交易员开始担心，害怕股价转向，害怕损失掉他们刚刚进账的那一点点获利。出于担心，他们还是卖掉了，过早地卖掉了。在这种情况下，因为担心胜过了希望，原本有利可图的一笔交易，却没有让他们赚到本应该赚到的利润。

上述是一个很失败的资金管理的例子，因为你并没有给你的资金以最佳的收益机会。还是这样考虑吧：如果你会果断地出售不断下跌的股票，同时拿稳你手头上的一直在上扬的一些股，结果很可能是，即使你的操盘决策有一半以上的失误，但总体说来，你仍然会获利不少。

为了证明这一点，我们来举一个例子：假设你一年之内共买进了 100 只股，其中只有 40 只股让你多少获益，而如果你的平均损失为 10%，而获利率为 20%，你也会有很好的收益。这也就说明了我在本章所介绍的第一个和第三个原则结合起来将会成为一个强有力的武器，为交易者带来可观的收益。

原则四：永远都别让一笔大赢的交易转而变成输局

没有什么胜利会比失而复得令人得意，没有什么损失会比煮熟的鸭子又飞掉更令人沮丧。

——维克特·尼德霍夫

看着你刚买进的那只股一路凯歌，涨了 10 个点，而之后却一路下挫，竟跌过 20 个百分点，结果让你损失不小，这很可能会直接把你送到专门收治交易员的精神病院！面对这样的损失，你真是肠子都悔青了。几乎在大部分的情况下，为了防止手头上大赚股转而变成赔钱股，你所要做的就是，把你最初所设置的止损点，改为跟踪止损点（trailing stop）。

我们来举例说明：假定你以每股 50 美元的价钱买进了戴尔的 500 股，第二天，股价涨到了 52 美元。如果事先你把自己的止损点定在了 45.875 美元，那么你现在可以进行跟踪止损，将止损点调整到 47.875 美元。然后第三天你股价又涨到了 56 美元，那么你就再将其提高一些，到 53.875 美元。用这样的办法，你手上大赢的一笔交易就永远都不会变成输局。而与此同时，你内心就不会害怕损失掉自己即将到手的收益，同时也给了自己赢得更多收益的希望。

原则五：永远都不要以买进更多跌股的方式来“降低”自己的损失

当你所乘的船漏水的时候，你不能再在船上钻一个洞来排水。

——托尼·萨利巴

所谓买进更多跌股来降低损失（averaging down），就是说，在某股一直下挫的情况下，继续买进，妄图以此来降低成本。

假设你以每股 50 美元的价格买进 1 000 股 Buy.com 股票之后，其价格跌至每股 40 美元，你可能会决定再以 40 美元的价格买进1 000股。之所以这样做，是因为可以将每股成本平均到45美元，该股只要反弹到45美元而不是50美元的时候，你就可以保住自己的本了。

可是你千万不要这样做！买进更多跌股以求保本是股票行业中缺乏交易经验的表现。当你这样做的时候，你就在告诉你自己："嗯，我原以为自己做的这笔交易很不错，而结果现在行情开始跌了。与其利用我现在手头上有的资金来做一笔更好的交易，还不如把这些钱再投入到这只股上，来填填洞"——于是，以前说过的这个危险的"希望"又出现了——"我相信这只股一定会反弹的！"要记住，这几乎不可能！

原则六：控制住自己不要频繁交易，否则会搅乱自己的组合投资

为我赚得大钱的，并不是我的一些想法，而是我的岿然不动。没听明白？我的意思是，我的坚守使得我赢得了很多交易。在股市上，想要做出正确的选择，没有什么难度。你经常会发现在牛市初期就做多的投资者，也会发现在熊市刚起便迅速卖空的交易者，而在股市中总能英明决断，一直坚守的人却真的不多。我个人发现，做到坚守，不要频繁交易，这真的是最难学的技能。

——杰西·利弗莫尔，《股票作手回忆录》

在过去人们没有开始在线交易的日子里，唯利是图的证券营业员经常鼓动客户调整他们自己的投资组合，目的仅仅是为了给自己赚取佣金收入。也就是说，他们鼓动客户不断进行交易的目的并不是为了给客户带来更多的获利，而是为了给自己赚取更多经纪佣金创造机会。

然而，具有讽刺意味的是，时下有很多的在线交易者，正在亲自做同样的事情——频繁调整自己的投资组合。他们这样做，要么出于无聊，要么出于贪

婪，有时甚至是出于他们对交易这种行为难以解释的沉迷。而对于很多新手来说，他们这样做仅仅是由于毫无经验。在这一问题上，无论你是哪种情况，都不要那么残忍地对待你自己。你必须要克服频繁交易的冲动。

实际上，就像杰西·利弗莫尔的建议那样，长久看来，市场会证明按兵不动的重要作用。确实，当股市上波涛汹涌，而我们却看不出有什么明显趋势的时候，如果宏观经济相关的新闻所传达出来的信息非常复杂，或者美联储将要考虑对汇率进行调整，“坐在旁边充傻子”可能会是你所能采取的最明智且会带来最高回报的交易策略，这是因为在这样的时刻，选中会让你赚钱的股票的几率很小。

➤ 原则七：在市场呈现出明显趋势的时候，选用市价单来捕捉价格变动

到底是选用限价单还是市价单？交易员们经常要面临这一问题。虽然这个问题很难决断，但实际上，只要你利用宏观逻辑来判断一下市场大势和产业趋势是上涨，是下跌，还是在一个箱体内不断震荡，你就会找到这个问题的答案了。下面我们举一个例子来说明这一问题。

一周以来，伊恩·麦格雷戈一直在关注 California Amplifier 公司（CAMP）的股票走势。它的各项技术指标都呈现出明显的涨势。更重要的是这家公司控制着无线宽带技术的重要组成部分——无线电接收器技术，在新兴市场中占有 80%的份额。这种在行业内的绝对优势，更让伊恩下定决心“交易”一把。

周五早晨开盘铃声一响，CAMP 这只股便应声上涨了 1/4 个点。于是伊恩决定下手了。为了获得当时的市场价差（spread），他以内盘买价 29 美元下了限价单。几分钟后，不但他的交易没有成交，而且内盘买价又跳高了半个点，

涨到了 29.5 美元。

这时，伊恩取消了他的第一个限价单，又以新的内盘买价下了另一个限价单。他有点小家子气，从来都不愿意放弃可能会到手的价差。可是憾事再一次上演了，又没成交，内盘买价又跳高了半个点。

这时，伊恩认输了，他决定放弃限价单，转下市价单。他迅速地以内盘买价买进了 1 000 股，而这时候的成交价已经比他第一次下限价单时高出了 1.5 个点。

然而最糟糕的是，即使作为一个小气鬼，伊恩也应该知道在股价正在启动时，不该选择限价单。也正是这个错误，使得他损失了价格变动可能带来的 1 000多美元本可以到手的利润。

总结来说，伊恩所遇到的问题是这样的：在股市交易中，无论什么时刻，你都会看到两个报价，一个是内盘买价（inside bid），另一个是内盘卖价（inside ask），二者之间的差额就是所谓的价差。这个价差有时会小到 1/16 或者 1/8 个点，而有时也可能会大到 1/4 点甚至更多。如果你买入时下市价单，很可能以内盘卖价来撮合。这种情况下，就等于你把差价拱手让给了卖家。相反，如果你下限价单，可以限定成交价为目前的内盘买家。假如真以内盘买价成交，那么你就成功地从卖家手中抢得了价差。

选择限价单最明显的风险就是你很可能不会成交，像上述伊恩一样。实际上，因为你觉得这只股票会上涨，所以你决定买进，而正如你所料，它确实涨了，而且很可能再也不会降回到你所设定的限价位。这种情况下，你想要赚的价差的意图往往就不会实现，因为你这种强烈的意图使得你无法抓住价格变动，而在此种情况下，如果你选择了市价单，你就会如愿抓住价格上涨的利润。而这正是伊恩痛失 1 000 多美元利润的原因。

那么你应该选择市价单还是限价单？在作这一决断的时候，巨波投资法可以帮助你！我们应该这样进行思考：经过分析经济指标，你得出市场、行业或个股呈现出明显的上涨或下跌趋势时，你就选择市价单。举例来说，假定你准备在镁光这只半导体股上做多。如果整个市场或者是半导体行业行情看涨，你想要用内部买价成交的话几乎是不可能了。更糟糕的是，如果你没有成交，你会被引诱着一直用买价追高，你却一直未能买进。在这种情况下，你就应该选择市价单。

同样地，如果整个行情看跌，而且零售业正在暴跌，而当时你不幸已经做多了沃尔玛，而且你想脱手，那么你就不要想用内盘卖价卖出。你要义无反顾地选择市价单，认赔出手。

原则八：市场箱内震荡时，利用限价单来赚取价差

所谓买卖价差，犹如华尔街上的“赌场优势”（house edge）。你可以用限价单来捕获买卖价差，从而压倒这个优势。

——克里斯托弗·法雷尔（Christopher Farrell）

市场趋势明显的情况下，选择市价单更合理。但市场或产业在一个箱体内横盘震荡的情况下，选择限价单更为合理。在这种市场下，耐心点是可以的。如果你想做多，那么你就要选择内盘买价下单。如果你想要做空或者出场，你可以选择内盘卖价单。这样做，你不仅能如愿成交，而且还可以赚到买卖价差。要记住，省下一分钱，就等于赚了一分钱。

关于价差，有一点必须提。无论什么时候，几分钱或者 1/16 点都不会显得太大。但如果你是个频繁交易的人，一年之内经你手进行交易的有几万股甚至几十万股，如果你每笔交易都不在乎这几分钱的价差的话，那么累积起来你就有了几千美元的损失。在你的分类账目中，如果出现了相似的累计损失，这就表明你的交易效率不高，没能将自己的利润最大化。

➤ 原则九：在刚开盘时和首次公开发行的新股中，不要下市价单

几周以来，派特茜·赫特身边关于 Palm Pilot 公司股票即将公开募股的消息不绝于耳。无论在路上碰到谁，她总会听到这个消息，人们似乎都对 Palm Pilot 公司痴狂了。广播、电视，就连她的未婚夫似乎都感染了 Palm Pilot 公开募股的痴狂病，这样的情形下，派特茜又怎么能抵挡 Palm Pilot 公司募股的诱惑呢？

因此，在 Palm Pilot 公司股票发行的前一晚，派特茜登录了自己的网上账户，用市价单买入 100 股。当然，她心中盘算着，会以稍高于每股 38 美元的价格成交，因为报纸和网络上都是这个估价。这样看，即使她稍微多付一点钱又能怎样？反正股价一定是会涨起来的，说不定会涨得更高，那么她赚到的钱就足以支付她在希腊海岛上的蜜月费用了！

然而派特茜却没有意识到，当时有成百上千的其他投资者跟她想法一样——按照市价打 Palm Pilot 的新股，一定稳赚不赔！在激烈的买盘推动下，当 Palm Pilot 的股票终于上市的时候，其股价顺势从每股 38 美元跳空至 150 美元。而受到大量买单涌入的影响，股价继续上涨直到 165 美元。

当然，派特茜的买入愿望还是实现了，这算是一个好消息。可是糟糕的是，成交价格是每股 160 美元。她原本计划拿出来的4 000美元根本就不够，她这次要拿出 16 000 美元。当天快要收盘的时候，股价跌到了每股 95 美元，两天之后，又一路跌到 60 美元。这时，派特茜决定将手上的 100 股卖掉，因此损失掉了 10 000 美元。因为派特茜当时没有选择限价单，她的蜜月从希腊的克里特岛和半克诺斯岛变成了纽约布鲁克林的科尼岛，时间也从原计划的两周缩短到了一周。

永远都不要用市价单在刚开盘时，对首次公开发行的新股进行下单，这或许是高效交易最重要的原则之一。在上述两种情况下市价单的一个很显而易见的风险，用华尔街那粗俗的话来说，就是这只股很可能会瞬时飞涨，但是转眼就变成垃圾股（gap and crap）。也就是说，由于不断积累的市场买单所带来的推动力，股价可能在刚开盘的时候瞬间飞涨，然而当推动力都释放之后，股价很可能急跌，可能会是 1 个，2 个或者 3 个点，很多首次公开发行的新股可能会跌 30 或者 40 甚至 50 个点。这太让人心疼了！

可能会有一些人不太理解，为什么除了那些刚上市的新股之外，一些“老股”也会在交易日刚开盘的时候跳空高开。之所以会这样，主要是因为相关机构在前一交易日收盘后，又对外发布了一些比较正面的消息。例如 Cirrus Logic 公司可能宣布其收益意外增加，或者联邦商务部专利局宣布将延长威视公司所有的激光眼科手术技术的专利权。或者是 MP3 这家虚张声势的互联网音乐盗版提供商对外发布了其侵犯华纳兄弟公司版权问题的案件已经顺利解决，且结果有利于该公司。

在上述的每一个情况下，相关公司的股票都可能会在开盘的时候高跳。但是如果你在开盘前掷出市价盘，通常情况下你可能需要支付比你计划多得多的钱来买进自己计划买入的股份，而且不久你就会发现自己亏了。

原则十：选对经纪人，并仔细阅读交易细则

一些经纪商号称其佣金打折，或者干脆说自己不收佣金，但实际上，他们很可能在偷偷地掏着投资者们的腰包。他们使用的手段，是将投资人的委托单送给支付他们最高费用的做市商（marker maker）处理。这可能会给平价经纪人带来一些好处，但对于投资者来说却没有什么益处，因为他们很可能会由于在交易中无法以最有利于自己的价格进行交易而蒙受损失。

——《巴伦周刊》

股票经纪人并不是理财顾问。他们其实就是证券推销员。

——迈克尔·B·奥希金斯（Michael B. O'Higgins）

当然，并非所有的股票经纪人都像证券推销员，但奥希金斯的论述对大部分经纪人来说都是对的。因为他们这份工作的第一要义就是要赚取手续费，其次才是为客户赚钱。这就解释了为什么在很多情况下你通过网络交易可能会更好些。

哦，先等一下！上面《巴伦周刊》提示我们，选择正确的电子经纪系统，比获得最低的手续费更困难。交易单的执行速度，和任何由此产生的在你的出价和最终的成交价之间的偏差（slippage）都是同等重要的。另外，你也必须要仔细阅读有关股份大小的限制和不同种订单下的股票的价格等方面的细则。下面我就通过一则小故事给你讲解一下上述几个问题的重要性。

莎拉·万斯打算积极操作自己的投资组合，所以她决定开始电子化交易。在她浏览过美国全国广播公司财经频道上的所有广告之后，她同一家每笔交易只收5美元佣金的提供较大折扣的经纪公司签了合同。

作为电子化交易之后的第一笔交易，她用市价单买下100股科胜讯（Conexant）的股票。当时每股的卖方价格为54美元，而当她在三四分钟之后收到交割单的时候，她却发现实际上成交价为54.75美元。因为当时的卖方开价同成交价之间存在差价，这笔交易要多付7.5美金，再加上5美元的佣金，实际上她这次交易付出了12.5美金的佣金。不必说了，这让她很生气！

然而，下一单交易让她更加气愤。在这单交易中，她以每股20美元买进了100股的零网公司（Netzero）股票。这次，她很快就得到交割单，但是成交价却比单内注明的市价高出了50美分。虽然实际总计才高出了5美元，但是加上每笔交易5美元的佣金，她在这笔交易中实际多付出了10美元。

现在，她又要第三次下单了。这次她打算学聪明点，决定以卖方卖价下限价单。而这次有趣的是，她的单几乎是刚开出就被以当时的市场价成交了，没有任何差价。但是她诧异的发现这次她选用了限价单却要比上两笔选用市价单多付了8美元，因为线上经纪人对限价单收取的经纪费更高。所以算下来，这一笔交易中她共付出了13美元的佣金，是三笔交易中最高的。

于是她决定抓住一根救命稻草，开始最后一搏。这次她决定买进25 000股没有什么投资价值的投机股，这也是她的一位朋友一直推荐的股。但是这笔交易却使她付出了25美元的佣金，因为她的经纪公司规定5美元的佣金只适用于5 000股以下的交易。天啊！她真后悔没有好好读读细则。

莎拉所面对的问题中，价格偏差可能是最有害的。价格偏差在很多情况下都会发生，例如当你以市价买入某只股时，结果却高于卖方的卖价成交，或者你以市价卖出某只股时，结果却以低于买方出价被成交，都会出现价格偏差。

之所以会产生这样的价格偏差是因为你的线上经纪人走单速度很慢。在你下单和你的经纪人为你走单之间的几秒钟，或者几分钟的时间内，市场可能会发生一定的变化，股价可能会有或大或小的涨跌。如果你的成交价比你下单时的卖家开价要高，价格偏差就产生了。

第 9 章

心存疑虑就退出：风险管理原则

30 岁生日当天，拉里·莱姆决定去做一个当日交易者。于是他辞去工作，并且为了炒股向银行申请了 50 000 美元的房屋净值贷款[①]，风风火火地赶去谢尔拉姆证券公司，准备大赚一笔。

第一天，他立即购买了 5 000 股波动性大、交易量低的网络股，这只股票有个很好听的名字。凭借着保证金，拉里购买了价值 50 万美元的股票，盘算着赚取一两个点的利润后就转手卖出。

午餐时，美联储宣布提高利率，拉里的股票随着大市开始下跌。拉里感觉自己的胃里不停翻滚，但这并不是因为饥饿。

下午 1 点钟，有传闻说该网络公司的季报业绩会不太理想。紧接着，在 5 分钟内，股价又下跌了 5 个点。此时的拉里很想将股票脱手，但是由于这只股

① home equity loan，是借款人以所拥有住房的净值（房产估值减去房贷债务余额）作为抵押或担保获得的贷款。——译者注

票交易量低、流动性差，市场上没有买家——只能目睹股价以自由落体般的速度下跌。

最后，在下午 1 点 23 分，拉里终于以损失 12 个点的价格将股票抛出。但这不仅令他的 50 000 美元血本无归，还倒欠证券公司 10 000 美元。这就是他忽视本书中提到的风险管理原则的后果。

管理你的风险必须与你的理财计划相配合，本章将为你介绍 12 条最重要的风险管理原则。前 3 条原则重点关注如何通过密切关注经济新闻以及定期的宏观经济事件来管理事件风险。接下来 6 条原则着重介绍如何通过最佳持股规模、股票流动性和价格波动性来减少交易风险。最后 3 条原则指导你如何随着时间的推移通过交易前调查和交易后分析显著减少你的长期交易风险。表 9—1 列出了这些原则。

表 9—1　　巨波投资者的风险管理原则

管理事件风险
1. 认真查看宏观经济事件一览表
2. 心存疑虑时，静观其变
3. 警惕预期收益与实际收益的差距
管理交易风险
4. 选择流动性强的股票进行交易
5. 保持适当的仓位——永远不要孤注一掷
6. 确保你的股票之间不是高度相关的
7. 根据你的风险水平选择与之匹配的波动性水平并调整仓位
8. 管理你的进入和退出风险——分步买进与卖出
9. 警惕保证金交易——相应调整你的风险水平
管理长期交易风险
10. 分析以往交易，特别注意亏损交易
11. 进行调查研究
12. 不要轻信别人的意见——不要听信那些内幕消息

➤ 原则一：认真查看宏观经济事件一览表

珍妮·波那吉整天关注她的技术分析图表，没有时间看报纸。从图表中，珍妮觉得康柏将会有一次漂亮的反弹。这只股票的价格刚刚在其30美元这一阻力点上有大量的单子成交，它看起来仿佛将会从突破点——约比阻力点高约1/8个点位——开始大幅上涨。

刚开始，珍妮做多了1 000股，并且为康柏股价立刻上涨了一个点而沾沾自喜。但是，美联储在午间突然宣布利率水平上调25个基点。股市开始剧烈下挫，而康柏的股价下跌尤甚——跌了5个点。而珍妮甚至不明白这是为什么，她在5 000美元的损失水平上卖出了股票，并回到她的技术分析图表上，试图找出原因。

以上的这类交易不仅是极具风险性的，而且是轻率的。这个例子强调了贯穿全书最为重要的原则之一：定期认真查看宏观经济事件，并据此做出交易决策，永远不要受那些能被轻易预测的新的宏观经济新闻，如联储利率上调或者新的消费者物价指数所影响。

在珍妮的案例中，任何谨慎的巨波投资者，都将会敏锐地注意到联储在那天举行会议，并会通过对不同方案的分析来推测会议上将会发生什么，并据此决定是否交易以及如何交易。对于这一点，在本书接下来的内容中，将会深入探讨，并指出并不是所有的宏观经济新闻都是同等重要的。联储的一些行为和公布的经济指标比其他的更为重要，比如特定时期公布的特定数据会比其他时间公布的类似数据对市场产生更大的影响。这完全取决于当时的环境。

例如，如果经济正在增长或者将要发生通胀，那么市场将会坦然接受失业率上升的新闻，正如面对一位许久未见的兄弟，并且很快弱化失业率对市场的潜在影响。但是如果经济正处于萧条的边缘并且难觅通胀的影子，那么类似的一条失业率上升的新闻，可能会推动市场下滑。

当然，在本书中，我的任务就是帮助大家建立对宏观经济的精确透视能力，这将使你在市场中领先别人两拍。这种透视能力无异于一种对宏观经济事件及经济指数的敏锐感觉，这种感觉会帮助你分辨出哪些事件和指数最为重要，并且分析出市场将对它们做出怎样的回应。事实上，培养这种能力正是本书余下部分的主要目的。而主要原因就是：定期查看宏观经济事件会让你熟悉，哪些事件将导致潜在的趋势逆转或者趋势延续，从而最大程度减少你的市场风险。因为你是一位熟知不同经济事件将会如何影响各个部门的巨波投资者，认真查看宏观经济事件也会让你的行业风险或部门风险最小化。所以请大家务必认真审阅宏观经济事件一览表，并培养敏锐的感觉，帮助你分析市场将如何根据一览表上下波动。至少，这一要求的前半部分是不难做到的。这种宏观经济事件一览表每周都会刊登在《巴伦周刊》和《投资者商业日报》上。同时一些网站如 Dismalscience. com 也会提供。

原则二：心存疑虑时，静观其变

在重要报告发布前，我并不会拿出大量的资金去冒险，因为那不是交易，而是赌博。

——保罗·图多尔·琼斯（Paul Tudor Jones）

这个原则十分简短，但是介于它的重要性，值得将它单独作为一部分来阐述。该原则的内容是：在密切注意宏观经济新闻的过程中，很多时候各种宏观经济指标都是混杂的、相互矛盾的，并且市场的方向也不明确。在这种时候，非常容易频繁交易。

除非你对市场将如何走出混沌有非常明确的判断，否则静观其变总会比较好。没有人会在货币市场上蒙受损失。你唯一失去的只是机会，而如果你对机会的方向并不明确，那么你是在赌博而不是投资——这明显违反了巨波投资的首要原则。

➤ 原则三：警惕预期收益与实际收益的差距

吉姆周末阅读了《钱》杂志对2002年十大最具价值股票的报道，决定周一时做多100股惠而浦的股票。头一周，吉姆欣喜地看到惠而浦股票上涨了4个点。事实上，他更为自己在周五增持了100股感到欣慰。

在接下来的周一，惠而浦公布了第四季度的盈利情况。次日早晨，股价便下挫了7个点，吉姆不仅没赚到钱，还赔了3个点。突然间，吉姆损失了1 000美元——初次购买的100股损失了300美元，周五增持的100股损失了700美元。

雪上加霜的是，当吉姆周二晚饭后抽时间阅读当天晨报时，发现惠而浦的盈利低于华尔街的市场平均预测值。失败已成定局，但吉姆想的却是股票市场为何如此离奇古怪。

难道事实果真如此？吉姆的经历就像上了发条一般，定期地发生在千千万万的交易员和投资者身上。由于没有意识到业绩披露季节的到来，吉姆将自己无谓地暴露在特定公司的事件风险面前。为了避免这种风险，就要理解如何避免预期收益与实际收益的差距。

利润披露季节开始于每一季度结束，各公司公布盈利水平的时候。对于每家公司都存在三种可能性——没有达到市场预期、达到市场预期和超出市场预期。但是我们到此为止，一直在探讨的预期到底是什么？事实上，共有两种预期，一是市场平均预测值，另一种就是所谓的非正式预测值。

市场平均预测值，是由第一盈余研究公司测定并公布的。这家财务数据研究公司通过其对多只股票的专业市场分析，专门公布对各公司的盈利预期。但这其中也存在很大问题。

很多公司都实施过一项战略，旨在欺骗市场平均预测值系统，微软也曾借此成名。这种战略就是一种欺骗。它试图通过公布一些误导性的信息来使市场的利润预期值低于公司内部的利润目标。这种策略一旦成功，当公布的实际盈利水平超出市场平均预测值时，公司的股价就会大涨。

正是由于这种欺骗行为的存在，所谓的非正式预测值如今被广泛认为是公司盈利水平的更好预期——至少在牛市是这样的。这些非正式预测值通常公布在网络上，诸如 Whisper numbers. com 和 Earningswhisper. com。它们的测定往往采用更广泛的意见，更为重要的是这些非正式预测值往往与市场平均预测值相差甚远。事实上，根据过去的记录来看，非正式预测值的准确性要高于市场平均预测值。

现在让我们回顾一下，为什么以上这些十分重要。那是因为，在利润预测公布之前往往会涌现大量的谣言。更重要的是，不论怎样，在实际盈利水平公布之后股价都会大幅波动。这就是华尔街上流传的一句经典“买于谣言，卖于事实”，这句话甚至与纽约证券交易所一样古老。

很明显，在上面的例子中，吉姆遇到的情况就是：在他购买股票之后，非正式预测值被市场广泛接受。当有谣言说惠而浦的真实盈利将会超出预期时，专业、懂行的投资者就会立刻囤积股票。一天或几天以后，当这些懂行的投资者将股价抬起后，公众中一些“傻钱”就会盲目追涨，蜂拥而至。瞧，到了周末，可不就是吗？股价已经上涨了 4 个点。这时，吉姆当然应该卖出股票——就像部分精明的投资者要做的那样——但是吉姆却增持了 100 股。

整个事件的结局颇具讽刺意味。当报纸和美国有线电视新闻网报道惠而浦的盈利水平超过市场平均预测值时，更多的“傻钱”开始因为这个看似利好的消息不断地购进该股。“太棒了，惠而浦业绩不错，貌似应该增持。”然而，众多报纸、媒体没有报道的却是惠而浦的盈利略低于非正式预测值。而这时市场中剩下的最后一批懂行的投资者开始抛售股票。大量的股票被因“利好消息”而聚集的“傻钱”吃进，而精明的投资者当然能获取不菲的利润。

而等待吉姆的结果则是，当股价开始下跌时，一些在上周末最高峰时购进的“傻钱”害怕了，他们也开始抛出股票。这让股价更为剧烈地下挫，为市场恐慌带来更为剧烈的抛售。当一切尘埃落定，一只貌似业绩不错的股票一周内价格跌了 3 个点，而吉姆也损失了1 000美元。更广范围来看，一个教训就是：在关注宏观经济事件的同时，至少一件微观事件——华尔街例行的业绩披露季节——也同样值得你去注意。

接下来的六条原则，我们将转向讨论如何管理交易风险。这些原则都是紧密相连的，它们都围绕着最佳持股规模、流动性、波动性这些因素展开。简言之，管理你的风险意味着你要根据特定股票的交易量和流动性，在给定的风险水平下选择最佳的仓位。

原则四：选择流动性强的股票进行交易

一个做市商打电话给他的客户：“我发现一只极好的仙股[①]，现在每股才一角，我认为将会飙升！”客户答道：“好，为我买进10 000股。”第二天，做市商回电称：“昨天每股一角买的股票现在已经涨到了每股两角，预计还会大涨！”客户回应说：“那就再买5 000股。”第三天，做市商又来电：“已经涨到

① 仙股，Penny stock，指市值跌至 1 元以下的股票。——译者注

三角一股了，还会涨呢！”客户说：“不管了，把我的股票全卖了吧！”困惑的做市商问到：“卖给谁呢？”

——《巴尔的摩太阳报》(*The Baltimore Sun*)

本章开头的例子中，拉里·莱姆的遭遇还历历在目：他以沉痛的代价认识到选择缺乏流动性的股票是走向毁灭的一条“捷径”。在拉里的案例中，当他的股票疯狂下跌时，他因为没有合适的买家而无法退出。

那么究竟什么是流动性呢？简单来说，就是股票的交易量大到一定程度，从而使人们能快速地买卖股票。对流动性一个很好的衡量就是股票的日均成交量，例如，像思科公司这样的大盘股，日均交易量约为 4 000 万股。这是巨大的交易量——极富流动性。相反，像 NetWolves 这样的纳斯达克的小盘股，日均交易量基本小于50 000股。这就是名副其实的不具有流动性的股票。那股票流动性有没有什么经验法则呢？就是永远不要买卖日均交易量低于 50 万股的股票。

为了使你更好地理解流动性的重要性，我再来举一个与拉里的经历稍微不同的例子，让我们设身处地想一下。

假设你运用你的理财原则，买了一只股票，并且，根据你的最大损失承受能力设定了止损点。这让你感到十分安心，不是吗？你因为止损点而受到保护。但是别得意忘形，你刚犯了个大错——选择了一只日均交易量低于 10 万股的股票。这种情况下，一旦股价开始下跌，就有可能因为没有适合的买家而跌至你的止损点以下。当你的止损委托最终以低于预计价格 2 个点或 5 个点甚至 10 个点的价格成交时，这笔交易的损失将超出你的预期。

有趣的是，这种最为糟糕的情况在 2000 年股市大跌时比比皆是。事实上，缺乏流动性正是那些价格极低的仙股为什么极其危险的症结所在。这些股票，就像著名的老鹰乐队的歌曲《加州旅馆》中唱的那样——你可以进来，但你永远都无法摆脱[1]。在2000年，仙股大崩盘时，很多股票的交易量骤减。结果当然是毁灭性的，大量的投资者发现在这个流动性匮乏的市场中，要想在保本点退出市场根本不可能。

总而言之，交易流动性强的股票能以最大程度减小下跌风险。

原则五：选择适当的仓位

——永远不要孤注一掷

笨蛋，为什么要把一切都押在一笔交易上呢？何必要追求痛苦而不是幸福呢？

——保罗·图多尔·琼斯

还记得拉里是如何在一只股票上孤注一掷的吧，那样的投资是失败的。正如上一章所说，任何损失都不该使你一蹶不振。既然如此，更微妙的问题或者从风险管理的角度来看问题就是：如何决定每笔交易的仓位？

这个问题没有定论。但是大部分最成功的交易者绝不会在单笔交易上投入超过10%至20%的本金。主要目的就是要分散风险。

至于在单笔交易中的损失意愿，对于大部分最成功的交易者，这个数值从1%到8%。你会非常吃惊，因为1%与8%差距极大。对于一笔2 000美元的交易，那是200美元与1 600美元的差距。究竟什么是最佳的？

我也无法告诉你。这完全由你的交易风格决定。如果你是一位当日交易者，你可能更倾向于1%。但如果你进行的是几天、几周或几个月的趋势交易，你可能就更倾向于8%，因为这可让你的股票获得喘息的机会。

---

① 永远无法离开毒品。——译者注

更泛泛地说，这里并没有所谓的对与错，或是说硬性的规定。最终你必须根据你的风险承受能力去做决策。但是股市上的老手们通常建议：你承受的风险不该让你寝食难安。

原则六：确保你的股票之间不是高度相关的

通过悲惨的经历，我认识到头寸的相关性是交易中一些最为严重问题的根源。如果你持有八个高度相关的头寸，那么相当于你正在交易一个头寸，只不过交易量是原来单个头寸的八倍罢了。

——布鲁斯·科夫纳

这是个简洁而重要的原则。它是前 5 条原则的必然结果，一个绝佳的例子就是假设你在雅虎上投下了最大赌注，第二天你又在亚马逊上投下了新的最大赌注。你并没有通过交易分散你的风险。这是因为，这些网络股都是高度相关的，并且会随着行业的波动而同涨同跌。贯彻这一原则的最好的方法就是，同时投资若干个表现强劲、相关性低的行业。

原则七：根据你的风险水平选择与之匹配的波动性水平并调整仓位

波动性表现出更多的是机会而不是风险，至少在某种程度上波动性大的股票比温和的股票更容易带来高回报率。

——彼得·伯恩斯坦（Peter Bernstein）

波动性衡量的是价格变动了多少——无论是涨还是跌。换句话说，波动性衡量的是价格变化的幅度而不是变化的方向。在进行交易时，为了恰当地管理风险你必须考虑价格波动性。

你首先需要认识到像通用电气、杜邦这些波动性小的蓝筹股，每天就在一个很窄的价格区间内进行交易，一般涨跌不超过 5 角至 1 元。另一方面，像赛雷拉基因公司或者雅虎这种波动性大的生物科技股及网络股，任意一天的涨跌都可能高达 10～20 美元。为什么这很重要呢？

一只股票的波动性越大，交易的风险也就越高——潜在的收益也可能越大，这是显而易见的。但是对于一支股票的流动性，当你同时需要设置止损点（在上一章我们曾讨论过）并且调整最大交易规模时，情况就更为复杂。举例来说，假设你有 10 万美元的交易本金，并且采取“20%—5%”的法则，即在单笔交易中你不会投入超过 20%的本金（2 万美元），并且对于一只股票最大的损失不超过 5%（1 000 美元）。现在进一步假设你的投资系统——不论它是怎样的——向你发出了购买 PLX 科技的信号。依据你“20%—5%”的投资法则和 PLX 科技 50 美元的股价，你购买了 400 股。一旦你有了这样的风险头寸，你会迅速地设置止损点——47.5 美元。

不幸的是，你刚刚犯了一个大错。PLX 科技是一只波动性大的股票。由于它波动性极大，在大多数的交易日里，它很可能跌至 47 美元，而这就会触发你的止损机制。在下跌之后同样可能发生的是 PLX 科技急速上涨到 53 美元，这时如果还持有股票，你将赚取不错的利润。

当这种情况发生时，你就会焦头烂额。烦恼可能来自失去了绝佳投资机会的压力，抑或面对挫折需要独自摆脱的那些该死的回忆。怎样避免这些呢？非常简单。你根据价格波动性调整你的持仓量。在这种情况下，你可以先买 200 股，并且将止损点设于 45 美元——恰好位于价格波动区间之外但又在 1 000 美元的损失范围之内。接着，如果价格走势按照预期的方向，那么你可以增持 200 股。这种方法被称作分步买进，这也是下一个风险管理原则将要讨论的内容。

原则八：管理你的进入和退出风险
——分步买进与卖出

> 比如说，让我们假设一下，我正在买进一些股票，我以 110 美元的价格买入了 2 000 股，而之后它上涨至 111 美元，那么我的位置就是有利的，因为价位上涨了 1 个点，表明有盈利。由于我的预期正确，所以就会再买 2 000 股，如果股市继续上扬，我还会再买2 000股，假设价格到了 114 美元，这时时机就成熟了，我现在手上有了交易的基础，可以做文章了，我以平均 111.75 美元的价格做多6 000股，那时我就不会再买入了，我会等待、观察。
>
> ——杰西·利弗莫尔，《股票作手回忆录》

分步买进有助于你测试市场行情。与此同时，也允许你在波动性约束的前提下有条不紊地逼近你的最大持股规模。

在上文中提到的 PLX 科技的案例中，你可以在 50 美元价格上购买 200 股。接着，如果股价上涨到 55 美元，你可以增持 200 股而完成建仓。此时你持股的均价为 52.5 美元，利润为 500 美元。此时你可以将止损点设置成 50 美元。这样你就不用担心正常的价格波动会触发你的止损机制，强制进行止损。

但是请注意，这并不是分步买进的唯一优势。你同时还完成了其他一些重要的事情。通过开始时的小规模持股，你得以在较低的风险暴露水平下确认交易的方向。随着你分步购进股票，虽然你的收益以较慢的速度增加，但你也要认识到一旦市场方向逆转，你的损失也将比不进行分步操作小得多。

分步卖出也有一定的好处。在 PLX 科技的例子当中，你可能会在股价涨至 58 美元时卖出 400 股中的 200 股，或者是在 60 美元、65 美元时。这种分步卖出的策略会使你锁定部分利润。通过这样的操作，你可以放心地延长你的持股时间以使利润增加——这也是迄今为止我们所知的成功交易最重要的策略之一。

因此要想管理你的进入和退出风险，必须分步买进和卖出，特别是在交易波动性大的股票时。

➤ 原则九：警惕保证金交易

——相应调整你的风险水平

在2000年愚人节那天，朱莉娅将她25 000美元的交易本金交给Plunge Online，业内一家保证金制度较为宽松的贴现经纪人。在接下来的几天内，朱莉娅为她那只“不容错过”的股票建立起了75 000美元的波动交易头寸。

毋庸置疑，在4月14日，朱莉娅陷入了纳斯达克的惨败之中。随着投资组合的市价缩水一半，朱莉娅接到了Plunge Online发来的追加保证金通知。但是朱莉娅无法满足追加保证金的要求，她已经倾家荡产。

目睹Plunge Online清算她的账户也许并不是最糟糕的事情，真正让朱莉娅揪心不已的是她曾经持有的股票在短短的几周内恢复了当初的价值。要是当初没有凭保证金交易该多好。

不幸的是，在2000年的黑色春季，有太多的人与此处虚构的朱莉娅一样，他们背负着实实在在的抵押贷款，还有身旁忧心如焚的家人。而这种保证金困境随时可见，特别是当市场进行剧烈调整时。

难道不该进行保证金交易吗？不是。以上只是说明你必须做一些重要的调整——特别是当你像朱莉娅一样没有任何后备资金应对追加保证金的要求时。

首当其冲就是要绝对谨慎地设置止损点。更为重要的是，你必须像不进行保证金交易那样实施你的本金配置和最大损失限制法则。为了说明这一点，让我们再来认真分析一下朱莉娅的情况。

当她握有 25 000 美元并且遵守“20%—5%”法则时，由于没有任何融资或融券的能力，朱莉娅的单笔最大交易规模是 5 000 美元，能容忍的最大损失是每单 250 美元。现在，由于保证金交易机制，朱莉娅的本金增至 75 000 美元。在这一水平下，朱莉娅想要将她的单笔交易规模扩大到 15 000 美元，单笔交易最大损失限额增至 750 美元。但这是极具风险的。对于朱莉娅，最小化交易风险的一种较好的策略就是保持原有的单笔最大交易规模和损失限额，即最大交易规模为5 000美元，损失限额为 250 美元，同时增加交易次数。虽然这意味着朱莉娅不能用她的本金在任何单笔交易中赚取翻倍的利润，但是也保证朱莉娅不会因为一笔交易而产生数倍于原来的损失。

总而言之，当进行保证金交易时，根据你实际拥有的现金，而不是融资购买能力，来设定最佳持股规模是个不错的选择。让我们转向最后一组原则——交易前与交易后分析。

原则十：分析以往交易，特别注意亏损交易

市场并不是赌场。它是个思考者的游戏，需要潜心钻研和对市场心理的准确理解。

——大卫·纳撒

每个新手都会以损失的形式向市场交“学费”，这一原则的目的就是让你少交一点。你可以通过对每笔交易的详细记录和仔细分析——不论成败——来达到这一目标。

在两者中，分析失败的交易比分析成功的交易更为重要。这是因为，很多

的失败特别是早期的失败，是那些你不想再重复的幼稚错误所导致的。比如，你可能在开市前下单但却因为开盘价与前一日收盘价相差太大而被套牢；或者你将止损点设置过紧——或干脆未设；或者你购买了处于同一行业的两只股票，它们具有很高的相关性；又或者你无意购买了处于业绩披露前期的股票，被那些及时退出的精明投资者杀了一个措手不及。无论何时你犯了这些类型的错误，你都向市场交了学费。但是带来的收获就是一个帮助你认清错误并吸取教训的交易日志。

在这点上，如果你不学会记录与分析，最糟糕的事情不是你重蹈覆辙，而是那些幼稚的伎俩将在你身上屡试不爽。不幸的是，要想纠正这个问题，传统的交易心理将是一个危险的敌人。

大部分非专业的交易者和投资人不仅记不住他们成功的交易，而且还想将那些不愉快的损失忘得一干二净。这是人的一种本性：我们对美好的回忆念念不忘，但对于痛苦的经历则避之不及。为了克服这个缺点，你必须坦然接受你的损失——并且学会爱上它们，就像对待密友一般对待它们，它们会让你将来不会再犯类似的错误。

原则十一：进行调查研究

请对市场保持敬畏，永远不要认为什么是理所当然。做足自己的功课。重述过去的一天，回顾一下自己的得与失，这是功课的一部分。另一部分就是设想，明天我希望发生什么？如果发生相反情况我该如何行动？如果什么都没发生又该怎么办？仔细考虑这些“如果”，做一些预测和计划，而不是事后的回应。

——托尼·萨利巴

调查研究做得越多，面临的风险就越少。但重要的一点就是，你必须做那些有用的调查研究。这里有一些方法巨波投资者应该了解：

- 弄清所处的行业。明白谁是领头羊，谁是落后者。
- 弄清股价如何以及为什么会随着不同的宏观经济事件而波动，以及事件之间的关联性。
- 弄清你的股票的技术特征——价差、交易量、成交价区间、移动平均数，以及聚集与分散的模式等。
- 弄清你的股票的基本面特征——盈利增长状况、股价表现、治理结构、投资者关系等。
- 关注宏观经济事件和业绩披露季节——绝不要在业绩披露季节买卖股票，除非你是为了炒业绩信息。

简而言之，在交易之前请做足功课，这是最终的风险保障措施。

原则十二：不要轻信别人的意见

——不要听信那些内幕消息

好的系统不是用来销售的。

——费尔南多·冈萨雷斯（Fernando Gonzalez），

威廉·李（William Rhee）

如果你的交易系统是由别人的建议或提示组成的话，那么你等于没有交易系统——你正大量地暴露在风险面前。对于那些没有时间或是对调查研究不感兴趣的交易者来说，将资金交给低风险、指数化的共同基金或许是个不错的选择。那就让我们来看看华尔街“建议游戏”的内在危险。

假设你在股票交易中盲从分析师的建议，你会发现分析师们很少调低股票的评级或是下达出售命令。一个原因是相当一部分分析师为券商工作，这些券商需要将股票卖给他们的客户以获得佣金。创造稳定的购买机会是这群卖方分析师的必要工作。

分析师的建议经常是无价值的，第二个原因是券商不仅要卖股票，它们还经常发行新股。尽管券商的研究部门与承销团队之间本不应该共谋，但是分析师们常常迫于压力而不向客户公布负面的分析报告。

对于那些网页上的或留言板上的股票提示，它们只要一被放上去就立刻失效。更为糟糕的是，这些提示被一些不知廉耻的券商用以哄抬股价，希望借谣言之力抬起股价，然后再抛售股票，最后得意洋洋地看着大批失败的投资者。

前些年，这些欺诈行为经常通过电话销售员的销售行为来实现。现如今，网络聊天室和网页又成为了这些虚假消息的集散地。令人感到难过的是尽管有大量的优质信息通过雅虎财经等媒体进行传播，但还是很难分辨出哪些是虚假信息，哪些是真实有用的信息。相应地，巨波投资者会对信息进行分类、筛选、谨慎考量信息来源，最后根据自己已经形成的一套评价体系做出判断。

对于那些经常是由你朋友的朋友的一个在某个技术情报处理系统工作的朋友提供的所谓“内幕消息”，你还是直接忽略吧。等你知道这些据称是最新的消息时，不知已经有多少人对它做出反应了。

第10章

随心所欲，不要在意你的风格

爱丽丝在洛杉矶做短线投资；本杰明在波士顿做波段交易；卡拉是一位来自于亚特兰大的做长线投资的商人；迪特里希是一位来自芝加哥的技术型投资者；埃文在达拉斯做基础的投资项目，弗兰在旧金山做价值投资；乔治在华盛顿做变波投资。在接下来的几周里，这些投资者无一例外地要做两件相同的事情：他们都打算买1 000股股票，原因虽然各有不同，但是他们都将会在这次投资中赔钱，因为他们未能在交易时把对宏观经济波动的理解体现在台面上。

本书一个重要的主题，就是告诉人们，无论投资的风格或者投资的品种是什么，投资者都要将对经济宏观波动的看法加入到分析市场的底线之中。这是一个真理，原因至少有三个。

首先，巨波投资视角能够帮助你更好地预测和估计市场发展的普遍趋势，一旦我们发现了规律，这样的趋势就会成为你的朋友，以后你再也不想在交易和投资中违背趋势。

其次，我们也发现，拥有巨波投资的视角能帮助人们从覆盖市场不同板块的宏观经济新闻中，识别出某种特定的影响。确实，正如我们现在了解的那样，当市场所有板块都进入到牛市的行列中时，有些板块自然比其他板块涨得更快更多。同理，由于出现通货膨胀或经济滑坡而触发一波熊市时，一些板块的崩盘也会比其他板块来得更猛烈。当然，这类信息对于投资交易相当有用，同时还能减少损失。

最后，在很重要的几个方面，巨波投资视角可以帮助人们更清晰地观看市场这盘棋。从这样一个战略制高点望去，你就可以开始考虑更多的交易操作。当你这样去做时，你同时也会发现更多介于宏观经济活动和股价最终变化之间的复杂联系。因此，当巴西下雨时，你会意识到该买星巴克的股票了，或者当美国司法部行使《反托拉斯法》决定制裁微软时，你会想到是买入甲骨文股票的时候了，再或者，当联合航空公司与大陆航空公司合并时，你可以迅速地买进西北航空的股票。

在这一章，我想要阐明一个主旨，即拥有巨波投资视角能帮助每一类交易者和投资者看得再远几步，我将从宏观经济波动的视角通过分析一些最普遍的类型和交易战略进行讲述。在开始之前，让我们思考一个问题：各种各样投资类型和战略的区别在哪儿？回答基于两个要点：

- 你如何选取你要投资的股票？
- 你一般持有股票多长时间？

例如，基本面投资者与技术型投资者的对垒，价值型投资者与成长型投资者的区别，再或者小盘股与大盘股的不同，都可以影响到第一方面——你如何选取你要投资的股票。相比之下，短线投资、波段交易与长线投资的区别在于所关注的时间点和持有股票时间的长短。在这两个方面，巨波投资视角可以帮助你提高投资成功的几率。下面，请允许我首先向你讲述时间维度的区别。

➤ 一位短线投资者的一天生活

爱丽丝在洛杉矶做短线投资，她拥有美国西部运行最快的电脑，在组装的机箱内配置了 133Mhz 的前端总线，奔腾 1.13Ghz 的处理器，1 块 100G 的硬盘，1G 的内存，以及 4 块庞大的 19 寸纯平显示器。她已经卷入了股票交易的浪潮并会在纳斯达克二级市场的屏幕上仔细地观看市场的机构投资者参与投资的浪潮。

爱丽丝今天的投资目标是在做对象连接嵌入技术行业里质量较好、比较可靠的思科集团，她喜欢那种自己可以看得比较清楚的股票。当天的分时走势图显示价格在不断升高，成交量不断放大，同时作为引领思科股票波动的标准普尔指数的走势也呈现出强劲的不断加速上扬的趋势，最重要的是，她从屏幕上显示的信息中发现，机构投资者高盛银行正在有计划地准备长期持有这只股票。于是爱丽丝用闪电般的速度，在电脑上敲键跟随市场的走势增加了一份小买单——迅速买入了 1 000 股思科股份。

一眨眼的工夫，思科股份涨了 1/16，爱丽丝十分满意，又一会儿工夫，股票又涨了 2 个 1/16，也许就连爱丽丝的猫蒂尼都已经开心得不得了。

但是等一等，出现问题了。很快就出现了强大的卖空压力，推动股价上行的动力很快停了下来，在爱丽丝还没有反应过来的时候思科的价格上涨瞬间就停止了。

很快思科的股价就开始下跌，然后一下子跌了两个 1/16，紧接着又是第三个。“卖掉，卖掉!”爱丽丝一边挂卖单一边对着她的猫狂喊。爱丽丝的小卖单成交之前，思科的股票在汹涌的抛盘中跌了整整 1%。

短时间内爱丽丝损失了 1 000 美元，她今天没有牛排吃了，她的猫蒂尼也无法享受美味的金枪鱼啦。

对于一个短线投资人来说，生活就是这样，这是一个好比要让飞行员的操作如同平地走路一般稳定的危险、高压的行业，在这样的情况下，爱丽丝所尝试着去做的就是投机几个百分点，这就是一个在她的屏幕里就能看见的基于各种市场投资人讨价还价的纯粹的动量投机。有时她在短短 30 秒钟之内就完成一次买入和卖出，如果投资持续 5 分钟，也许她可以获得整整一个点的利润。如果一个偶然的机会她恰巧持有一只快速上升的股票，可能她会在上涨的过程中一直持有直到这一天收盘，这样就可以把利润带回家。但是爱丽丝从不持有她的股票超过一天。

这就是短线投资者生活中一个简单的例子，说明许多短线投资者除了关注眼前屏幕内的纳斯达克二级市场之外从不留意其他东西，爱丽斯就是这样一类人，他们仅仅关注交易并询问机构投资者的投资方式，然后根据这些方式估计股票的趋势并以此作出投资决策，这些短线投资者一点都不关心宏观经济新闻。

前面已经提到，最好的短线投资者对宏观经济新闻的重要性有十分清醒的认识。这是因为，正是宏观环境对短线投资的环境形成了引导，一名最好的短线投资者从不允许自己陷入到宏观经济数据的漩涡里。引用一本很有意义的关于短线投资的书籍中的一段文字：

“专业的短线投资人会忽略大局”，这样的说法是一种普遍的误解。对于一些最适合这个行业、最优秀的、始终如一的投资人来说，他们一定会关注并正确分析宏观形势。对于市场清醒的认识如同心中明镜一般，即使不能总是与自己的判断完全吻合，也可以为投资者选择市场中最好的股票有一个指导性的作用，可能是一只股票、一个板块，甚至是整个股票市场，这些都会帮助他们避免大的灾难和陷阱。

——费尔南多·冈萨雷斯和威廉·李

在上述案例中，爱丽丝损失了金钱，因为她恰巧在一些最新数据发布之前数秒敲下了购买的按键，这些数据是不利的，指数在没有预期的情况下大幅下挫，引起了一场恐慌性抛售，思科的股票随之下滑。

爱丽丝用 1 000 美元买到的教训是：关注新闻、预估形势、保持对时政的敏感以便最大程度地减少损失。

进入波段市场，分析波动的来龙去脉

本杰明是一名来自波士顿的波段交易投资者，他买股票并持有几天甚至几周，并希望能涨 2～5 个百分点，如果他够幸运，可能会涨 10%。为了找到投资目标，本杰明订阅了一些荐股服务，每一项服务都拥有一套十分优异的历史记录，但因为一些原因，本杰明的股票投资做得一直不像那些服务商自己描述的那样优秀。

事实上，今天他打算投资 1 000 股太平洋健康证券，他认为在几天之内这只股票至少会涨 2～3 个百分点，但是他估计错了。在他购买之后不到两个小时，股票就背离他的愿望跌了 1.5%，当他从茫然中反应过来之后，他毅然地迅速抛售了这只股票并承受了一小部分损失，这是一件好事，因为过了一周之后，这只股票又跌了 3.5%。到底问题出在哪儿了呢？

具有讽刺意味的是，这是一篇好的经济新闻导致亏损的情况。在早上，CPI 显示通胀温和，中午前，美联储主席在国会前承诺为了长远的利益不会加息，看到这条刺激股市上扬的新闻，包括众多大型的共有基金在内的许多投资者把他们的钱从防御性的医保板块中撤出，转身投向了投机性更强的技术板块，例如生物技术、互联网和半导体行业。由于板块的转换，本杰明的股票下跌了 5 个百分点。

当然，本杰明埋怨他的荐股服务商误导了他，但是本杰明也应当埋怨一下自己，毕竟他在当天两则经济新闻发布之前的几个小时购买了一只新的股票，而这两条信息每一条都有可能对他所选股票所属的板块造成强烈的冲击。

这个例子告诉我们：在进行各种交易之前，仔细地回味一下经济新闻所描述的内容并设想未来可能发生的情景，然后去制定自己的计划。哪一条经济新闻会在交易的间隙中呈现出来，那些经济数字的意义是什么，那些数字怎样影响这个广阔的市场或者这些数字在出乎预料的情况下发布会对某些特定的板块产生怎样的影响，如果美联储主席在国会中做出像现在这样的声明，对市场会有什么样的影响，再或者有没有其他的消息会影响你进入的这个市场和板块，这些都是需要考虑的问题。

长期持有型投资者

卡拉是一位长期持有型投资者，今年 55 岁，她的丈夫刚刚去世，她现在住在亚特兰大郊区的一间小屋里。幸运的是，卡拉已经去世的丈夫——一位退休的药剂师给她留下了 100 万美元的证券，一半股票一半债券，这让她有能力应付生活的开支并可以通过股息和红利收入生活得相对安逸一些，不幸的是，卡拉仅持有的三只股票：J&J、默克和辉瑞都聚集在了她丈夫为之奋斗终生的行业中。

今天，一份 50 000 美元的长期债券到期，卡拉的经济顾问乔・巴特沃斯打电话来建议她把这笔钱投入股票市场，乔介绍说市场正在抬头，并告诉卡拉 J&J 这只股票现在处于可接受的价格，那是她丈夫曾经想让她购买的股票。

于是，卡拉听从了乔的建议，她丈夫一直都相信乔，即使他可能是一个在市场中制造混乱的骗子，因此乔帮卡拉多买了 500 股 J&J。

第二天，由于国会开始考虑新的立法，在医疗赔偿时对处方药物的价格限制可能会变得合法化，J&J 伴随着默克和辉瑞两只股票大跌，卡拉所有股票的损失超过 50 000 美元，这表示伴着她的养老金储备损失了 5%，所有源于债券的收益也全部蒸发。

巨波投资者从来不会犯这种错误，因为巨波投资者拥有行业视角，而且用这样的视角适当地选取多样的投资组合，对于长期持有型的投资者来说，这可能就是洞察经济波动最有力的方法。

除了有助于长期持有型投资者进行多样化组合投资，一个宏观经济波动的视角也可以帮助这些投资者在持有股票的战略投资选择上多一点灵活性，例如，你可以打开书，回想一下爱德·巴克的故事：爱德是一位退休的石油工程师，手中持有大量埃克森美孚、雪佛龙和哈里伯顿这样的石油股票。和卡拉一样，爱德的投资组合不仅十分单一，而且因为没有在股价随着油价飞速上涨的过程中卖出部分股票而错过了一个可以赚取大量利润的机会。

好，我们完成了时间维度的讨论，关注了投资的类别和种类，现在让我们转到投资者如何选取他们的股票这一话题上来。在很多情况下，股票选取的方法像采集指纹一样，每一个方法都是独一无二的。尽管如此，仍有许多可行的选股方法，包括技术与基本面的对比，价值投资与成长型投资的对比，小盘股与大盘股的对比，以及像波动投资这样的创新型技术与锁定 IPO 这种方式的对比。

技术型投资者

迪特里希是一位芝加哥的技术型投资者，此时此刻，他刚刚对图表进行了深入分析，以寻找下一只爆发型的股票。可能劳雷工业公司就是他所寻找的对象。这只股票 10 日、20 日、50 日的均线漂亮地一个压在一个之上。而且净额成交量显示出雄厚的资金积累，此外，KD指标预示了过量卖空的状态，因此这是一个极好的购买时机。最重要的是，三个月的图表清晰地显示7周的底部和一个杯状形态，而且股票刚刚从突破点上涨50%。

当迪特里希最后一次检查过数据之后，他的手开始颤抖起来，再也没有比这更好的股票了。于是他开始行动：1 000股劳雷工业公司的股票，他开始狩猎了！

不幸的是，迪特里希将要变成被狩猎的对象而不是狩猎人，是的，他的确选择了一只从技术上来看十分稳定，而且如果遇到大幅拉升的情况可以整天在高点徘徊，甚至可以达到涨停的股票，但是这样的成交量却没有出现。

更糟的是，第二天，技术上显示这只股票将要大跌并退回到支撑线附近。迪特里希的错误选择将让他在这次交易中失去一大笔钱。为什么会发生这样的事？因为迪特里希忽略了宏观市场大势。

事实上，当迪特里希沉迷于他的技术分析图表时，忽略了上个月的消息，每一条有关经济形势的新闻都预示未来会出现经济衰退，零售业、耐用品行业、消费者信心、商业库存、房地产市场、就业率报告……这些你能想到的数据，在现有水平上都显示出一种萧条的趋势。

可能在所有发生的事情中，最有意思的一件就是劳雷工业公司的价格在整个市场都经历宏观经济最坏的时间段里也会止不住地下跌。这确实是一只看似可以有大作为的股票，但是即使是一只技术特点十分坚挺稳定的股票也不会在整个市场走势迅速走入谷底的时候上涨，一场退潮会将里面的轮船一并吞没，这就是当纳斯达克在一周内狂泻数百点时迪特里希的股票的下场。

为了把理论叙述得更清晰，看下面的表10—1，这张表所列举的31只股票都是在股票市场产生下滑趋势的时候，投资者纯粹基于两周以来的技术走势明确认为有潜力的股票。注意第一列是公司名称，第二列是交易代码，第三列是技术上显示适合购买的日期，第四列是在购买时机形成时的交易价格，第五列反映了截止到特定日期所选股票的涨跌幅。事实上，31 只推荐股票中的 24 只在这个时间段上都是输家，任何盲目所从卖方分析师的技术分析者都将会在这次下跌中损失一大笔钱。

举这个例子的目的并不是为了贬低技术分析，事实上我自己在屏幕前分析股票的时候也把技术分析作为其中重要的一环，而且我很愿意把它推荐成为巨波投资战略的考虑部分。但是利用这张图表我要说的是，在这两周的时间里市场在短线投资者不断的抛售中持续下跌。这样的情况让即便是最好的技术型投资者所操作的股票也难以上涨。换句话说，操盘永远不会脱离经济趋势的变化而独立存在。

表 10—1　　被市场大势所淹没的技术分析型股票

公司名称	交易代码	技术上显示适合购买的日期	当时的交易价格	截至 2000 年 7 月 31 日的涨跌幅（%）
Gart Sport Co	GRTS	2000. 7. 10	6. 88	27. 18
Nextlink Comm	NXLK	2000. 7. 10	39. 69	−16. 86
Leap Wireless International Inc	LWIN	2000. 7. 11	54. 62	13. 05
Unitedglobalcom	UCOMA	2000. 7. 11	52. 25	−5. 49
Whole Foods Market Inc	WFMI	2000. 7. 11	46. 19	−0. 95
Broadwing Inc	BRW	2000. 7. 12	27. 50	−2. 51
Canadian National Railway Co	CNI	2000. 7. 12	30. 56	5. 73
Wal-Mart Stores Inc	WMT	2000. 7. 12	62. 00	−5. 34
The Cit Group Inc	CIT	2000. 7. 13	20. 25	−11. 11
Jabil Circuit Inc	JBL	2000. 7. 13	58. 69	−19. 59
Applied Micro Circuits Corporation	AMCC	2000. 7. 14	153. 50	−12. 99
American Tower Corp	AMT	2000. 7. 14	46. 50	−10. 09
Gatx Corp	GMT	2000. 7. 14	37. 88	1. 80
Home Depot Inc	HD	2000. 7. 14	56. 19	−6. 23
Kenneth Cole Productions Inc	KCP	2000. 7. 14	45. 00	−3. 60
Ralcorp Holdings Inc	RAH	2000. 7. 17	13. 56	−3. 24
MBNA Corp	KRB	2000. 7. 18	30. 16	10. 68
MGIC Investment Corp	MTG	2000. 7. 18	54. 06	6. 14
Tyco International Ltd	TYC	2000. 7. 18	53. 62	−1. 87
Cerprobe Corp	CRPB	2000. 7. 19	19. 88	−17. 30
Gap Inc	GPS	2000. 7. 19	37. 25	0. 83
Motorola Inc	MOT	2000. 7. 19	37. 62	−10. 29
Pegasus Communication Corp	PGTV	2000. 7. 19	44. 88	−5. 99
Southtrust Cp	SOTR	2000. 7. 19	25. 44	−2. 95

续前表

公司名称	交易代码	技术上显示适合购买的日期	当时的交易价格	截至 2000 年 7 月 31 日的涨跌幅（%）
Time Warner	TWX	2000. 7. 19	87. 50	−13. 85
Best Buy Co Inc	BBY	2000. 7. 20	75. 44	−4. 56
Burlington Northern Santa Fe Corp	BNI	2000. 7. 20	25. 00	−2. 48
Children's Place Retail Store Inc	PLCE	2000. 7. 20	26. 12	−7. 39
Razorfish Inc	RAZF	2000. 7. 20	20. 62	−13. 77
Yahoo Inc	YHOO	2000. 7. 20	134. 00	−5. 41
J P Morgan Chase and Co	JPM	2000. 7. 21	134. 50	−3. 02

低点买入还是高点跟进

这是一个重点章节，所以先说些题外话，谈论一下流传于股票市场多年的一场伟大的争辩，这场辩论的焦点是你应该像迪特里希那样尝试炒一只爆发性的股票，在高点买进在更高点卖出，还是应该像众多投资人狩猎那样尝试着在低位持有高位卖出。

事实上，任意一项决策都可以帮你挣一大笔钱，也可能让你损失一大笔。投资方式的选择取决于与之相适应的市场环境。这就是为什么拥有宏观经济波动的视角能够获益匪浅的原因。

首先，让我们看看在低位买进、高点卖出的投资策略。这只是在股票市场处于所谓的交易区间时的一个挣钱的策略，在交易活跃的市场中，股票自身和市场指数一样，在一个可识别的准确范围内上下波动。在这期间，低买高卖的投资者总能在周期往复波动的范围内赚取一笔可观的小额利润。相比之下，在一个趋势性很强的市场下，股票和大市的指数都会持续性地出现价格的波动。对于整个市场来说，每一天的波动汇集成一周或者是一个月的波动，上升或下降的趋势就会清晰地反映在市场之中，在这样的趋势很强的市场中，低买高卖的投资者可能完全被吞没于市场之中，原因有二。

首先，坚持寻找支撑水平和底部支撑的股票，往往是那些与趋势背离很远的股票，换句话说，低买高卖的方法为寻找失败者搭建了一个很好的平台。其次，更糟的原因是，在牛市中，一只股票会跟随大势不断创新高，在市场原高点卖出股票，会错失丰厚利润。巨波投资最重要的原则之一是——让你的利润滚动起来。在这种情况下，低买高卖的投资者采用的却是一种背离的方法。

那么关于迪特里希高点跟进的方法呢？他这种投资策略基于所谓的黑马股之上。一只黑马股，既可以突破区域的局限到达一个新的高度，也可以在股票跌破支撑水平的情况下轰然倒塌。像迪特里希这样的技术型投资者，喜欢买入这种爆发力强的股票并在大跌的过程中卖出一小部分，因为一旦股票最终跌破支撑，更容易出现强烈的反弹。的确，这种高买高卖的哲学是《投资者商业日报》得出的重要结论，这一结论被数以百万计的投资者践行。

尽管如此，在一个交易活跃的市场，这种策略也可以让你陷入和低买高卖的投资者同样的麻烦，如果你尝试着选择背离市场趋势的策略甚至可以让你陷入更大的麻烦。一方面，在交易价格横盘整理的活跃市场，对于绝大多数股票来说想要完成爆发型的突破是很难的，另一方面，市场行情不断下跌时再强劲的股票也不可能疯狂地上涨，看看迪特里希的劳雷工业公司就知道了。

正如刚才提到过的那样，追高策略在趋势性很强的市场中是一种很明智的选择。在这样的市场里，你可以让你的利润实实在在地滚动起来并获取最大的利润。当然，更需强调的一点还是，巨波投资视角可以帮助人们更好地区分交易活跃市场和趋势市场。仔细观察宏观经济的指向还可以帮助人们更好地识别出趋势来临的信号，在无论哪一种情况下，你寻找的都是最适合市场环境的投资策略。

基本面投资者

埃文对选择股票的热衷不亚于对 NBA 达拉斯小牛队的喜爱，作为一位基本面投资者，他分析股票的各种各样的方法源于对股票金融市场关键信号的准确把握，市场资本化程度、每股收益、销售利润率、财务杠杆、所有权制度、波动性……你能想到的埃文都比较了解。

一旦埃文决定开始着手基本面投资，他也会仔细观察公司的管理结构和类型，它是创新型的、创造型的、传统型的还是反应型的企业，埃文都会考虑。甚至埃文还会十分细心地去观察劳动市场的情况，比如工会是否会联盟，如果是这样，下次集体谈判会议什么时候举行，劳动力的价格是涨还是降。

然而，尽管埃文做了充分的准备，但他还是犯了一个巨大的错误。他打算基于基本面分析买 1 000 股一个做防弹衣的大企业的股票，但是到了第二年，埃文却要承受一份与迪特里希完全不同的损失，不仅是一笔金钱上的损失，更重要的是他将失去获取更多财富的机会，因为第二年，埃文买的股票所在的行业毫无起色，而其他行业基本面优良的股票价格却更加坚挺，并会创出新高。

如果基本面投资者不好好分析宏观经济波动，将不可避免地掉进两个陷阱中。第一个是在熊市中的好公司；第二个，也就是埃文陷入的，是错误的行业中的好公司。不论是哪种情况，基本面投资者都会抓耳挠腮，百思不得其解。

话虽如此，但是我承认，在这里我对基本面投资方法稍作了改动。事实上，真正的基本面投资者一开始就会研究目标公司的方方面面——从经营业绩、股权结构到公司治理、市场竞争力。同时，他也会认真研究公司所处的经济环境与政治背景。不过，太多自命为基本面投资者的人都止步于对公司自身情况的分析，因此不可避免地发现自己陷入了“埃文的陷阱”——选择了错误行业中的好公司。

价值投资者与成长性投资者

弗兰是明尼阿波利斯的一位爱狗族。她是一位价值投资者，将整晚的时间用于浏览雅虎财经、Motley Fool、Wallstreetcity. com 和 Smartmoney. com 等各大媒体论坛，希望找到一只价值被低估的股票，好以低价买入。

昨天晚上，弗兰发现了一只绝佳的纳斯达克股票：市值超过 1 亿美元，市盈率低于 10，市净率低于 1。在躺下休息之前，弗兰通过网上账户下了一个限价委托单，准备第二天一早购买这只“雪纳瑞犬”①。

像弗兰这样的价值投资者就是典型的价值投资者。他们寻找那些低市盈率股票，以及那些他们认为目前市价低于内在价值的股票。他们认为，一旦市场最终认识到估价的偏差，股价就会上涨，他们便可以获利。

当然，对于华尔街那些认为股票市场是有效市场的投资者来说，像弗兰这样的猎犬者和雪茄烟蒂投资者②都是很可笑的。他们声称对于任意给定的时间和给定投资者预期，股价总是反映一家公司的内在价值，因此没有股票被真正低估，市场也不会有什么所谓的错误。但是现实中有数百万的价值投资者习惯于使用这个策略来时不时胜过标准普尔 500 指数和其主要竞争对手——成长性投资者。

成长性投资者选择那些销售增长率和利润增长率都高于平均水平，并且被认为能持续增长的公司。对于这种投资者来说，奥多比公司和思科公司超过 50 甚至 100 倍的市盈率并不是股价被高估的标志，它们的股票也不该被抛售。这些只表明公司相当成功，并且会一如既往地成功下去。

到底成长性投资者与价值投资者谁更胜一筹，很难下定论。这个争论基本上可以归纳为两个方面，一是在什么时候评估两种策略，二是如何回答任何一种投资风格都必须面对的问题：市场的趋势是什么？行业的趋势又如何？

在弗兰的案例中，她选择的股票属于一个具有明显周期性的行业。如果弗

---

① 德国一种古老犬种，属世界名犬，用以形容股票非常好。——译者注

② 猎犬者与雪茄烟蒂投资者都是指价值投资者。——译者注

兰在股市下行的经济萧条期购买该股，那将是个明智的选择。因为像美国铝业、卡特彼勒和杜邦公司这些具有明显周期性的股票，它们最大的利润往往产生在经济刚刚复苏的起始阶段。但是弗兰并没有这么做。相反，她在经济恢复的后期选择了一只具有明显周期性的股票，此时往往接近牛市的顶峰。这种情况下，任何看起来被低估的股票都绝不会被低估。即使是一只业绩很好的股票，在市场持续走高的情况下，也不会带来什么利润。更糟糕的情况是，一旦市场趋势逆转，这样的股票会比其他股票下跌得更快、更剧烈。

成长性投资者投资中遇到的麻烦基本都与市场趋势有关，这是因为成长性投资者的利润大部分来自股票的价格增值，而当整个大市处于下行趋势或投资的行业正在下跌时，股价基本不可能上涨。

从以上的探讨中我们就能很清晰地了解到，为什么有时成长型股票表现好于价值股，为什么有时正好相反。投资诀窍就在于弄清楚我们正处于经济周期的什么阶段，而在这一点上，对经济波动准确的把握能力将非常关键。

变波投资者

乔治是一位居住在华盛顿特区的变波投资者。他白天游说国会，晚上进行新经济股票投机。

用这样的方法，乔治已经在BEA系统、蓝石软件、JDS Uniphase以及风河系统公司上大赚了一笔——所有这些的净利都超过了200%。

今天，乔治认为，他又发现了新的赚钱机会——一家名为Phone.com的公司。该公司生产一种能使普通手机变成专业浏览器的专利产品。公司被市场称作是“无线浏览器领域中的网景公司”，并且大量的手机制造商，从索爱、诺基亚到斯普林特、Nextel通信都将以该技术为标准生产产品。这在乔治看来是个很明显的机会。因此，他立刻通过保证金交易买了1 000股。

但是在一周之内，乔治就接到了追加保证金的通知，但是他已身无分文，这只股票令乔治倾家荡产。他的问题就在于：他陷入了一个布满尖钉的盈利陷阱[①]。

变波投资是华尔街近几十年来兴起的最热门、最令人激动的投资风格之一。你也许会为了三个疑问而想好好研究一番。第一，为什么投资于某个行业会如此赚钱。第二，如何根据投资目的将行业再细分为不同子行业。第三，为什么这种投资风格迄今为止的成绩会令人如此震惊。

尽管如此，像乔治这样的变波投资者也会因为对宏观经济波动的判断失误而陷入困境。的确，其他投资者适用的基本原则同样也适用于变波投资者。在这个案例中，手机业巨头诺基亚公布了不错的季报利润。但是在紧随其后的新闻发布会上，诺基亚的首席执行官提出警告，声称下一季度的利润将会大大低于预期。这个消息立刻让诺基亚的股价下跌了 25%。糟糕的是，这个坏消息立刻吞没了爱立信、Nextel 通信以及其他手机生产商。Phone. com 当然也受到牵连，受到了重重一击，股价紧接着就暴跌。

在乔治破产六个月后，Phone. com 涨幅超过了 1. 5 倍，对于乔治来说真是太可惜了。

当然，我还能提供更多的例子说明不同的投资风格与策略。比如，有人专门投资小市值股票，也有人专门投资大市值股票；有人关注进行资产重组的公司，有人热衷于打新股；还有一些投资者不遗余力地寻找被收购对象。但是至此，我想你已经清楚概况了。

如果你能用你对宏观经济波动的理解做好以下三件事，那么无论投资策略与风格如何，你的投资组合都会有不俗的表现。一是紧跟市场趋势，二是紧跟

① 盈利陷阱是指公司实际盈利水平与之前市场预计的盈利水平之间有差距。——译者注

行业趋势，最后是弄清股票市场上不同行业之间的关联，以及股票市场、债券市场与外汇市场的关联。

在下一章中，我们将介绍如何逐步达到这三个目标。这将检验每个巨波投资者在交易前是否都做了认真的准备。

第 11 章

巨波投资者的股票交易法则

加拿大铜矿山矿业公司众所周知，如今那儿的伙计可能不会那么高兴了。我相信这些人都在非常努力地工作，并且他们公司的收益也非常好，每股收益达到 24 美分，华尔街对公司股票的预期价格是 23 美元，但不幸的是这家公司的股票正在不断下跌，目前其股价已经从 100 美元左右下跌到约 24 或 25 美元。股价不断走低的根源在于市场传言每股收益会达到 28 美分。我听说的也是这个数字……

——安迪·瑟尔威尔，《福布斯》

出现在美国有线电视新闻网的致富频道

在每次飞机起飞之前，一名优秀的飞行员会有条不紊地检查整个操作规程。他这样做的目的在于，尽可能使意外发生的风险最小化，从而保护他所驾驶的飞机和机上的乘客，并将货物安全运送到目的地。同样道理，谨慎的巨波投资者在投资一只新的股票之前，也会从头到尾遵循一份详细的交易法则清单。这样做的目的无非是使交易风险最小化且保护交易资产的安全。巨波投资者的交易法则包括以下三个类别：

- 评估整体市场走势；
- 评估单个行业的趋势；
- 挑选潜在的投资目标。

最终，巨波投资者的交易主要依据这两个黄金法则：

- 市场大势走牛时，购买强势行业中的强势股票；
- 市场大势走熊时，卖空弱势行业中的弱势股票。

对于任何个人交易者来说，单纯遵照这两条法则并不能保证一定会盈利。但随着时间的推移，巨波投资者会知道，严格遵守这些法则将会增加青睐的股票投资成功的可能性，从而提供了一条通向长期成功的阻力最小的路径。下面，我们通过两个虚拟的交易者，查尔斯和安吉拉，来具体分析巨波投资者的交易法则。

查尔斯是一个生活在加州长滩的巨波投资者。他的职业身份是一名在美国休斯空间通信工厂的航天工程师。根据东海岸时间，股票交易所在早上 6：30 开市，而查尔斯并不需要在上午 8：30 之前到达办公室，所以他每天至少有一个小时的交易时间。同样，在查尔斯 12 点到下午 1 点的午餐时间段中，他也有空闲时间可以在股市收盘以前进行交易。想要投资赚钱的话，总会有充足的时间，但查尔斯对其所投资股票的研究分析，像他在休斯工厂的作业研究一样一丝不苟。

而安吉拉是亚特兰大航空公司的一名飞行员。在她不用执行驾驶波音 767 航班飞抵伦敦、马德里或东京的任务时，她会积极地进行股票交易。和查尔斯一样，她总是会仔细地做好各项投资交易准备工作。正如你可以从不同的角度来观察这两个截然不同的人一样，也有很多不同的方法来评估市场和行业趋势，并选择你的交易目标。

事实上，最终的结果是你个人形成一种你自己独有的巨波投资风格。尽管如此，观察查尔斯和安吉拉是如何研究自己的交易法则的，将会使你在同样的分析过程中有所收获。因此，让我们先从查尔斯和安吉拉如何以自己的方式去分析把握市场整体走势开始吧。

骗我一次，以你为耻

当华尔街在不正常的闷热天气下汗流浃背地工作时，技术股在被高估的忧虑之下交易萎缩，一篇《巴伦周刊》的文章质疑了思科股票的价格和市盈率，还有公司的收益和会计利润，引发了一场科技股票的恐慌性抛售。

——美国有线电视新闻网

查尔斯的投资箴言是：骗我一次，以你为耻；骗我两次，以己为耻。2000年的纳斯达克股市泡沫破灭中，查尔斯同样遭受了惨重的损失，他从此决定，以后再也不能被这种虚假繁荣所欺骗了。事实上，如果这次股市崩溃能给查尔斯带来一些启迪的话，那便是重要的宏观经济事件在影响市场走势中的突出作用。这也是为什么每周六早上，查尔斯通常先打开信箱取出《巴伦周刊》，并直接翻到本周预览这一版面，以这种方式开始自己一周的投资交易生活。

这一版面提供了将会公布的宏观经济指标的详细日程表。例如在每个月的初期公布的指标有汽车销售额、建设支出和个人收入，每个月末公布的指标有消费者信心指数和联邦预算。

当他观察这些指标的列表时，查尔斯总是会将每个报告的具体公布时间铭记于心。他同时也会记录哪些报告相对更重要，如零售业销售额、消费者物价指数以及就业报告；同样也会记录哪些报告相对不太重要，如连锁商店销售额和消费者信用。然后他开始对不同的指标报告进行分析，并对下一步的政策走向进行推测。举个例子，假如公布的消费者物价指数比预期的要高，美联储也许就会在下一次例会上提高利率水平，这样就会导致整体市场走势下行。或者，就业报告显示失业率上升，实体经济正在感知通胀压力时，这会是一个利好消息，给市场一个好的预期。当然，查尔斯也清楚地知道，如果失业率的升高被解读为经济衰退的早期信号时，市场的反应将是非常消极的。

当查尔斯完成了宏观经济各项报告的解读之后，他会接着阅读《巴伦周刊》的专栏作家评论和正文部分。基本上，他会寻找两方面的信息。首先是在市场上过去一周的不同观点，更重要的是，由此判断市场未来可能的走势。第二个与预测走势相比，更多的是关注具体的股票挑选。确切地说，查尔斯想确定是否有任何特定的股票或行业正在受到现实中有利或不利的新闻报道影响。事实上，查尔斯曾经因为《巴伦周刊》的一篇报道而对思科公司的股票钟爱有加，却因此蒙受了巨大的损失。所以他不希望有同类事情再次使他产生投资冲动：骗我两次，以己为耻。

一旦查尔斯完成了专栏作家评论和正文部分的阅读之后，他便认真地开始了自己的正式分析工作。这时候，他会戴上老花镜，开始认真梳理这些重要信息。比如，他最喜欢的部分之一便是短期利率调查报告，以反映卖空数量是否正在增加或减少。查尔斯坚信卖空数量的大幅下降通常预示着一个上涨的市场走势。

除此之外，查尔斯也会仔细地观察其他一些市场情绪指标。他最看重的是投资顾问信心指数和看跌解读。这种逆向指标通过抽样调查反映投资顾问对未来市场走势的判断。查尔斯知道，当看涨的人比例过高时，市场上便不会有足够的新增入市者来保证股价上升，从而可能会导致市场下行。同样的道理，当市场上看空的比例提高时，场外会有很多持有现金的观望者为股市的下一轮上涨备足资金。

而安吉拉并不会像查尔斯一样早起阅读《巴伦周刊》。相反，当她没有出航任务时，她总会在周六睡一下懒觉，一部分原因是她的长期飞行时差，但是主要的原因在于，大多数夜晚她会熬夜上网直到凌晨两三点，目的是为了寻找新的目标股票和分析市场发展趋势。

安吉拉更喜欢通过网络来获取各种宏观经济信息，这也是她为什么会在周六下午浏览诸如 Dismalscience. com 一类的网站的原因。这些网站不仅罗列各种即将发生的事件，同时也提供各种宏观经济报告的深度解读。安吉拉就是通过这种电子信息渠道来完成自己的市场趋势判断的。

看美国全国广播公司财经频道
——洞察市场动态，把握盈利机会

在一天当中，美国全国广播公司财经频道的节目诸如深度新闻报道和经理人澄清市场流言的访谈都会影响股票价格。因为这些新闻报道总是会影响与之相关联的股票的供求关系。

——克里斯多夫 • 法瑞尔（Christopher Farrell）

尽管查尔斯和安吉拉居住在不同的时区，并且有着截然不同的睡眠习惯，但是在周一早上，也就是一周的市场交易正式开始的时候，他俩都会做两件重要的事情。第一，都会将电视调至商业新闻；第二，都会特别关注东部时间上午 8:30 至 9:30 这一时段的新闻。在股票开市之前的早间新闻时段是属于宏观经济数据的魔幻时段。在这个时段里，政府的许多数据报告都会公布，尽管股票市场尚未开盘，但是债券市场已经开市。查尔斯和安吉拉都知道，债券市场对于第一天新闻的反应是即将开市的股市的良好风向标。

举个例子，消费者物价指数或者国内生产总值指标出乎意料的上升可能是通货膨胀的预兆。假如针对这一消息，债券价格急速下行，这表明债券市场的反应是基于美联储可能提高利率水平的判断，这意味着股票市场可能会开盘走低。

不仅仅是宏观经济数据发布使得 8：30 至 9：30 这一时段如此重要。在这一时段，芝加哥期权市场开始交易。这意味着人们正频繁地交易标准普尔期货和纳斯达克期货；查尔斯和安吉拉密切地关注着位于电视屏幕侧边框的期货价格走势。假如这些和实际指数及自身的公允价值都息息相关的期货有明显的价格上涨，这意味着股市会有美好的一天。同样，如果期货价格走低，便是封仓或者做空的时机。

对于两人都看的电视节目而言，安吉拉会比较偏向于选择彭博电视台。部分原因在于彭博能够比较全面地覆盖欧洲和亚洲的新闻，而这些区域也正是她一直飞来飞去的地方。这些新闻能够帮助安吉拉实时跟踪其包含不同国家股票的投资组合，比如波科海姆科技有限公司、德国电信以及爱立信公司。更为重要的是，安吉拉相信欧洲股票市场的走低通常预示着美国股市同样走低，因此这是个很重要的市场趋势指标。

相反，查尔斯则认为欧洲股票市场的走势通常是基于美国前一天的新闻而做出的反应，因而并不是美股当天走势的预测指标。因此，他通常只看美国全国广播公司财经频道，主要关注的就是美国市场的各种动态。其中包含许多不同类型的分析方式，许多都具有鲜明的特性，比如米歇尔·卡鲁索的行业观测，玛丽亚·巴蒂罗姆在市场开始交易前的快速分析，汤姆·科斯特洛的纳斯达克市场线博弈，乔克南对市场赢家和输家的冷嘲热讽，以及查尔斯一直所钟爱的，债券市场分析员中的脱口秀王者里克桑特利。

巨波投资者的日志

5 月末的一系列经济数据，诸如住宅、制造业以及就业趋势，提升了市场需要提高利率水平来阻止过于红火的经济步伐的愿望。但是在周五公布的比预期要强劲的 6 月零售业销售额后，政府债券的价格下滑。市场价格现在正反映市场参与者的一种不断增强的预期，即中央银行将在 8 月 22 日的会议上提出收缩信贷的决定。

——《投资者商业日报》

有趣的是，除了都对股票市场节目情有独钟以外，查尔斯和安吉拉还有一项共同之处，那就是在他们的电脑旁边都有一本记录核心经济指标运行表的日志。表 11—1 说明了安吉拉的记录方式。在表格的第一列中，按顺序列明了按月或者是按季公布的核心经济指标，其中按季公布的用斜体标出。

而对于第二列，评估了该项报告对市场可能带来的影响程度，对于一个像消费者物价指数这样的四星级的报告肯定要比个人收入和消费的二星级报告给市场带来的影响要大得多。同时可以看到，其他列使用的是字母，其中 U 表示上行，D 表示下行，N 表示中性，用哪个字母源于安吉拉根据最新的指标所做出的市场走势判断。

举个例子，假如 5 月份的建设支出报告表明支出适度增长，且通货膨胀不会构成威胁，这是一个利好消息，基于这条消息会对市场有正向的推动作用的判断，安吉拉就会标记一个字母“U”。同样，如果经理人消费指数下降进入一个衰退区间，这是一个利空消息，会导致市场下跌，安吉拉就会记下一个“D”。

现在观察一下安吉拉的表格中的符号，在一些情形下可以看到，比如第三列，5 月份的所有指标影响预测是比较混合的。有些报告对于市场是利好消息，有些是利空消息，有些则是中性的。这种情况本身就是一个非常有用的信息，因为它常常可以提供一个侧面的视角或者说明市场走势充满不确定性。安吉拉喜欢在这种市场环境下进行低买高卖的交易，因为这种市场交易机会多，价格涨到阻力位后总会回落到支撑位。这是进行低买高卖的绝佳市场环境。

但是，观察表 11—1 的第四列可以发现，几乎所有的经济指标都是看跌的。这无疑表明市场将形成明确的下跌趋势。然而，如果你们没有像安吉拉这样记录一本日志，你也许就会忽略这种清晰的市场趋势，未来便可能在股市下跌中蒙受损失。但是安吉拉不会，因为她会选择在那个月全部卖空。

表 11—1　　　　安吉拉使用的用于市场预测的宏观经济指标

指标	级别	5 月	6 月	7 月	8 月
建设支出	*	U	D		
经理人购买指数	***	D	D		
轿车和卡车销售	**	N	D		
个人收入和消费	**	U	D		
新房销售额	**	U	D		
连锁商店销售额	*	N	U		
工厂订单数	*	D	D		
职业报告	****	U	D		
领先指标指数	*	N	U		
消费信贷	*	D	D		
产出和成本	****	U	D		
零售业销售额	****	N	D		
工业产出和产能利用率	***	U	D		
商业库存	*	D	D		
生产者价格指数	***	N	U		
消费者物价指数	****	U	D		
新开工住宅面积	***	U	D		
国际贸易	***	D	D		
消费者信心	***	N	D		
联邦预算	**	D	D		
耐用品订单数量	**	U	D		
雇佣成本指数	***	D	U		
现房销售额	**	U	D		
国内生产总值	***	D	D		

安吉拉在做趋势判断时，很大程度上依赖《投资者商业日报》和《华尔街日报》对于各种报告的解读和分析，同样也会参照 Dismalscience. com 网。她同样也会认真地阅读 IBD 的宏观概览专题。这个有关股市运动的专题既反映了

最新的宏观经济信息，又体现了其他的市场走势催化剂，如意外收入，公司合并及新政府立法。

一些有用的市场指标

在确定怎样使各种宏观经济运行指标判断得出的整体市场走势与基本分析得到的类型相一致时，查尔斯和安吉拉都很好地运用了一些技术性趋势指标。查尔斯最常用的是“跳动指数”，这个指标使用的代号是 $ TICK，并包含在他的在线投资组合当中。你也许会记得在之前的讨论中，跳动指数是一种简易的统计数字，等于纽约证交所正在上涨家数减去下跌家数。查尔斯认为，如果交易当天跳动指数为正，意味着牛市行情有所加强。相反，如果跳动指数的结果为负，则表明下跌趋势占优，不过熊市尚可控制。

安吉拉同样喜欢使用跳动指数，但是她同时也要观察阿姆氏指标（TRIN）和标准普尔期货指数。当 TICK 指数平稳地居于零以上，而阿姆氏指标位于 0.5 和 0.9 之间，且标准普尔期货呈上升趋势，安吉拉一整天都可以给其低买高卖代理人打电话委托进行投资交易。然而，当 TICK 指标和 TRIN 指标的方向相反时，安吉拉明白市场正充满风险。多方和空方正在进行斗争，如果她选择在交锋的中间进入，则会遭受严重的损失。这也是她为什么经常在跳动指数和广量交易指标冲突的时候选择旁观的原因。

行业观察

下面让我们分析查尔斯和安吉拉是如何通过自己的方式来评估行业趋势的。下列问题很重要：哪些行业走势强劲而哪些行业走势低迷？哪些行业在改进而哪些在恶化？行业转化的模式是什么？举个例子，资金是否从电信和计算机行业转移到如食品和医疗保障等防御性的行业？资金流向哪些行业方向？

作为一个习惯阅读纸质媒体的家伙，查尔斯通过阅读《华尔街日报》的一些版面来试图解答这些问题。一个版面是“道琼斯工业组织表格”，其中列示了前几天领先的行业和落后的行业，同时包括这些行业中的最强势和最弱势的股票。另一个版面是“道琼斯全球行业最具波动者”，这个表格同样列示了领先和落后的行业以及代表性的股票，但是这个表格会更加详细，同时具有全球性的视角。为了进一步获取子行业的详细信息，查尔斯也会浏览《投资者商业日报》的“工业价格”版面。其中列示了根据过去六个月的价格表现排名的200个行业和子行业。同时也会特别标示出前些天的最佳和最差市场表现者。

相反，安吉拉则是完全通过互联网进行行业观察。在她对行业进行技术分析时，她采用市场边界的产业集群分析法，这个工具可在不同的时间区间、使用不同的技术标准对所有的行业依照最强到最弱的顺序进行排序。同时，这个工具也可以揭示哪些行业在不断改进，而哪些行业在不断恶化。值得注意的是，这个工具同样也可以帮助安吉拉很容易地对某一个行业内的从最强到最弱的股票进行识别。当部分地遵循股票交易黄金法则，即只买上涨的股票，只卖下跌的股票时，这个工具会很有帮助。同时，安吉拉总是会细心地阅读《美国财经》（*Smart Money*）的“行业追踪”版面，以及市场颜色编码图。后者是一个用来监测整个交易日行业轮换的特别有用的工具。

寻找有投资机会的目标

除了分析市场和行业趋势，查尔斯和安吉拉每周都要做的一项重要工作便是找出具有投资机会的目标。因为他们都是巨波投资者，他们都明白完成这项工作的最佳途径是基本分析和技术分析。然而，对于这两个人而言，有趣的是其筛选股票的顺序有所不同。

查尔斯是一个革新的价值投资者，他早期的偶像是本杰明·格雷厄姆和沃伦·巴菲特。因为其遵循价值投资的原则，查尔斯采取自下而上的方式来完成他的巨波股票投资研究。根据他的方法，他首先分析股票的基本面。只有当他找到基本面比较突出的股票之后，他才会对目标股票的技术面情况进行分析，以确定是否适合投资。

查尔斯的股票调研方法是兼收并蓄的。当然，他是一位狂热的蓝筹股杂志读者，比如《彭博个人理财》、《商业周刊》、《经济学家》、《家庭理财》(*Family Money*)、《福布斯》、《财富》、《吉普林》(*Kiplinger's*)、《钱》、《美国财经》和《价值》。但是，查尔斯也会订阅其他不同种类的杂志，比如《积极投资者》、《个人投资者》、《红鲱鱼》及《股票和商品》。在他狂热的阅读过程中，他总是能不断地发现新的股票来研究。一旦查尔斯发现了一只新股票，他才会不情愿地登录网络去获取信息。这是因为就连查尔斯也不得不承认，目前互联网会比任何纸质信息来得迅捷并且高效。事实上，也正是这个原因，查尔斯最终毫不客气地抛弃了他已有 15 年订阅历史的《价值》杂志。

如今，查尔斯也会使用诸如美国全国广播公司网、财经万维网、胡佛网和华尔街城市网等金融类资讯网站。这些网站都有一些非常复杂的股票筛选工具，基于不同的分析基础，诸如现金流、股息升息率、市值和每股盈利、市盈率以及机构持有者数量，可以筛选出不同类别的股票。同样这些网站也提供历史价格信息，查尔斯可以用来进行止损点分析。作为一名一丝不苟的工程师，他也会浏览雅虎金融和 Earningswhisper. com 来分析他的潜在投资目标的利润盈余。他不仅想知道下一次盈余分配的具体时间，也想仔细比较那些行业分析师对市场传言的看法。查尔斯的这种想法无意识地落入了"盈利陷阱"。

一旦查尔斯完成了他的基本分析，就开始进行股票挑选过程中的技术分析。不过，查尔斯承认他的技术分析是十分简单且粗糙的。事实上，他唯一要做的就是打开 Bischarts. com 上的一个表格，然后看一下这只股票 50 日和 200

日的均价。查尔斯的经验法则是：如果股价低于这两个均价中的任何一个则决不买入。他清楚地知道，如果这两个平均价格被击穿，共同基金便会开始大量抛售这只股票。这样会导致股价下跌速度异常加快，好比没有降落伞的跳伞运动员的下降速度。

与查尔斯自下而上的选股顺序明显不同的是，安吉拉更倾向于自上而下的选择路径。有些时候，她也会使用她的赛博公司的交易软件来做自己的技术分析。每天，她也会查看 Market Edge 网站的“Money Runner”频道来获取当天的市场交易情况，同时她也会订阅一些股票筛选的服务，如 Pristine Swing Trader、eGoose. com、Changewave. com。Money Runner 这个技术工具可以在分析一系列技术特征的基础上同时识别出买和卖的交易目标。这些技术特征不仅包括简单的移动平均值，同时包括一些更复杂的统计数据，如随机震荡指标、相对强度指标、布林带、移动平均的收敛发散指标。同时，Market Edge 网站的“Second Opinion”栏目提供很好的股票支撑和阻力位参考，安吉拉可以用它们来帮助自己的股票买卖交易。

不过，安吉拉对于技术分析或者是股票类期刊订阅服务是非常谨慎的。她不仅从痛苦的经历中明白所谓的最佳购买或大力推荐和行业趋势、市场走势一样，仅仅表明这个点位可以进入投资，同时也清醒地认识到技术分析师们所推荐的股票中，建议购买的股票其基本面可能糟糕透顶，而一些他们建议抛售的股票基本面则可能十分优良。在这种情况下，单纯依赖技术分析建议来指导市场操作是蕴藏巨大风险的。

这也是安吉拉对于经过技术分析筛选出来的股票都要进一步仔细查看基本面的原因所在。为了节省时间，她通常会使用一个非常简单但是很有效的工具。这便是《投资者商业日报》为每一天的股票进行排名的五类排名系统，这个系统包括每股盈利的排名、相对价格优势排名、行业集团的相对强势排名、销售利润率和股票累计盈余分配排名。在使用投行的数据辅助决策时，安吉拉的决策规则十分简单。她只在每股收益排名前 85 位并且销售毛利率排名在 B 及其以上的股票中进行买入操作。同样，她只会在一只股票的每股收益排名低于 50 并且销售毛利率排名在 C 及其以下时才会进行卖空操作。

至于可能陷入盈利陷阱的情况，安吉拉绝不会允许这种失误再次发生。在几年前的短短两周时间里，她在诺基亚、威视和世界通讯这三只股票上损失超过25 000美元。它们都是因为负面消息的影响，导致其股价大幅下跌。事实上，为了忘记这段痛苦的经历，在每年上市公司披露年报和季报的季节，安吉拉都会精心安排她的飞行计划和度假方案，这样也可以抑制自己非理性的投资冲动。

此外，安吉拉在其投资生涯的早期因为持有一系列的医药行业股票而遭受损失，原因是当时的克林顿政府提出一项卫生保健法案，从而酿成了制药行业和克林顿政府的双重灾难性惨败。因此，安吉拉明白自己也必须要很认真地阅读并分析政治和立法方面的新闻。事实上，她自己是她所知道的唯一定期阅读《华盛顿邮报》网络版的投资者。

一些补充性股票筛选方法

更广泛地说，安吉拉和查尔斯都会一直关注他们潜在投资对象的最近消息。他们尤其关注监管或者是立法方面的最近进展情况，因为这些消息可能会对某只股票、该股票所在的行业或者是行业中的领头羊产生影响。

查尔斯通常使用 Redchip. com 网来完成他的日常新闻阅读。这个网站甚至可以提供一个包括 90 只股票的投资组合的跟踪服务功能，通过邮件将查尔斯的投资组合中的股票的最新消息发给他。相反，安吉拉倾向于使用哥伦比亚广播公司的市场监测网来完成她的市场信息筛选。因为经常受到一些粗鲁的语言冒犯，查尔斯会拒绝使用股票分析聊天室来获取信息，但是不同的是，安吉拉总是会查阅各大网络论坛。尽管论坛中充斥着粗俗的言语，甚至总会有一些别有用心的人散布各种流言来误导别人以期带来股价的上下波动，谋取非正当收益，但是安吉拉总是相信从这些论坛中可以采集许多宝贵的信息，以为己所用。

当安吉拉浏览网上论坛的时候，她总会短暂地访问（NET. com）。在这个网站中，她可以输入任何股票的代码，然后搜索引擎都会从她最钟爱的四个版面中搜出所有与这只股票相关的信息，这四个版面分别为“各色傻瓜”、“愤怒的公牛”、“硅谷投资者”和“雅虎金融”。在查尔斯和安吉拉最后一步的股票筛选中，他们都会进一步确定某只股票在其特定的行业中是领导者还是落后者。这样一来，《投资者商业日报》给出的排名会给他们提供参考。同时，查尔斯和安吉拉都特别喜欢使用 Bigcharts. com 的行业分析版面。这个版面提供了在不同的时间段市场表现最优和最差的股票名单列表，时间段分为一周、一个月、一年或者是五年四种。

查尔斯和安吉拉都明白需要做很多的功课才能进入股市、把握市场走势，并且发现突出的股票交易机会。但是从他们个人的经验来看，他们都深深明白，认真地遵循巨波投资法则来为未来一周的投资交易做准备是何等重要。这也正是他们都能用自己的方式成为一名优秀的巨波投资者的原因所在。

第三篇

巨波投资实操演练

第 12 章

领先、落后或者闪一边

在本章的开篇，我还想强调一下本书序言中的一段重要文字：

> 联邦储备委员会提高利率、消费者信心下降、巴尔干半岛爆发战争、巴西遭遇严重干旱使咖啡减产、鹿特丹油价飙升、国会通过医疗法案严格控制处方药品的价格、美国贸易赤字再创新高……这些宏观经济事件，即使其中一些远离美国本土数千公里，也会影响美国股票市场。虽然其影响方式千差万别，但仍然具有系统性和可预测性。无论你的投资风格如何，如果你能了解一些宏观经济事件对股票市场的影响逻辑，你就会成为一个更好的投资者。这就是根据宏观波动进行投资的魅力，也是本书要详细讨论的内容。

本书第三部分旨在更详细地阐述宏观经济事件对股票市场及各行业的系统性影响及预测方式。目标在于帮助交易员或投资者使用宏观经济信息，更好地安排交易时间，更准确地选择投资行业。

为了实现这一目标，我们必须学会各种宏观经济指标，这些指标定期（每周、每月或每季）发布。学会这些指标有时有些困难，为了帮助你，我必须按宏观经济问题对指标进行分类，每个经济问题都涉及与之紧密相关的宏观经济指标。

例如，在第 13 章中对经济衰退时期投资时间安排问题进行讨论时，将为你介绍两个最重要的反映经济衰退的指标——新屋开工数和汽车销售量的减少。同样，在第 15 章“捕捉通货膨胀之虎”中，你将会深入了解与通货膨胀紧密相关的两个重要指标——CPI 和 PPI。但请注意，在后面我会按照不同的专题把这些指标分章介绍，不过这种安排纯粹是人为划分。实际上，在任何时候，任何一个宏观经济指标都会提供某一个宏观经济问题的一些重要信息。因此，我们利用宏观经济信息指标提高我们的股票投资业绩时，必须把这些指标放在特定的经济环境中去理解和使用。

好消息或许也是坏消息

新的就业机会急剧增加，美联储调低利率的期望落空。买盘压力增加，股市应声下跌，纳斯达克和标准普尔 500 高达 1 820 亿美元的市值瞬间蒸发……这些坏消息的起因，竟然是一则好消息——劳工部今晨报告，失业率在 2 月份下降到 5.5%，全美新增就业人数 70.5 万人。

——《钱线》(*Moneyline*)

这段话是否让你明白我们一直强调决策环境很重要的原因了吗？在华尔街这个神奇的迷幻世界里，好消息或许就是坏消息，坏消息反过来也可能是好消息，只有这些消息发布当时的经济环境可以帮助我们做出判断。

例如，在经济开始下滑时，失业率增加、工业生产下降、消费信心下滑，这些消息对于华尔街都是坏消息，会导致股价急剧下跌。在经济开始下滑的特定情况下，华尔街弥漫着对衰退的一种恐惧，这些坏消息无疑会强烈地加重这种恐惧心理。

但是，情况也可能完全相反：如果经济处于过热且通胀阶段的后期，失业增长、生产减少、消费信心下滑，同样是这些看似不好的消息，却可能被华尔街看作好消息，股价随之飙升。在这种情况下，华尔街最为担心的是美联储提高利率，而不是经济停滞。在这种特定情况下，任何经济放缓的信号都有助于降低这种恐惧，恢复市场的信心。因此，在阅读后面几章内容时，对任何一个经济指标的理解和把握，都应该切记：环境至上。

接下来，在将指标分类之前，我们还需要完成两个重要的任务：一个是对领先指标、滞后指标、同步指标进行区分，这个区分极其重要；另一个任务是了解在股票市场变化中预期的重要作用。

并非所有指标同等重要

领先指标会告诉我们即将发生什么。例如，建屋许可数会在经济真正进入衰退的前几个月就开始下降，或者说，建屋许可数开始下降意味着数月后经济会真正进入衰退。因此，建屋许可数就是经济衰退的一个领先指标，巨波投资者喜欢这类指标，因为可以用这些指标很好地预测股市和行业趋势的变化。

相反，一个滞后指标只在商业环境已经发生变化之后才会显现这种变化。例如，平均失业时间就是一个典型的滞后指标。这是因为，平均失业时间的缩短总是出现在经济扩张之后；而平均失业时间突然拉长往往可能会出现在经济开始衰退之后。从这个意义上来讲，滞后指标提供的信息仅仅是对已经发生的经济事件的事后确认。尽管对于确认变化趋势很重要，但滞后指标对于巨波投资者的作用较小。

至于同步指标，其变化与经济发展趋势一致，用来反映经济现状，比如非农业工资、个人收入和工业产值。巨波投资者发现，同步指标可以更好地确认或否定领先指标预示的经济发展趋势，而在预测经济趋势变化方面的作用要弱一些。

表12—1列出了一些主要的领先指标。一些非营利组织在每月的第一周发布这些指标数据以预测随后两个月的经济趋势。表中左侧列出指标的名称，右侧是关于指标的说明。

表12—1　　主要领先指标一览表

领先指标	说明
平均工作周数	工作时间长，意味着繁荣扩张；工作时间短，意味着萧条衰退。
首次申请领取失业救济金的人数	首次申请人数增加意味着进入衰退，减少意味着即将繁荣。
延时交货的公司的百分比	延迟交货意味着公司繁忙，提前交货意味着公司业务较少。
工厂接到的新增消费品订单数	这是生产的第一步。订单增加，生产跟进；订单减少，将会减产。
建屋许可数	当美联储提高或降低利率以抑制或刺激经济时，该指标最先显现。
消费者信心指数	当消费者信心开始上升时，经济也就会进入上升通道；当信心下降，经济也会随之走低。
工厂购进投资品的新订单数	不断增长的投资意味着扩张和牛市；不断下降的投资意味着收缩和熊市。
标准普尔500指数	从历史上来看，在经济衰退袭来的数月前，该指数会达到顶峰；在经济复苏开始的数月前，该指标就会显示出谷底。
货币供给（M2）	更多的货币供给意味着较低的利率和更多的投资机会；反之亦然。
利差（10年期债券利率减去联邦基金利率）	当短期利率超过长期利率时，这种倒置预示着衰退。

如果你曾经对宏观经济指标有所涉猎的话，一定会对表中的一些指标有所了解，因为这些指标得到媒体的广泛关注。当然，具有讽刺意味的是，这些领先指标在经济周期中准确预测拐点的情况极少。的确，华尔街上令人啼笑皆非的故事是，这些指标将最近的5次衰退预测为10次。更为重要的是，这些指标对股市的影响远不及我将要讨论的一些指标。主要的原因在于，这些指标反映的是过去的历史数据，因此，从各方面来考虑，截至数据发布时，领先指标

作为陈旧的消息，对股市的影响早已被股市消化。在随后的几章中，你将会彻底明白我的意思。在此之前，作为本章的结束，我将讨论一下“预期”在股市的重要作用。

事情尚未发生，但其影响确实已经存在

为了更好地理解预期对股价的影响，我首先向你介绍“事件研究”这种技术方法。事件研究法用来测量宏观经济信息对股市的影响，其本质在于，将没有预期到的宏观经济事件发生前与发生后的股价进行比较。注意，必须是**没有预期到的**，这很重要，是问题的核心所在。

几乎所有华尔街最优秀的职业投资者都在仔细研究宏观经济事件。有经验的投资者在仔细研究宏观经济事件的同时，也会形成预期。华尔街的投资分析师和经济学家会定期提出他们对未来公布数据的预测。

更重要的在于，这些有经验的投资者不仅会形成自己对宏观经济事件的预期，而且，他们也在这些事件真实发生之前根据预期进行交易。比如，假定华尔街一致预期 CPI 将大涨，此时，这些有经验的投资者很可能会从对通货膨胀敏感的一些行业转向防守型的行业。因此，当这些预期变为现实时，市场不会再有大的反应。原因在于：市场已经调整过了！

华尔街根据经济预期进行交易的情况，使得统计师计量宏观事件对股市的影响甚为困难。有一个特定的例子，假定一个名叫笨蛋的教授正在观察 CPI 指标公布前后的股价。因为他没有看到股价有什么变化，他就武断地做出一个结论：CPI 对股价没有影响，并且在统计上极为显著。当然，我们明白，这简直是胡说八道！笨蛋教授没有注意到的是，股价在很难准确界定的一段时间——也许是三天、四天、一周，或许是两周或一个月——之前已经对通胀预期做出了反应。

第 13 章

驯服经济衰退大熊

在过去短短不足 16 个月的时间内，美联储调高利率 16 次之后，罗伊心中盘算，格林斯潘一直在收紧经济的缰绳，现在该是最终控制住经济过热局面的时候了。正因为如此，汽车销售连续两个月出现下降、新屋开工数连续三个月减少、平均周工作时间也出现缩短等消息公布时，他几乎没感到惊讶，认为在情理之中。

罗伊心想，该进行投资调整了，并且他的调整也极其迅速果敢。他卖出了全部股票，包括他极其推崇的甲骨文公司的股票，转而投资于债券。

四个月之后，正如罗伊预测的那样，经济衰退如期而至。在接下来的一年中，由于美联储将利率调低 200 个基点，整个债券市场和罗伊的债券投资的价值大涨，而此时，道琼斯和纳斯达克股指处于 5 年来的最低水平。

在股市不景气的漫漫黑夜里，罗伊夜夜都可以进入香甜的美梦之中。在经济萧条的美国，尚能购置豪华轿车的消费者凤毛麟角，他是其中之一。罗伊炫耀着自己的小轿车——流线型的新款保时捷，并极富感情和寓意给它起了个绰号：熊。

罗伊明白，经济衰退伊始就会给股市带来灾难，其后会进入令人恐惧的渐进式螺旋下降过程。

提高利率会增加美国大部分行业做生意的成本。成本增加导致价格上升，进而引起需求减少，更何况消费信贷因利率提高也受到抑制。随着消费需求的减少，企业产品库存增加，工厂不得不削减工人的劳动时间。随着雇工收入的减少，他们的消费变少，企业销售下降，更多的商品库存开始堆积，很快，企业开始解雇工人。这并不能解决问题，却意味着消费会更少，销售会更低，生产会更加减少，失业会更多。衰退通道里的这种螺旋式下降，最终会影响到每家公司的净利润，由于股价最终受净利润的影响，所以在经济衰退时期，股价势必下降。

至于衣冠楚楚的“殡葬业者”——也叫做债券交易人——正兴高采烈地为经济衰退收尸。他们知道，经济衰退袭来时，美联储一定会启动降息政策。由此导致债券利率下降，既然债券的价格与利率呈反向变动，这意味着债券的价格一定上升。利率正在上调至最高峰，且经济衰退正要开始的时候，果断地买入债券是你致富以购置豪华别墅的最理想的一条道路，其原因大概在此。

当然，问题在于，你如何识别何时经济衰退就隐约出现了呢？至少在表13—1中你会找到部分答案。该表列出了一些关键的衰退指标，并按照市场反应进行一星到五星的评级。

表13—1　　关键的衰退指标

指标名称	市场反应评级	数据来源	数据发布
汽车销售	***	商务部	月度；每月的第三个工作日
新屋开工数、建屋许可数	****	商务部	月度；每月16日到20日之间
成屋销售	**	全美房地产经纪人协会	月度；每月25日左右

续前表

指标名称	市场反应评级	数据来源	数据发布
新屋销售	**	商务部	月度；大约在每月的最后一个工作日前后
营建开支	*	商务部	月度；每月第一个工作日
失业救济初次申请人数	***	劳工部	周报；每周三
就业报告	*****	劳工部	月报；每月的第一个周五

从表中可以看出，机智的巨波投资者需要关注两套报告，一套是汽车销售报告，另一套是房地产行业的报告。在经济步入衰退或走出衰退时，这两个行业会最先显现出来。

另外，美国劳工部发布的相关报告中有两个反映经济衰退的极为重要的报告。失业救济初次申请人数反映上周有多少因失业申请救助。就业报告更为重要，重要程度为五颗星。该报告不仅分行业、地区报告失业率，而且还提供平均周工作时数和平均小时薪金等有价值的信息。下面我们仔细分析每一个指标。

客车与货车销售

——通用汽车的好消息是什么？

汽车制造几乎占美国经济产出的4%，所以，汽车行业的状况对经济很重要。汽车销售额是经济衰退的一个领先指标，它经常会有大的变动。就销售额和占全球经济产出的份额来讲，通用汽车和福特汽车是全球最大的两家公司……

——《纽约时报》

几年之前，该指标仅指轿车销售。然而，随着家用小型货车和高耗油的越野车进入家庭，这两类车作为轻型卡车也被包含在该指标中。三大汽车制造商——戴姆勒-克莱斯勒、福特和通用分别报告自己的汽车销售。商务部汇总这些报告，计算出年度汽车销售增速。市场对此极为关注，该数据通常在每月的第一周内予以公布。

汽车销售报告一直以来重要程度为三颗星，你应对其给予相当的关注。在市场处于关键的拐点时期时，你对该指标应更加关注，此时给其重要性以五颗星才算恰当。如果你准备购进汽车行业的股票时（比如轮胎、汽车玻璃、铝合金和汽车钢材等），你对汽车销售报告应给予特别的关注。

该指标之所以重要，是因为在经济开始走向衰退时，它和新屋开工数指标最先显现。这是因为，当消费者开始担心经济前景时，他们最先考虑的就是推迟或取消汽车和房屋等大额消费支出。因此，汽车销售指标应该是巨波投资者关注的重要领先指标。

住房报告

——煤矿中的金丝雀

住房产业会影响经济当中的其他部门。当房屋销售减少时，人们的家居消费、家电消费和房屋陈设消费都会减少。结果导致零售额减少和这些行业就业机会的减少。

——《里士满时代快报》(*The Richmond Times Dispatch*)

住房产业在经济中占比很大，占所有投资支出的 1/4 还多。关注这个行业需要了解的报告包括：新屋开工与建屋许可、新屋销售、成屋销售和营建支出。在这四个报告中，最为重要的是新屋开工与建屋许可。与汽车销售指标一样，它是非常好的经济衰退的领先指标。

新屋开工与建屋许可

——清晨的铁锤敲击声悦耳动听

新的经济数据表明经济发展适度，减轻了人们对通胀预期的恐惧程度，因此，周二的股票交易活跃，创下上次下跌逆转后的新高……新屋开工数大幅降低的消息一经公布，股票开盘价就骤然变脸，随后，债券市场的价格急速上升……尽管住房数据引起了人们对衰退的关注，但股票评论员说，市场认为这是好消息，因为它表明经济在慢慢降温，也会降低通货膨胀。

——美联社

商务部每月 16 日到 20 日之间报告新屋开工和建屋许可的数据。这份重要程度为四颗星的报告按照中西部、东北部、南部和西部分区报告，然而地区数据因受天气变化和自然灾害的影响变化无常。

新屋开工与建屋许可是非常重要的领先指标，我们也已经注意到，美国经济咨商会的领先指标表中已经包括建屋许可指标。与汽车销售指标一样，它们在经济衰退时最先下降；经济复苏时最先上升。的确，过去 50 年中，几乎每一次经济好转都是由这两个部门先行好转推动的。

与我们所有的报告一样，想知道股票市场对建屋许可数变化如何反应，我们需要知道经济处在经济周期的哪个阶段。正如对美联社文章的摘引，在经济扩张的中期或后期，如果人们关注通胀，新屋开工的增加被股市解读为熊市的兆头；而在经济周期的谷底或扩张的早期阶段，新屋开工数的增加被认为是牛市的征兆。

新屋和成屋销售

——抵押贷款的美国梦

全球经济的混乱可能于下一年波及美国，受这一消息不断增强的影响，股市连续两天暴跌 200 多点……本周股价的下跌由来自全球的一系列消极消息所致，经济学家们的判断更加加重了沮丧气氛的弥漫……美国制造业连续四个月的下滑主要是因为出口的不断减少。新屋和成屋的销售额连续两个月来也在不断减少……“将所有零星的块块，像拼图一样拼起来，正在显现出来的图像并不怎么美丽！”波士顿伊顿万斯投资管理公司的副总裁兼投资经理罗伯特先生说。

——《奥斯汀美国政治家日报》(*Austin American-Statesman*)

全美房地产经纪人协会于每月 25 日左右公布上月的成屋销售情况。该销售额对抵押贷款利率的变化极其敏感，反应非常迅速，仅有几个月的滞后。

除了销售数据，该报告还提供存量和中间价格的信息。存量数据也很重要。较低的存量水平是新屋开工数可能增加的一个信号。与此同时，中间价格是房产市场通货膨胀的一个好指标。

商务部大概在每月最后一个工作日发布新屋销售情况的数据。新屋销售情况是对房屋需求的测量，而新屋开工是对房屋供给的测量。的确，经济走出衰退时，新屋销售可能会急剧增加。因为经济处于衰退期时，一部分谨慎的消费者将大额消费支出推迟，这种积压的需求一旦释放将导致新屋销售的激增。

请注意，新屋销售和成屋销售都是重要性仅有两颗星的指标，原因在于它们总在被修改调整。还需要注意，这两个指标对于股票和债券市场来讲，是典型的旧消息，往往是在对股市的影响产生之后指标才被公布。因为，这些指标和新屋开工指标有前后关系，新屋开工指标先报告，新屋销售情况与之高度相关。

但是，最后还需注意，上文对《奥斯汀美国政治家日报》中新闻的摘引，即使是相当不重要的一个报告，在特别的时期，也可能是一块重要的拼图，要将其拼上去，去看其构成的更大的宏观经济的图像。

营建支出

——夜长梦多

营建支出在连续上涨四个月之后，于6月份下降1.1%，主要是受居住与商业住房建筑减少的影响……华尔街对此报告的反应甚为冷淡。

——《哥伦布日报》（*The Columbus Dispatch*）

前两个月的营建支出数据由美国商务部在每月的第一个工作日发布，发布前，华尔街经常是用一个大大的哈欠来欢迎这份报告。该指标极易变化，并总会进行重要的修订，所以，仅给予其一颗星的评级。

尽管如此，仍有一些分析家分析该报告，了解长期的变动趋势。另外，该报告可以反映居住支出的组成部分的情况，居住支出的开始恢复往往要比整个经济稍早一些。

失业救济初次申请人数报告

——发现自己如何沦为失业大军

4月份的第二周，因失业初次申请救助的人员从47 000人攀升到498 000人，这表明尚无迹象摆脱经济衰退。消息一经公布，股市连连受到重创。

——《华盛顿邮报》

每周四的早晨八点半，劳工部公布失业救济初次申请人数。这份重要程度为三颗星的报告非常及时，但数据也总在变化。所以，大多数分析师更愿意看四周的移动平均数。移动平均数的优点在于它平滑了波动，可以更好地了解趋势。

正如前面提到的，初次失业申请也是领先指标。显然，新的失业人员预示着生产状况不会很好。同样，在经济复苏之前，失业救济申请人数会下降。

就业报告

——征服钱海的大魔法师

“华尔街上没人敢碰就业报告，它威力无穷。”阿波尔交易公司的首席研究员吉姆说。绝大部分的交易员在就业报告公布之前都会结清头寸，因为就业报告公布的当天，股票和债券市场都会大幅跳空低开。“持有头寸是在冒职业风险，”吉姆说，“几分钟之后也许你就会失业。”

——《今日美国》

就业报告包括失业率、非农业就业人口、平均每周工作时间、平均小时薪金等重要数据。劳工部通常在每个月的第一个星期五公布前一个月该数据的统计结果。像其他数据一样，在早晨八点半股市开盘之前予以公布。与其他数据不同的是，这份报告的确是征服钱海的魔法大师，至少有两个原因：

首先，就业报告有助于华尔街确定当月经济状况的基调，也可以用于预测经济趋势。这不仅因为失业率和平均每周工作时间是两个重要的经济数据，而且使用该报告可以预测其他的宏观经济指标。

例如，如果我们知道从事工作的人数，如果我们已经知道他们工作了多少时间，加班多久，我们就可以预测他们的产出大概有多少，而工业产值报告要两周之后才能发布。同样，如果我们知道付给工人的工资，就可以合理预计个人收入情况。当我们关注一个特定行业，比如建筑行业时，也有利于我们预测新屋开工数。

给就业报告评级五颗星的第二个原因也很重要。该报告反映的失业率，如果和通货膨胀率同时发生，那就会危及政治格局。的确，失业率的急增很可能会导致货币或财政政策的迅速反应——在大选年度尤其如此。

失业率

——横在政治家面前的第三道槛

在大选年度最具政治敏感度的经济指标——失业率——于 6 月份激增。今天，在发布了报告几分钟之后，美联储迅速做出反应，调低利率，以刺激不断走向下滑的经济……分析家说，失业统计如此糟糕，以至于中央银行别无选择……鉴于经济疲软，纽约股市今天出现下跌……然后，既然美联储的降息措施引起长期利率下跌，债券的价格随之上升。

——《纽约时报》

在华尔街，通常不把失业率看作领先指标。尽管如此，失业率的变化对于市场非常重要，它具有政治影响，很可能引起财政或货币政策做出迅速的反应——正如上面对《纽约时报》的摘引所反映的情况。

失业率指标之所以重要的原因还在于，城镇居民和美国的政治家总是喜欢低失业率，但华尔街在失业率接近所谓的自然失业率时却会极度紧张。在第 2 章我们曾经提到过自然失业率，知道如果失业率下降到自然失业率以下，通货膨胀的压力就开始出现。这是因为，劳动力短缺导致企业提高工资，与其他企业在劳动力市场竞争。因此，失业率接近自然失业率时，华尔街开始关注失业率的变动，寻找通胀的信号而不是衰退的信号。

关于这个指标，最后一点需要说明的是，你应当知道，每年夏季学生结束学业进入求职市场时，该指标会出现异动。例如，当进入求职市场的学生比预期要少时，季节性调整后的劳动力总数会有所下降，也因此会引起失业率下降。相反，在秋季，学生中的实习生返校后，失业率又会增加。更广泛来讲，这些数据具有高度的波动性。

非农就业人口
——让美国人去工作

人们一直认为美国经济正在好转，殊不料，6 月份又有 10 万余人失业，把美国失业率推向了 8 年来的最高点……惊恐的美联储迅速降息，希望避免新一轮的经济不景气或真正的经济收缩。商业银行也紧跟着降低了针对优质客户的主要利率……在华尔街，道琼斯 30 种工业股票的平均指数也下跌……

——《波士顿环球报》

作为衡量失业水平的第二个关键指标，统计报告对非农业就业人口的统计存在一个重大的问题：重复计算。

为了看清这个问题，假定你目前从事全职的工作，同时也假定你为了给交易账户赚点外快，也在从事兼职工作。然后，当你的交易开始获利时，你辞去了原来的兼职工作。在就业报告中，似乎会看到一个失业的增加，但这种失业并非真正的失业。非农就业人口统计数据存在的第二个问题是劳动者罢工。当工人开始罢工时，非农就业人口数据会大幅下降。当然滑稽的是，这样的罢工通常出现在劳动力供不应求、工会谈判力量处在巅峰、经济极度繁荣的时期。千万别把罢工引起的就业减少当作经济走向衰退。

还有第三个问题需要注意，政府招募人员的激增会扭曲统计数据。联邦政府定期雇佣进行人口普查的人员就属于这种情况。即使私人部门的工作机会在减少，这种政府雇工的激增也会给人以经济正在快速增长的感觉。请记住：抛开数字看本质，千万别被数字所愚弄！

最后，还有第四个，也是比较实用的问题，对巨波投资者也非常重要。在分析这个数据时，请注意：是各个行业的工作机会同时增加或减少，还是只有某个或某些特定行业的工作机会在增加或减少？这非常重要。比如，服务行业的工作机会在增加，而制造行业的工作机会在减少，这就不是一个健康的经济增长的信号，不如所有行业都是异常忙碌且工作机会同时增加。

每周平均工作时间

——加班还是减少工时？

除了我们谈到的两种衡量失业率的方法外，就业报告也披露每周平均工作时间。这一数据计算人们一周的工作小时数，由于这是一个经济活动的领先指标，所以非常重要。因为企业在招募员工之前，更倾向于增加现有职工的工作时间。经济衰退时，在进行裁员之前，企业通常会先减少工人的劳动时间。

更广义来讲，经济周期的早期，每周平均工作时间的增加，可能是雇主增减薪资的最早信号——也是经济景气看好的信号。相反，经济周期的晚期，当每周平均工作时间的减少时，周工资薪金的上涨预示着劳动力市场劳动短缺或潜伏着工资性通胀——这是经济不景气、前景看淡的信号。

除了信号价值，每周平均工作时间有助于预测其他月度指标的方向和数量，比如工业产值和个人收入。如果我们知道正在工作的人数、他们正常的工作时间以及累计加班的时间，那么我们就可以预测这些工作的产出。

为什么债券垂青经济衰退之熊，其他则不然

事实的确如此。统计数据释放出经济衰退信号时，降息的预期会导致债券

价格上升——假定没有通货膨胀的压力。相反，同样的降息预期却会导致美元贬值。这是因为，利率下降，外国投资者会离开美国金融市场，对美元需求的减少，引起美元价值下跌。

经济衰退之熊来临之时，股市反应如何？道琼斯和纳斯达克因盈利预期减少很可能会下跌。在经济的下降通道中，市场中的每一个行业相对于其他行业表现如何？让我们把这个问题留待下章来讨论，并仔细研究重要的巨波投资概念——行业转换。在了解了这个重要概念后，我们将要看看华尔街的“聪明钱”是如何有计划地进入或撤出某个行业、部门，不仅研究他们在衰退时期，而且还要看他们在整个经济周期中是如何做的。掌握了股票市场周期和经济周期的特点后，通过行业的准确转换，可以使我们获得丰厚的利润。

第 14 章

经济周期中的股价波动

每年 9 月，加州大学财务学教授阿姆斯特朗会休假三周，去欧洲参加世界资深业余自行车锦标赛。尽管阿姆斯特朗教授在过去五年中曾获得过三次冠军，但朋友们称他“周期高手”却不是由于这个原因。而是因为他在投资中成功采用行业转换策略，获得丰厚回报。

现在，经济正在跌入衰退的底部，股市也处于熊市末期，阿姆斯特朗教授已经开始从食品和医药等防守型行业撤出资金，转入几个重要的周期性行业，如汽车和住房。阿姆斯特朗教授知道，绝大多数时间，这些周期行业类股票都是贱狗。他也知道，随着股市周期从熊市末期走向牛市早期，这些股票绝对会走出一波好行情。在它们之后，股市进入牛市中期阶段，先转换行业进入科技股，随后再换股进入销售设备和基本原料的股票。

最后，在经济周期接近高峰，股市进入牛市末期时，阿姆斯特朗教授只操作能源股。能源股和周期股一样，大部分时间都是贱狗。但是，请注意，世界主要经济正从牛市末期转向熊市早期时，正好就是能源股大有作为的时候。

当然，一看到形势不妙，阿姆斯特朗教授会迅速转入熊市早期操作策略。这时，他会重新转投防守型股票。坏消息是，防守型股票的获利最多只有个位数。好消息是，虽然防守型股票只有4%、6%或8%的报酬，但大盘和其他类股票可是只赔不赚。阿姆斯特朗教授非常讨厌输——就像每年的自行车锦标赛，他也表现得极为争强好胜。

请你注意！这一章不仅在本书中重要，而且有时是你最需要的内容之一。现在你需要花费点精力去完成经济周期理论和经济报告的学习，之后就是进行复杂的行业转换的分析基础。

开始讨论之前，请记住巨波投资必须遵循的两个重要的原则：

(1) 在市场上涨时购进强势行业的强势股票；

(2) 在市场下跌时卖空弱势行业的弱势股票。

记住这些规则，再来看图 14—1，该图我们在第 1 章曾经介绍过，它可以帮助我们找出强势和弱势行业。

看这个图，至少需要注意三点：

第一，图中存在两个周期，一个是股票市场的周期，另外一个是经济周期，它们都有各自的不同阶段。例如，在经济周期中，我们可以看到经济极度繁荣时存在一个高峰，经济极度衰退时存在一个谷底。同时，在经济高峰和谷底之间存在一个中度衰退，在谷底和高峰之间存在一个中度复苏。同样的情况也存在于股票市场周期中，在熊市走熊的过程中，存在熊市早期和熊市晚期；在市场走牛的过程中，存在牛市早期、牛市中期和牛市晚期。为什么不存在熊市中期，原因很简单，因为从早熊到晚熊很快，往往中间不存在一个持续的时间段。

第二，股票市场周期和经济周期一前一后出现，通常股票市场周期是经济周期的先行指标，其周期出现在经济周期之前。这一点非常非常重要，但也很

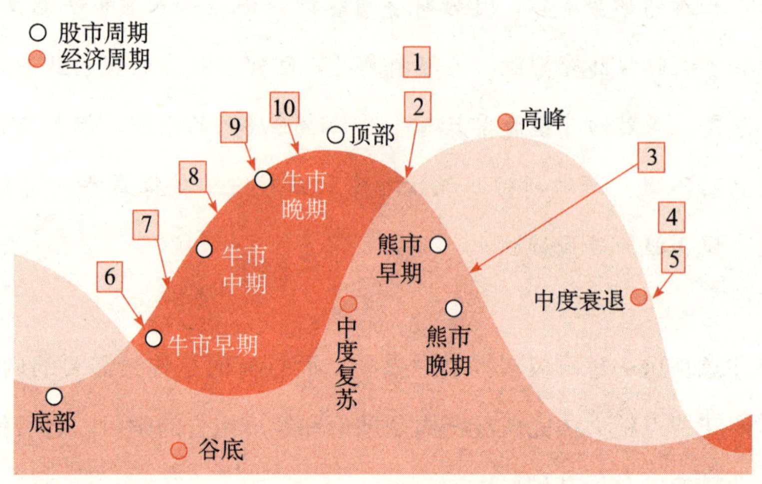

1. 非周期性消费品（如食品、药品、化妆品等）
2. 医疗保健行业
3. 水、电、公共交通等公用物品
4. 周期性消费品（如汽车、住房消费）
5. 金融行业
6. 交通运输业
7. 技术
8. 投资品行业
9. 基础行业（如铝、化工、造纸、钢铁等）
10. 能源

图 14—1　经济周期与股市周期

简单。你看图 14—1，熊市晚期出现的股票市场周期的底部往往在经济周期谷底之前。同样，你也可以清楚地看到，在经济周期达到顶峰时，股票市场周期已经先行进入了熊市的早期。讲了这么多，最重要的应该知道在股票市场周期的不同阶段，哪些行业是强势行业，哪些行业是弱势行业。关键就是要明白如何在不同行业进行有效的投资转换，提高巨波投资的效率。

第三，注意各阶段的强势行业。在表中可以看到，从牛市的早期到熊市的晚期，依次出现 10 个不同的行业部门，从熊市早期的交通运输业、科技业到熊市晚期的金融业、耐用消费品业。现在的任务是用巨波逻辑来理解为什么在股票市场存在这样的周期性。

经济周期一波又一波，“聪明钱”如何选股？

让我们从股市周期的顶部，即股市从牛市末期向熊市早期的转换谈起。在那个时期，经济周期处于扩张期的末期，正在走向炽热，甚至可能正走向白热化。这时，美联储或许已经提高利率三四次甚至五次，以期使高速飞涨的经济软着陆。

不过，尽管美联储多次调高利率，失业率依然非常低，零售额继续像圣诞购物季节一样狂热增加，虽然消费者信用过度扩张，但消费者信心依然高涨，工业生产和产能利用率撞击着通货膨胀的大门，能源价格飞涨，而且每一份新公布的经济报告，都显示通货膨胀的压力在不断增加，华尔街的恐惧心理与日俱增。也正是在熊市早期阶段，华尔街上的聪明钱开始采取防守策略，转向投资于医疗保健行业股票和非周期性的消费类股票，例如化妆、食品和医药制造类股票。聪明钱之所以这样做，是因为它知道利用货币政策，微调经济的难度很大。的确，在这个时候，专家们赌的是，美联储将提高利率太多次，经济将一下摔至衰退之谷——不会有一个枕头垫在下面，让它软着陆。

当然，一旦经济由盛转衰，产量下滑、消费者信心下降、失业率增加、每周工作时间减少、工厂产能闲置日增，美联储就会停止那些让人苦不堪言的政策。糟啦！利率刹车踩得太狠，飞机坠落啦！

意识到这一点——无疑是在咬紧牙关几个月之后——美联储最终改变政策，开始降低利率，对被它刚刚杀死的人，进行心脏复苏。但是在衰退的中期，美联储会处于两难境地：销售额下降，存货日益堆积，企业高管根本无心利用美联储银根放松后充裕的资金供给。因此，这些高管避免新建厂房、添置设备，以及其他刺激疲软经济的投资。即使利率已经降低，机警的消费者——害怕像邻居一样进入失业大军——也不可能大肆消费。由于企业和消费者对美联储的降息政策不买账，美联储可能采取的连续降息行动中的第一次，对经济的影响很小，甚至毫无影响。经济继续探底，即使人们不愿看到的深底，也终将到来。

到了这一点，就是底部附近，股市走向熊市末期。在这个阶段，聪明钱开始换股，先是转投公用事业股，再投资周期性消费类股票和金融行业股票。公用事业股吸引人的原因是，它们属于资本密集型行业，盈利对利率水平非常敏感。同时，到了熊市末期，由于整个衰退期石油、天然气和煤的全球需求不断下降，能源成本一直走低，这对公用事业的盈利也有好处。

至于汽车、住房等周期性消费类股票，在需求日益疲软的情况下，股价通常已经跌至最低。由于利率走低，这两类股票都可能走高，因为消费者对这些商品的需求已经被压抑很久，现在终于释放出来开始购买。这对金融业里的银行、住宅金融等重要部门也十分有利。利率降低，对证券经纪和金融服务等其他金融部门也有帮助。

现在，利率降低对各个行业的综合效果就是，给整个经济回暖的动力；有了动力，更大范围的经济部门很快就开始动起来了。当然，经济回暖的第一个信号出现在铁路和货运等运输类股票，这是因为聪明钱在市场进入牛市初期时，大举转投运输类股票。的确，在这个时候，企业开始稳步提高产量，销售额也开始增加，一切都正朝好的方面发展。

有趣的是，在这个时候，企业仍不会投资于新厂房和设备。不过，聪明钱非常清楚，随着经济步入牛市中期，设备会开始老化，且在产品需求增加的情况下，需要扩大产能。由于这个原因，在股市进入牛市中期、工厂订单开始增加后，聪明钱首先会转投科技类股，再投入到因投资品繁荣而受益的所有部门——从农业设备、工业机械到基础电子。

现在，整个经济全部动起来了。在这个阶段，零售业销售额天天都在增加；就业报告显示，经济处于充分就业状态，且周工作时间很长，加班时间也多；全美采购经理人指数大幅上升至 60 以上，并且交货十分缓慢；工厂订单和产能利用率也上升至本周期的新高水平。这是聪明钱换股基础工业和基本原料类股票的明显信号，因为铝、化工产品、纸、钢铁的需求十分迫切。

但是猜猜，谁会把这场盛会的酒杯拿走？没错，就是美联储，这时，它又有可能出手，开始提高利率，以防通货膨胀的发生。也是在这个时候，能源需求开始飞升。的确，由于供给紧俏，石油输出国组织开始企图操控油价，燃油和汽油的供应可能开始出现短缺。这时，聪明钱早就开始转投能源股。能源股向来波动剧烈，不久就会追随油价蹿升。

最后，由于美联储不断提高利率，能源价格的震荡不断打击企业和消费者，经济周期不可避免达到顶峰。在这个转折点，经济数据令人迷惑。消费者物价指数和生产者价格指数等经济指标继续显现通货膨胀的信号。零售业销售额和首次申请失业救济人数等其他报告则显示经济日趋萎缩。与此同时，一家又一家公司，受美联储提高利率的冲击，开始出现盈利水平不及预期的情况。到了这个阶段，心怀不满的投资人开始抛售一只只股票，直到科技和电信类股也跟着下滑。当然，聪明钱早就意识到市场会进入熊市早期，不是已经卖空正在下跌的股票，就是重新回到食品、医药和医疗保健类股票，以保投资安全。随着经济衰退继续加深，我们又回到原来的起点，开始重复新一轮的周期。

哇！这就是周期旅行，不是吗？但是，应该十分清楚的是，在这段如坐过山车的旅行中，有许多操作机会出现。现在要做的事情，就是探讨股票操作如何与经济周期、股票周期相匹配。因此，需要介绍一组经济指标，这些指标汇总列示于表 14—1。

表 14—1 关键的经济周期指标

经济周期指标	市场反应评级	数据来源	公布日期
国内生产总值(GDP)	***	商务部	季度报告，每月的第三或第四周
消费指标			
零售业销售额	****	商务部	月报，每月 1 日到 14 日间
个人收入和支出	**	商务部	月报，每月第一个工作日报告前两个月的数据
消费者信心	***	美国咨商局	月报，每月的最后一个周二
		密歇根大学调查研究中心	初步报告，每月第二周的周五
			最终报告，每月的最后一个周五
消费信贷	*	美联储	月报，每月第五个工作日
投资指标			
采购经理人指数	*****	全美采购经理人协会	月度，每月第一个工作日
耐用商品订单	*	商务部	月报，每月第三或第四周
工厂订单	**	商务部	月报，耐用品报告公布后的一周左右
商业库存和销售	*	商务部	月报，每月的 15 日左右
工业产值和产能利用率	***	美联储	月报，每月的 15 日左右

国内生产总值

——你能增长得多慢?

GDP 报告公布后，股价下跌，道琼斯平均工业指数跳水 230.51 点……

——《华盛顿邮报》

商务部在每月第三或第四周公布上一季度的 GDP 数据。我们知道，GDP 是消费支出、投资支出、政府支出和净出口的和。调整通货膨胀之后，真实的 GDP 数据能够最准确地计量长期的经济增长速度、短期的产出和消费。

也许，你现在认为 GDP 报告最重要，它让我们了解到经济发展的速度及目前经济周期所处的阶段。但是你错啦！在所有的季报当中，当然这份报告重要，而且也是最基本的。但是，这份报告的重要性等级只有三颗星，原因有以下三个方面：

首先，这份报告每季度才报告一次；其次，数据高度不稳定而且还极易修改；第三，也是最重要的，等 GDP 公布的时候，我们已经从很多其他的信息来源清楚地知道 GDP 的数据应该是多少。这是因为几乎所有的其他指标都在从不同侧面报告 GDP 的某一部分。

因此，当你要了解经济的增长速度和经济周期的阶段时，最好看每月的消费和投资数据，因为消费和投资是 GDP 最重要的组成部分。

消费

——GDP 的金刚

“消费衰退”和“生产衰退”之间有明显的区别。2000 年的经济下滑的确是生产衰退，而不是消费衰退。住房产业仍然保持强劲，而制造业却垮了。如果当时是消费衰退，住房产业也会垮掉。识别这种区别对选择恰当的交易和投资有好处。

——皮杰曼·哈米德（Pejman Hamidi）

消费支出占 GDP 的 2/3，因此，当消费出问题后，经济的下滑就为时不远。

关于消费，巨波投资者至少要看四个指标：消费者信心、消费信贷、个人收入和消费、零售业销售额。在这四个指标中，零售销售最重要，消费者信心次之。

➤ 零售业销售额
——是福是祸？

零售业销售额激增，美元贬值，投资者担心通货膨胀的到来，从而股票市场的蓝筹股在最近两周发生了骤跌，债券的价格也跌了不少。道琼斯工业平均指数下跌了 120 点，直逼 10 910 点。

——《钱线》

零售业销售报告的评级至少四颗星——也许因为其对商品的好的计量还可以再给半颗。这份报告非常重要，因为它给我们提供了上月消费状况的首份证据，也是消费状况最及时的指标。因此，一般认为它是影响股市最重要的指标之一，出乎预料的零售业销售报告的负面消息，可能会造成股市大跌。

商务部每个月对全美大小、类型迥异的 15 000 个商店进行调查，收集零售业销售数据。每个月 11 日到 14 日，商务部发布零售业总收入数据。大约 35％的销售额来自汽车、建材、家具、家电等耐用品；其余来自衣服、饰品、药品、汽油、食品、酒类、邮购和其他杂货等非耐用品。

分析零售业销售额时，最好剔除占 25％左右的客车和货车销售额，因为客货车销售额的月度波动很大，可能影响对大趋势的判断。另外，衡量汽油和食品对零售额的影响也很重要，因为这两项的变动与这些产品的价格变化往往密切相关，而和消费者需求的实际变化不是那么相关。所以，如果不考虑这些情况，可能做出错误的判断，认为消费正在增长，但事实并非如此。

除了认清汽车、汽油和食品造成的不同影响，精明的巨波投资者也会从各类股票的视角分析数据。尤其必须注意消费模式是普遍发生变化，还是由某些特定部门造成的。

分析零售数据时，还需要最后提醒几件事。首先，虽然华尔街非常重视这些数据，但它们的波动性很大，需要修正，所以务必小心。其次，零售额不包括任何服务支出——而服务却占整个消费支出的一半以上。所以，在零售业报告中，看不出消费者在航空旅行、衣服干洗、教育、理发、保险、法律和其他服务方面的支出。服务业的数据必须等到零售业报告发布后两周才提供，包括在下面即将讨论的个人所得与消费报告中。

个人所得与消费

——分析服务消费

去年秋季个人真实消费下降 3.4%，本年第一季度再跌 3%。华尔街经济学家霍里曼说："前景一片黯淡"。

——《圣迭戈联合论坛报》

商务部每月第一个工作日发布两个月前的个人所得和消费数据。个人所得中最大的部分是工资。这部分占比很高。其他的项目包括租赁所得、政府转移支付（如支付给退休人员的社会福利）、补贴（如福利）、股利和利息所得。

这项报告的用处不大，但它弥补了零售业报告不包括服务业数据的空白。不过，由于服务业开支的增长率非常稳定，所以，个人所得和消费报告相当容易预测，因此，其重要性也就低于零售业报告。这项报告中至少有一项数据来自零售业报告，所以其重要性就更低。的确，从华尔街的反应来看，给该报告的评级最多两颗星，因为其中很多数据都已过时。

消费者信心

——除了信心本身，没什么更可怕

消费者信心是经济持续扩张的原动力，目前已上升到自有该项统计数据

33 年以来的最高水平，主要原因在于股市持续牛气冲天和就业机会随处可得。

——《查塔努加时报》(*Chattanooga Times*)

每个月公布消费者信心指数的民间组织主要有两个——一个是经济研究联合会，另一个是密歇根大学消费者信心研究中心。对这个评级为三颗星的报告，需要注意的是消费者信心的未来预期，因为这被认为是领先指标。这应该是非常直觉性的东西：如果消费者看了水晶球，发现一场风暴即将来临，他们当然就会削减开支。这个信号像衰退波，很快波及整个经济的各行各业。这也正是将消费者信心作为领先指标的重要原因。

经济研究联合会和密歇根大学消费者信心研究中心的实际衡量方法非常相似。经济联合会每月调查 5 000 户家庭，请消费者评价经济现状，也询问他们对未来经济的预期。联合会也会问他们一些比较明确的问题，比如，是不是准备购买住房、汽车或家电等高价商品。由此测算出来的消费者信心指数，在每个月的最后一个星期二公布。报告中，预期占指数的 60%，经济现状占 40%。

虽然密歇根指数和联合会指数很相似，但也存在一个重要的差异，即密歇根数据每月发布两次。第一份初步数据在每月第二个周末之后的周五发布，最终数据则于第四周周末后的周五发布。

对于这两种指数，最需强调的是：自从美联储主席格林斯潘给予好评以后，从 20 世纪 90 年代起，它们对市场就一直很重要。在这方面，请注意这两种指数在预测消费状态突然大幅波动时作用很大。但大部分时间，指数的小幅波动都是市场噪音，可以忽略不计。

➤ 消费信贷

——暂时欠着

8 月份消费信贷增长率急剧回升，超过预期。月增加额高达 134 亿美元，比大多数人一致的预期水平高出约 30 亿美元。循环信用的增加尤为惊人，折合为年增长率高达两位数……消费者信贷及其基于消费信贷的消费支出必须减缓。但令人坐卧不安的是，消费者信贷增长率再次超过个人所得增长率，负债规模继续攀升。

——*Dismalscience. com*

美联储在每月的第五个工作日公布前两个月分期付款消费信用的净变化。消费者信贷分成三类：汽车、信用卡和其他循环信用，以及其他。这些数据从对银行、消费性金融公司、信用合作社、储蓄贷款机构的调查中获取。

消费者信用指数勉强评级一颗星。原因之一是，它们波动太大，经常需要修正。原因之二在于，这项报告总是在消费者数据，如客货车销售额、消费者信心、零售额、个人消费等消费数据之后公布。第三个原因是，有时消费者支出强劲，消费者信用增长却很疲软；有时消费支出不振，消费信用却大增。因此，这个指标不算同步指标，甚至连落后指标都算不上。

在消费之后，接着要谈的是 GDP 公式中第二个重要的部分，即投资，以及投资带来的生产。

投资和生产

——以小搏大

投资支出占 GDP 的 20%不到，与消费支出的 70%相比差距很大。不过，观察投资情况，对巨波投资者而言依然极其重要，因为投资支出的波动极为强烈，并且对经济周期的影响也很大。事实上，经济扩张阶段，投资增长率往往快于 GDP 的增长率，但经济衰退阶段，投资却会突减。

各种投资指标包括：企业库存和销货、耐用品、工厂订单、全美采购经理人协会发布的采购经理人指数。我们先谈采购经理人指数，它最重要。其他三项指标随后谈，主要是为了提醒你：它们对金融市场的影响有限，并不是要说明它们怎么引导你的投资操作。

➤ 采购经理人报告
——五星上将

在达拉斯的 Oryx Energy Co. 公司，拉尔夫·高夫曼在 2 月份察觉到经济正在走下坡路。那时，钢管供应商主动降价促销，对他的服务也越来越周到……说来矛盾，供货塞车是经济活力旺盛的信号，因为这表示供应商的业务繁忙。这就是为什么全美采购经理人协会会编制一个指数衡量供应商的状况，并由商务部每月发布的原因。

——《美国新闻与世界导报》(*U. S. News & World Report*)

全美采购经理人协会的报告，对美国全部 50 个州 20 余种行业 300 多家公司的采购经理人进行调查，编制一份最综合和及时的指数，供巨波投资者参考。该报告重要程度为五颗星，投资者和交易员对此都十分关注，理由有两点：每月的第一个工作日公布该报告，因此，每月伊始便有一份内容广泛的资料可资参考；该指标是美联储主席认为十分重要的少数指标之一。

采购经理人指数是一个综合指数，包括五个项目：新接订单、生产、雇工、存货、延期交货。新接订单是经济成长的领先指标，因为有新接订单，生产才会增加。生产和雇工是同步指标，反映制造部门的现状。存货则是滞后指标，因为存货的增加通常出现在经济周期走低之后。经济扩张增速，存货则会耗减。最后，延期交货则反映供应商交货或卖方表现，是采购经理人指数的重要组成部分。观察该项目非常有用，因为正如《美国新闻与世界导报》描述的那样，当厂商不能接单后迅速供货，表示他们非常忙碌，出现供应断货。供货速度如果加快，则说明经济增速的脚步逐渐放慢。

采购经理人使用这五个项目编制出所谓的景气动向指数（diffusion index）。各项目在总指数中所占的权重为：新接订单 30%，生产 25%，雇工 20%，延期交货 15%，存货 10%。景气动向指数和《华尔街日报》发布的数据很不一样，它的计算方式是将正面回应的百分率和表示状况不变的一半人加起来。比如，如果 60%的采购经理人认为状况未变，而 21%的人认为情况变好，那么采购经理人指数就是 51。数值超过 50 的话，表明制造行业处于扩张阶段，并且，数字越大，扩张力度越强。指数介于 44.5 到 50 之间时，表示制造行业停止成长，但经济可能继续扩张。如果指数跌到 44.5 以下，即出现经济开始衰退的信号。

除了观察总体指数，精明的巨波投资人也会仔细分析其中的组成部分。前文提及，采购经理人指数的五个组成部分中只有两个是领先指标——新接订单和延期交货。认识经济周期和市场变化趋势，必须注意分析这两个指标。

再谈几点，作为采购经理人指数的结束。第一，该报告还包括一个价格指数和一个新增出口订单指数。价格指数对监控通货膨胀早期萌芽有帮助。这是因为制造部门的价格可能先涨，之后，下游的消费品才会显现出通货膨胀的压力。同样，观察新增出口订单指数，有助于了解对出口依赖度高的企业的业绩表现，借以预测更广泛的经济趋势。这是因为出口在整个 GDP 中所占的比重日益提高。第二，采购经理人报告和耐用品订单、工业生产指数、就业报告通常相符。如果所有报告的指标都指向同一个方向，则经济趋势便十分清楚。

最后，注意，指数变化的大小远不及指数变化的实际趋势重要，所以，务必仔细观察该指数向上或向下变动的态势。

耐用品订单

——平底锅里跳爆竹

耐用品订单是全美投资支出和工业生产的领先指标，但该指标很不稳定。经济学家对今天公布的耐用品订单的非预期增长，表现出谨慎乐观，因为这预示着经济重新陷入衰退的危险降低，仅仅在几个月前，经济才开始恢复增长。

——《纽约时报》

商务部在每月结束后的第三到第四周发布耐用品报告。它包括使用期三年以上的制成品。

由于耐用品的生产占 GDP 的 15%左右，所以该报告看来很重要。然而从实务上来看，耐用品数据极不稳定，而且经常大幅度修订，因此这份报告大部分时间几乎无任何价值。这和耐用品订单的“大杂烩”性质有关。问题就出在民用飞机和军事订单上。例如，当波音公司与中国签订一笔 10 余架大型喷气式客机订单时，耐用品订单猛增数十亿美元——这一切都发生在一个月内！下个月，这个数据就会急速下降。

尽管金融市场对这份只有一星的报告很少作出反应，但作为巨波投资者，你有时还是可以利用这个数据的。最好的方法就是排除国防和运输工具的订单，然后对其数据进行移动平均，以剔除其波动性。

工厂订单

——老调重弹

昨天，是道琼斯工业指数在连续四天内的第三次大挫，今年指数仅存的一点上涨幅度也几乎全被消灭殆尽……昨天，唯一重要的经济消息就是工厂订单在 2 月份增加了 0.8%。

——《克利夫兰老实人》(*The Cleveland Plain Dealer*)

耐用品报告发布后大约一周左右，商务部又发布了工厂订单数据，这是生产厂商交货、存货和订货报告的一部分。尽管工厂订单的绝大部分只是对耐用品报告的老调重弹，这份报告也包括了非耐用品订单、交货的新信息，以及生产厂家一些库存的有用信息。

这份报告中的非耐用品部分，或许会引起华尔街的一点兴趣。毕竟，食品、香烟等非耐用品在工厂总订单中大约占了 50%。问题是，这份报告的评级为什么还超不过两颗星？是因为非耐用品的成长率十分稳定，即使缺少新信息，它们也还是很容易被预测。

报告中的存货部分更有意义一些，因为它们首次展示了本月存货的状况。更重要的是，在经济周期可能的关键转折点，应高度关注存货数据信息。此时，如果经济正在成长，需求正在增加，存货累增意味着更大的成长。但如果经济正在萎缩，需求也在下降，则存货累增是非常明显的不良信号。

企业库存与销售

——货架上的情况

美国政府报告，经济有进一步减缓的迹象。11 月份，企业库存增加了 0.4 个百分点，经季节性因素调整后为 1.04 万亿美元，连续 17 个月不见减少，企业销货减少了 0.2 个百分点，为 7 581 亿美元……

——《纽约时报》

商务部每月 15 日左右发布企业库存和销售报告，这是生产企业和销售企业库存和销售报告的一部分。该数据每月调查生产商、批发商和零售商而取得。该报告包括制造过程三个阶段——生产、批发和零售——的库存和销售数据。

从理论上讲，华尔街应当对企业存货的增加或销货的减少非常感兴趣，把它们作为经济周期的信号。这是因为经济衰退存在连锁反应：第一步，当销售下滑、库存增加时，企业开始减产以降低库存，并开始裁员；第二步，失业人员可供开支的钱减少，因此，随着销售的进一步下滑，库存积压更多；第三步，引起企业更多的减产和裁员，衰退的恶性循环就这样持续下去。

然而在实务中，企业库存和销售报告与耐用品和工厂订单报告一样，只有一颗星或两颗星的评级，华尔街对它们的兴趣相当低。为什么会这样？很简单。这份报告除了零售存货外，没有任何其他新的信息。事实上，等到这份报告递到华尔街，其中的三类销售数据和两种存货数据都已经在耐用品、工厂订单和零售报告中提供过。

最后，对更为机敏的巨波投资者而言，这份报告还有一点必须提到：看这些数据的时候，应将零售业存货总额与扣除客车和货车的零售业存货进行区分。如果你发现经销商的客车和货车库存大增，这可能预示着客车和卡车的生产会减少，当然，我们已经知道，这是经济衰退的领先指标。

工业产值与产能利用率

——也有极限

今天政府公布的数据显示，6 月份，全美国工业产值增长了 1.1 个百分点，这是连续第七个月的增长。经济学家说，经济活动的全面增长表明经济恢复已处于完全复苏的早期阶段，今年晚些时候，经济很可能出现回落。

——《纽约时报》

每月 15 日左右，美联储同时公布工业产值和产能利用率的数据。这两个数据紧密相关，但工业产值能更好地反映经济增长，而产能利用率反映通货膨胀更有用。从选择行业的角度来看，如果选择周期性行业的股票，这两个指标对决策相当有用。另外，这两个三星级指标对投资交易，特别是在经济周期的关键拐点时，非常有用。

我们先看美联储的工业产值指数，该指标包含制造业、矿业和公用事业，曾经一度按照实物量计量产出。该指标涵盖了大约 250 种产品的数据，占 GDP 的 1/4 还多。似乎占 GDP 的比重不够大，但包括了周期性行业的绝大部分，如造纸、化工、机械和设备等。对于利用经济周期来选择进入某个行业或从某个行业撤出的决策，该指标能提供很有价值的信息，毕竟，该指标包括很多周期性行业的信息。

从更广泛的意义来看，工业产值指数的起伏与经济周期的变化非常一致。事实上，该指标就是美国咨商局定义经济周期拐点的一个同步指标。因此，工业产值指数的下降可以确认就是衰退的开始。相反，该指标的上涨意味着进入经济膨胀抑或膨胀的后期阶段，甚至可能显现出通货膨胀的压力。因此，该指标是反映周期的指标。

产能利用率指标又怎么样呢？很简单，就是工业产值指数与相应产能指数的一个比率，反映全美国工厂开工生产产品的利用程度。例如，全美国的工厂都在满负荷生产，产能利用率就是 100%。然而，如果我们处于经济衰退期，产能利用率也许就仅仅只有 50%。显然，产能利用率是反映经济周期的一个信号。当经济进入扩张的后期阶段时，该指标更为重要，能够对通货膨胀产生“门槛效应”。

经济学家认为，产能利用率达到 85%以上，通货膨胀的压力就开始快速形成。在这个阶段，需求的增加很快，会超过产能的增加速度，出现产能增加的瓶颈。这是一个明显的熊市信号，因为美联储极有可能提高利率。

➤ 行业转换的好处

市场周期的不同阶段不同资产受市场周期的影响不同，成功的市场投资时机的选择取决于你对这种影响的把握。将投资从一个行业转换到另外一个行业是投资者最重要的决策。在整个投资过程中进行行业转换的目的在于将投资集中在特定的市场板块，以取得该板块相对较高的收益。适时地行业转换比一般的股票选择具有获取更高报酬的机会。

——乔恩·格雷戈里·泰勒

本章结束时，再来看看股票市场周期与经济周期的关系。表 14—2 对行业转换进行了总结，通过这个表，对相应内容进行回顾，对你进行行业转换很有帮助。

表 14—2　　行业转换和股市周期

股市周期阶段	转向行业	最佳选择行业
牛市早期	交通运输业	铁路
		海运
牛市早期向中期过渡	技术类	计算机
		电子
		半导体
牛市中起向晚期过渡	资本品	电气设备
		重卡
		机械及机械加工
		制造
		污染控制
牛市晚期	基础产业及原料	铝
		化工
		集装箱
		金属
		纸和林木业
		钢材

续前表

股市周期阶段	转向行业	最佳选择行业
牛市晚期到顶部	能源	石油
		天然气
		煤
熊市早期	各种消费品及医疗	饮料
		化妆品
		食品
		健康医疗
		药物
		烟草
走向熊市晚期时	公用事业	电
		燃气
		通信
熊市晚期	金融及大额消费品	汽车
		银行业
		个人信贷
		住房产业
		房地产
		零售业

第 15 章

捕捉通货膨胀之虎

厄尼拿着一杯热气腾腾的摩卡拿铁咖啡，打开 CNBC 电视节目。早晨 8 点 32 分，厄尼登录快速操作平台，听到 PPI 显示通货膨胀率急升。CNBC 的宏观经济数据分析女神凯瑟琳·赫兹指出，油价上涨是其主因。

天哪！这一定会导致市场下降，厄尼心想。于是他当机立断，卖空 1 000 股 Cubes，也就是纳斯达克指数追踪股。几分钟后，他卖空的 Cubes 股票不跌反升，结果厄尼最终损失掉了几乎 10 000 美元。

两天后，凯瑟琳·赫兹报道了最新的 CPI。和 PPI 一样，CPI 指数涨幅也很大。但是凯瑟琳说，这次的成因不是油价上升，而是 CPI 的核心通货膨胀率上升。

这又是怎么回事？厄尼想。他不想再次受到愚弄。所以这次他买进1 000 股的 Cubes 做多。问题是，这次纳斯达克因通货膨胀消息而下跌……再跌，跌得更多。厄尼开始憎恨凯瑟琳·赫兹。

喂，厄尼，不要枪杀信使！仅仅需要你深入理解凯瑟琳播报的消息。捕捉通货膨胀之虎时，巨波投资者必须首先知道，这种非常凶险的野兽分成三种。

第一种是需求拉动型，随着经济过度繁荣和过多的资金追求相对较少的商品而发生。这类老虎或许是最容易降服的——但对通货膨胀来说，真的没什么事情是那么容易的。第二种是成本推动型通货膨胀，主要是在油价上涨、旱灾导致食品价格飞升等供给面的震荡之后发生。这种通货膨胀来得极快，造成很大的痛苦，总是引来美联储快速反应。最后，是工资性通货膨胀。它是最危险的通货膨胀，虽然它来得迟缓。工资性通货膨胀是由需求拉动和成本推动共同引起的。

最广泛的意义在于：像本章开篇小故事中的厄尼一样，如果你不能快速准确地区分这三种通货膨胀的类型，那会很容易误读通货膨胀指标，如 PPI、CPI 等的真正含义。可能的结果是，其中一只老虎会把你的投资本金当午餐享用，打个很响的饱嗝，不道声谢谢就掉头离去，继续寻找下一个目标。个中道理很简单：面对通货膨胀消息，美联储和华尔街采取何种对策，完全取决于他们面对的是哪种类型的通货膨胀之虎。如果你的判断错了，你就倒大霉了。所以现在我们要卷起衣袖，深深挖掘一下通货膨胀的深奥理论。

浅析复杂理论

> 大政府、大工会和大企业都接受这样的观点：通货膨胀不应给每个人带来伤害，包括一般工人、企业高管以及门口的保安。结果形成一系列的实务和惯例，把基本通货膨胀率定为大部分工资涨幅的底线……
>
> ——《国家期刊》(*The National Journal*)

在美国等现代工业化国家，大部分经济学家认为，存在一个核心或惯性通货膨胀率，该通胀率往往倾向持续在一定水平，直到某种震撼性的事件发生，改变现状为止。核心通货膨胀思想的关键概念是“通货膨胀预期”的概念。通货膨胀预期非常重要，因为通货膨胀预期对真正通货膨胀的形成有重大的影响。还有，通货膨胀预期心理会对企业、投资、劳工和消费者的行为产生强烈影响。

例如，在90年代，美国物价每年都以大约3%的速度稳定上升，大部分人也都预期这一通货膨胀率会持续下去。这一预期惯性通货膨胀率影响劳资合同等制度安排，最终成为核心通货膨胀率。假设标准普尔的DRI等经济预测机构预测，未来一年的通货膨胀率是3%，和上一年相同。再假设汽车工人联合会的劳工代表相信劳动生产率会提高1%。由于真实工资的涨幅应和劳动生产率的提高保持一致，所以汽车工人经通货膨胀因素调整后的工资应当增加1%。在这种情况下，汽车联合会的谈判代表会要求名义工资最少提高4%——1%是与生产率提高一致应该获得的真实工资增幅，3%是用来抵消预期中或将来可能会出现的通货膨胀率。

如果福特、通用汽车和戴姆勒-克莱斯勒都同意将工资提高4%，则通货膨胀预期将导致工资真实增长，进而引起汽车工业成本的真实增长，最终形成汽车价格上涨的压力。通货膨胀预期就是这样完成了从预期到真实的转变，惯性或者核心通货膨胀率也就一直维持下去。

从这个小故事中你可以看出：一旦通货膨胀预期在经济中根深蒂固，就很难消除它们。原因在于，人们总是假设通货膨胀会按原来的速率持续下去，自然也就按照这种假设行事——这种假设被称作“调适性预期”。从这个故事中，也可以看出零售层次（例如汽车销售）的通货膨胀和批发层次（例如汽车生产场所）的工资型通货膨胀之间的紧密关系。

由这个故事推而广之：在任何时候，经济的惯性或核心通货膨胀率倾向于一直继续下去，直到某种震撼性事件导致它上升或下降为止。接下来的问题是，什么样的震撼性事件能够导致惯性或核心通货膨胀率变动？答案是需求拉动型通货膨胀或成本推动型通货膨胀。

繁荣经济和潘趣酒杯

格林斯潘已成为摇滚歌星一样的名人，如果要感谢谁的话……这个人一定是威廉·麦克加斯尼·马丁先生。他曾在五位总统（杜鲁门、艾森豪威尔、肯尼迪、约翰逊、尼克松）任期内担任美联储主席，而且对历届总统的经济头脑评价似乎普遍偏低。……1965 年，他决定提高利率，平抑越战引起的通货膨胀。约翰逊总统在他得州的牧场召见了马丁先生，痛斥他提高利率带来的政治后果。马丁先生立场坚定，他说，美联储必须顶风面对通胀。他讲了一句很有意思的话，说他的工作就是“在觥筹交错之际，拿走酒杯”。

——《经济学家》

60 年代的对越战争之前，通货膨胀被看作是由需求拉动的。也就是说，当物价水平普遍上涨时，通常是总需求过多引起的——在经济欣欣向荣之际，太多的货币追求太少的商品。从这个意义上来讲，需求拉动型的通货膨胀是前景非常好的一种现象。而且，正如凯恩斯理论所讲的那样，利用紧缩性的货币政策和财政政策，很容易矫正这种类型的通胀。

的确，根据凯恩斯理论，无精打采的美联储为战胜需求拉动型通胀压力所需做的一切就是：拿走酒杯即可。怎么做？很简单，提高利率。如果一切顺利，随着需求压力的减轻，经济会非常顺利地实现软着陆。

或者，为了战胜需求拉动型通胀，国会或总统可以通过削减开支或加重税赋采取紧缩性的财政政策。但是，财政政策的效果显现需要很长时间，有明显的滞后期，并且其结果也具有相当的不确定性。战胜需求拉动型通胀的重任往往落在美联储的肩上，原因就在这里。

➤ 石油输出组织的油桶和厄尔尼诺的拇指

美联储提高利率六次……利率已达十年来的最高水平。经济表现一直强劲，政策制定者已经开始担忧通货膨胀的到来……（但是）能源成本的上升，会产生和加税、加息同样的冲击。所以，美联储大可不必进一步加息。航空运费和天然气价格上涨，一定会限制其他经济部门的购买力。

——《投资者商业日报》

现在，我们将供给震荡或成本推动型通货膨胀与需求拉动型通货膨胀作个比较。下面利用 70 年代初有名的供给震荡来说明这一概念。那个时期，由于阿拉伯国家实施石油禁运，导致油价暴涨，同时厄尔尼诺现象造成天气反常，使得食品价格上涨，全球经济遭到重创。同时，尼克松总统采取弹性汇率制度，美元汇率重跌，加重了企业的经营成本。供给震荡或成本推动严重降低了美国经济的生产能力。

我们用图来说明成本推动型通货膨胀最后如何演变为停滞型通货膨胀，给经济以双重打击。图 15—1 显示了供给震荡前后的经济。左边的图中，横轴表示经济产出或国内生产总值（GDP），纵轴表示物价或通货膨胀水平。此外，经济的总需求用一条向下倾斜的曲线 *AD* 表示，经济的总产出则用一条向上倾斜的曲线 *AS* 表示。产品价格越高，企业的产量越多，所以总供给线的斜率为正；但是价格越高，消费需求越少，所以，总需求曲线的斜率为负。

左边的图是供给发生震荡前的经济状况。它的均衡点在供给曲线和需求曲线相交的 *Q*1 点。在 *Q*1 点，经济的物价水平处于相当温和的 *P*1 点，而且每个

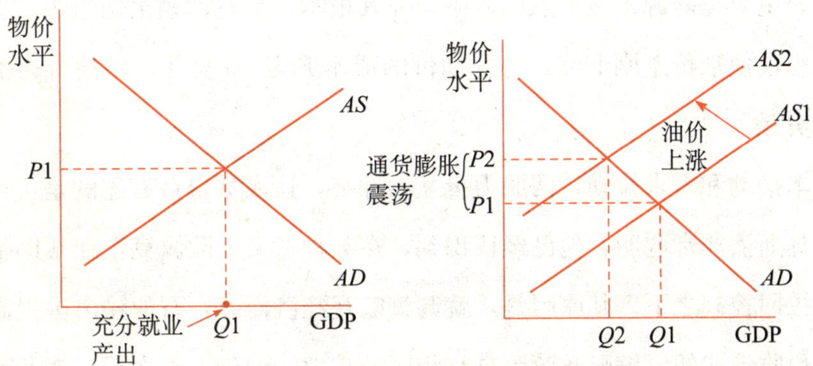

图 15—1　成本推动型通货膨胀

人都充分就业。但是，再看看右边的图，也就是油价上涨打击经济供给面后发生的状况。供给震荡将总供给曲线从 *AS*1 向内推至 *AS*2，因为企业的经营成本升高了。还需注意，曲线的移动引起两件事——而且都是坏事。

第一，经济陷入衰退，产出降低到 *Q*2。第二，价格上涨到 *P*2。换句话说，经济衰退和通货膨胀并存。这是典型的成本推动型通货膨胀，如果继续下去，会演变成致命的停滞型通货膨胀。

从这个角度来看，和需求拉动型通货膨胀比较，成本推动型通货膨胀更像是前景看坏的熊市型通货膨胀。问题是，凯恩斯经济学派没有什么可以解决成本推动型通胀的方法。使用扩张性财政政策或货币政策减少失业、抑制衰退，只会导致更加严重的通货膨胀；利用紧缩性政策平抑通胀，只会使经济走向更糟的衰退。这也正是成本推动型通货膨胀使美联储束手无策的原因所在。的确，当发生成本推动型通货膨胀时，美联储经常像滚滚激流中的婴儿一样无助。更重要的是，美联储还知道，这种通胀对经济的影响与需求拉动型通胀非常不同。

2000 年发生的情况正好提供了这样一个例子。那一年，美联储突然发现，自己正同时和成本推动型与需求拉动型两种通货膨胀进行斗争。当然，需求拉动型通货膨胀是由几年来的经济持续繁荣造成的，而成本推动型通货膨胀，从表面看，主要是能源价格上涨的后果。究其根本，是石油输出国组织。石油输出国组织促使油价急剧上涨，每桶油价的成本升至 40 美元，汽油价格涨至每加仑 2 美元大关。

成本推动和需求拉动，两股力量互相冲突，让人觉得最有趣的是，美联储主席格林斯潘非常聪明，他已经认识到，在某种意义上欧佩克正在帮助他将经济重新拉回控制之下。其原因是，就调整宏观经济而言，石油输出国提高油价与提高税收形式的紧缩财政政策具有相同的功效。油价上涨之后，消费者必须花更多的钱用于能源开支。但是，这也意味着他们用于购买其他经济部门产品的开支会减少。结果，消费减少，持续繁荣经济的刺激也会减少。因此，美联储提高利率，平抑需求拉动型通胀的压力也就减轻了。

我们回到前面厄尼的故事：需求拉动型通货膨胀推高核心通货膨胀率时，美联储极有可能迅速提高利率，而供给面震荡，如能源价格上涨，增加了成本推动型通货膨胀压力的时候，美联储提高利率的可能性却大大减低。美联储决定采取何种行动之前，它总是尽力识别推动经济指标的到底是哪一种类型的通货膨胀。巨波投资者在推断美联储采取何种行动时，也总是按照同样的方法考虑问题。

工资性通胀之巨龙登场

进一步讨论第三种类型的通货膨胀。工资性通货膨胀往往在经济复苏的后期出现，是需求拉动的结果。在经济复苏的这一阶段，工会的谈判力量可能极强。劳资谈判的结果，可能是大幅提高工资，随后，其影响会波及其他行业。另外，随着非工会部门的劳动力越来越紧张，企业为招募到员工竞相提价，同样会推升工资水平。

然而，工资性通货膨胀也可能是由成本推动造成的。事实上，早在 20 世纪 70 年代，停滞型通货膨胀极度猖獗，通货膨胀率也高达两位数，许多大的工会在与雇主的谈判中获胜，要求雇主在劳资合同当中增加生活成本调整条款。这些所谓的“生活成本调整条款”造成成本推动型通货膨胀率飙升，工资也自然提高。矛盾的是，工资的增长导致消费品价格上升，销售量减少，裁员增加，衰退加深，进一步导致更高的失业率。

问题其实很简单：不管是需求拉动，还是成本推动，任何工资性通货膨胀的征兆都会招致美联储强烈的反应和市场迅速而强烈的回应。这是因为美联储和华尔街都知道，工资性通货膨胀通常发生在通货膨胀周期比较靠后的阶段，因此通常需要开出最猛烈的药方，而且治疗的时间远远长于单纯的需求拉动型通货膨胀。

从上面的讨论可以得出如下结论：当通货膨胀开始昂起它那丑陋的脸庞时，应立即考虑采取财政政策和货币政策进行应对。对于股票市场来讲，这绝对是个坏消息。然而，到底是哪一类的坏消息，必须看美联储、国会和白宫被迫应对的是哪一类通货膨胀。因此，表 15—1 列示了一些重要的通货膨胀指标，务必时刻注意。这些指标包括：消费者物价指数、生产者价格指数、GDP、GDP 平减指数、每小时平均工资、雇佣成本指数。表中每一项指标都根据市场反应进行了评级，从 1 颗到 5 颗星，5 颗星代表股票和债券市场会有强烈的反应，1 颗星代表反应程度很低。

表 15—1　　主要的通货膨胀指标

通货膨胀指标	市场反应	资料来源	发布日期
消费者物价指数	*****	劳工部	每月 15 日到 20 日之间
生产者价格指数	****	劳工部	每月 11 日左右发布前一个月的资料
GDP 平减指数	***	商务部	每季度结束第一个月的第三或第四周，发布上一季度的资料
每小时平均工资	***	劳工部	每月的第一个星期五
雇佣成本指数	****	劳工部	每一季度后第一个月月底发布前一个季度的资料

➤ 深入了解消费品物价指数

3月份，消费品物价飞涨，意味着从汽油到住房，所有消费品的成本都会更高。非预期的通货膨胀消息，导致华尔街股价大跌，单日跌点创历年来最高……让投资者和经济学家最为头疼的是：剔除波动最大的食品和能源价格，核心通货膨胀率上升的幅度，为五年来最大。

——《南湾论坛报》(*South Bend Tribune*)

消费者物价指数是最终的通货膨胀指标。主要通货膨胀指标中，它是最受重视和最重要的一个，评级属于五颗星。任何 CPI 的非预期变化，对股票市场和债券市场都会造成极大的影响。

最新的 CPI 数据，由劳工部在每个月的 15 号到 21 号之间发布。和许多其他经济指标一样，该指标总是股市开盘前的东部标准时间 8：30 公布。CPI 衡量的是零售层次的通货膨胀，它是固定加权指数，反映一段时间内固定一篮子产品和服务的平均价格变化水平。图 15—2 的饼图画出 CPI 指标统计的主要的产品和服务类别，以及每一类别的相对重要性。远远领先的最大类别是“住房消费”，占了指数的 40%左右。其次依序是“交通”、“食品”、“娱乐”、“教育”和“医疗保健”。

分析 CPI 数据时，华尔街的分析师都很小心，他们更关注剔除食品和能源之后的 CPI 数据。他们这么小心，再次说明区分需求拉动型通货膨胀和成本推动型通货膨胀的重要性。需求拉动型通货膨胀极有可能让美联储提高利率，但成本推动型通货膨胀让美联储提高利率的可能性就非常小。鉴于此，华尔街把排除食品和能源的消费物价指数 CPI 看作衡量经济核心通货膨胀率的最佳指数。如果这个指数上涨，通常意味着需求拉动型通货膨胀的压力在积聚，美联储极有可能将酒杯拿走。在我们本章开篇的故事中，厄尼犯下大错的原因就正在这里。他本应该将核心通胀率的上升解释为坏消息，会引起股价的下跌——这是明显做空的信号。相反，他却做多，投资本金当然损失惨重。

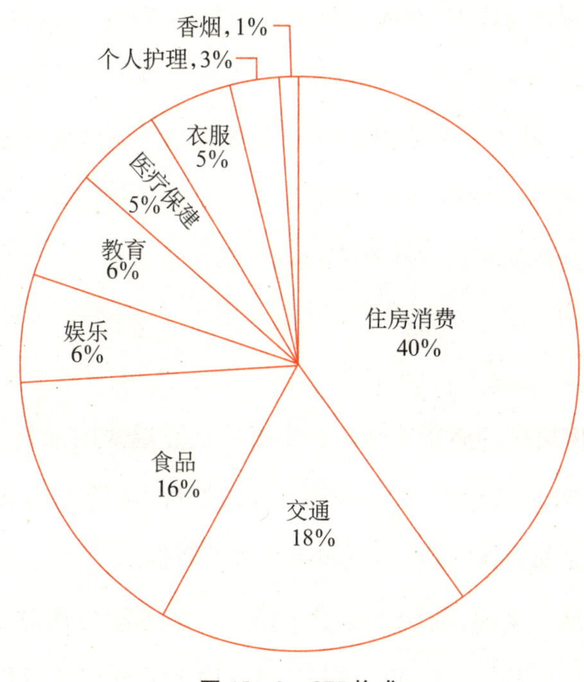

图 15—2　CPI 构成

至于 CPI 指数中食品和能源价格，你需要知道的就是，它们不但波动大，而且其上涨经常是成本推动型通货膨胀的征兆。成本推动型通货膨胀，无法用提高利率、降温经济的方法矫正，其本身就是经济衰退和经济衰退的征兆。如果美联储企图用提高利率的方法加以矫正，将会带来更大的衰退。

最后，关于 CPI 不大明显，但同样重要的一点是，和下文将要谈及的生产者物价指数 PPI 一样，它的计算包括进口商品。了解这一点非常有用，尤其是在美元币值极为不稳的时期。因为，在那种时期，CPI 可能给出的是错误的通货膨胀信号。问题很简单：如果美元快速贬值，进口商品的成本就会增加，CPI 指数就会上升。但在美联储看来，和国内产品类似的成本涨幅比较起来，这种通货膨胀可能并不是那么令人担心。

➤ 更多地了解生产者价格指数

生产者价格指数（PPI）衡量批发层次的物价指数，6月份上涨0.6%——略高于预期，也比一年前上升了4.3%。PPI上涨的主要原因是由于这个月能源价格上涨了5.1%。但是扣除食品和能源价格剧烈波动的因素，核心PPI指标实际上反而下降了0.1%，比预期要好。核心PPI指标的下降，也许能够让美联储对通胀保持高度警惕的神经稍加放松。

——《投资者商业日报》

CPI衡量零售层次的通货膨胀，PPI衡量批发层次的通货膨胀。PPI的样本包括30 000多种商品和10 000多种服务的报价。PPI的数据同样由美国劳工部发布，通常是每月11日左右发布上个月的数据。

就华尔街的反应来说，PPI至少比CPI少一颗星。然而对于巨波投资者来讲，PPI在许多方面都非常有趣。这是因为PPI的变化经常可以预测CPI的变化——至少从长期来讲是这样的。

为了了解这一点，我们需要知道，PPI实际上是三个指标，而不是一个指标。第一个PPI指标反映谷物、牲畜、石油、原棉等原材料的价格；第二个PPI指标反映面粉、皮革、汽车零部件、棉纱等部分中间产品的价格；第三个PPI指标反映面包、鞋、汽车、成衣等最终产成品对外批发价格。

起始于原材料的每一PPI指标，都可以看作是下一个PPI指标的领先指标。例如，谷物等原材料价格的上升，很快就会在面粉等中间产品的价格中得以体现，然后很快又会在面包等最终产成品的成本中显现出来。因此，当你常在报纸上看到，或者在CNBC看到有关PPI的讨论，记者和分析师指的通常就是产成品PPI指标。产成品PPI指标在华尔街获得更多的关注和反应。

图 15—3 指出了 PPI 固定加权指数中每种产成品类别所占的权重。资本设备包括设备和机械、民用飞机；非耐用消费品包括成衣、电力、汽油等；耐用消费品包括小客车和货车等高价商品。

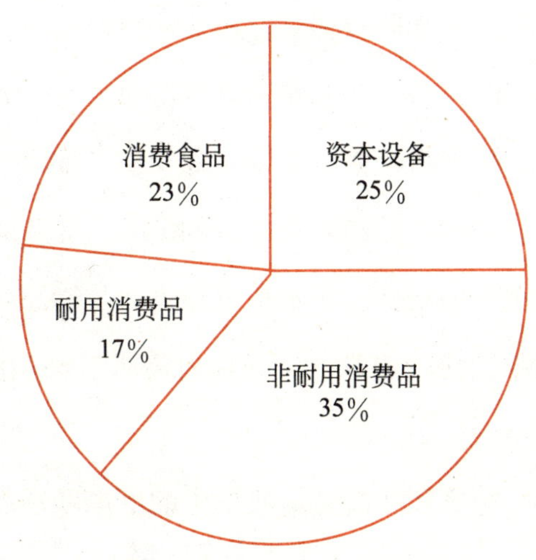

图 15—3　PPI 统计包含的产成品类别及其权重

这幅饼图最有趣的是，它表明产成品 PPI 的权重侧重于消费品。鉴于此，华尔街上一些并不是很精明的投资者，喜欢从 PPI 的变化推测 CPI 的变化。但务必注意，这么推测非常危险，至少逐月推算时是如此。尤其是，如果你试图用这个月的 PPI 预测本月的 CPI 的变化，然后根据预测结果进行操作时，结果可能会很糟糕。

PPI 和 CPI 指标的相关性不是很高，至少利用本月 PPI 推算本月 CPI 时是这样，基于这样的假设进行交易，会使交易者的财富受损。PPI 的波动性高于 CPI，可能仅仅是部分原因，更主要的原因则是 CPI 和 PPI 的加权方式存在两个重要的差异。PPI 对服务成本的反映极少，而 CPI 中服务几乎占到了一半。另外，PPI 中各种产品的实际权数与 CPI 中的权数也大不相同。因此，至少在短期内，CPI 和 PPI 的差异非常大。

尽管如此，就长期而言，比如说几个月或者一年，两个指标的相关性还是很高的，所以 PPI 真的能比 CPI 更早预测到通货膨胀的走向。在许多方面，PPI 是比 CPI 更好的通货膨胀指标。放眼长远的巨波投资者也发现，研究这个指标非常有用。

在我们讨论下一个通货膨胀指标之前，再从巨波投资者的角度谈谈 PPI 的几个问题。第一，与 CPI 一样，华尔街喜欢剔除食品和能源之后的 PPI，而且理由相同。PPI 中能源和食品价格的波动也很大，它们可能连续几个月增长，然后说跌就跌。所以，剔除食品和能源之后的 PPI，是衡量核心通货膨胀率和需求拉动型通货膨胀更好的指标。华尔街也知道，与能源或食品价格上升引起的成本推动型的通货膨胀比较起来，美联储对需求拉动型的通货膨胀的反应，出拳既快又重。

这一点非常重要。把它和我们开篇故事中的厄尼联系起来，你会发现，在 PPI 上升的消息报出后，厄尼卖空股票，结果大错特错。这是由于通货膨胀上升只是由于能源和食品价格飞涨造成的，而核心通货膨胀率仍然很低。市场估计美联储不会调高利率，所以是个利好消息，股价因而大涨。当然，厄尼不了解这一点，所以赔得很惨。

第二，即使剔除了食品和能源成分，PPI 指标有时也会很激烈地波动。比如，在新款车型推出的秋季，汽车的价格往往蹿升，而香烟的价格，每年至少会上升好几次。这种价格上升会使 PPI 指标发出错误的通货膨胀信号。因此，你在观察 PPI 指标时，千万不要只看整体的产成品数据，也应该看看每一类别，进而判断 PPI 上升是从哪个类别来的。如果是由于香烟价格上升导致 PPI 指标上升，格林斯潘和美联储显然会置之不理。

泄气的经济轮胎和 GDP 平减指数

由于债券价格和美元汇率的急跌，昨天股市下跌，成交量增加，进而引发集中卖盘……“GDP 平减指数的涨幅超过了预期，重创债券市场，接着重击股票市场。”爱德华公司的市场分析师阿尔弗德·高曼说。

——《投资者商业日报》

GDP 平减指数是最广义的通货膨胀衡量指标。该指标几乎涵盖经济中的每一个部门，总共超过 5 000 个项目的价格变动，从消费品到资本品，再到进口货物和政府部门，无所不包。

总之，有三类 GDP 平减指数，即连锁价格指数、固定加权平减指数和隐含平减指数。商务部在每季度结束后第一个月的第三或第四个星期发布 GDP 报告，其中包含平减指数。

华尔街对 GDP 平减指数的兴趣不大，其市场反应的评级只有两颗星，也许可以给三颗星。重要程度评级不高的部分原因在于平减指数不是每月报告，而是每季度才报告一次。另外，华尔街普遍认为该指标是落后指标，不是领先指标。评估 GDP 平减指数对金融市场的影响时，一定要知道这些平减指数所反映的通货膨胀率通常低于 CPI，原因是 GDP 平减指数包含的资本品价格没有包含在 CPI 内，而资本品往往不如消费性产品昂贵。不过，CPI、PPI 和 GDP 平减指数这三个重要的通货膨胀指标，长期来看通常往同一个方向波动。

另一个重要的巨波投资观点是，在进口石油和其他进口商品的价格上涨之后，GDP 平减指数的反应相当不可靠，也有违人们的直觉。原因在于：所有不在美国生产的物品，如进口石油都从 GDP 中剔除——不要忘记 GDP 中的字母“D”代表的是国内。这里的问题是，当进口价格上升时，从 GDP 扣减的进口货物的金额越大，平减指数越小。坦率地讲，这的确荒谬可笑，因为消费者和企业在进口货物时必须支付更高的价格，但 GDP 平减指数却不反映这一情况，但事实上任何通货膨胀指数都应该反映这一事实才可靠。在评价 GDP 平减指数时，一定要注意这个问题。

➤ 警惕工资性通货膨胀

跟踪劳动成本的一个通货膨胀指标，突然出人意料地激增，发出了预警信号，在昨天给金融市场以很大的震惊……劳工部发布雇佣成本指数从本年度的第一季度到第二季度上升了1.1%，涨幅为八年来最大，股票市场和债券市场应声急跌。

——《纽约时报》

虽然CPI和PPI是区分需求拉动型通胀和成本推动型通胀很合适的工具，但另外两个指标绝对是判断工资性通货膨胀是否存在必不可少的。这两个指标分别是雇佣成本指数和每小时平均工资。巨波投资人应该密切关注这两个指标，但有件事情需要预先提示——两个指标各有各的缺陷，不要轻率地下结论，也不要据此作错误操作。

劳工部在每月结束后的第一周内发布就业报告，其中包括每小时平均工资的数据。因为这通常是每月的第一份通货膨胀数据，总是被华尔街翘首企盼。然而，这些数据至少存在三个方面的缺陷，不了解这些缺陷会让巨波投资者的资本金遭受损失。

第一个问题是，任何时候，如果存在加班时间的激增，都会发出错误的工资性通货膨胀的信号。这是由每小时平均工资的计算方式所致：每小时平均工资＝每个行业的工资总数÷总工时数。这就意味着，如果一名雇员除了正常的工作时数40小时，另外再加班5小时，领一倍半的工资，即使底薪不变，每小时平均工资也会上升。第二个问题是，平均每小时工资的计算并不随工人组成结构的变化而调整。例如，厂商招募高技术等级、高薪的人员替代了低薪的工人，显然也会出现平均小时工资的上升，但事实上，这仅仅是由于人员组成变化引起的。

由于加班和人员组成这两个问题，每小时平均工资波动很大，巨波投资者不应该仅仅看其表面现象，更不应该基于表面现象进行投资操作。然而，与每小时平均工资相关的第三个问题也许最为严重。

每小时平均工资这把尺子仅仅衡量工资的变化，而忽略了福利的变化。然而，在现代劳动力市场上，休假、病假工资、保险、退休福利等在总报酬中所占的比例越来越高。在实务中，这意味着，即使工资增长很缓慢，各种福利的快速增长依然会对通货膨胀增长形成很大的压力。这是华尔街和美联储将雇佣成本指数视为第二重要的工资性通货膨胀指标的原因。该指标同时包含工资和各种福利。事实上，即使这一指标每季度只报告一次，自 1995 年美联储主席首次称赞它的优点以来，它已经被人们看作首要的经济指标之一。

关于雇佣成本指数需要说明的最后一点是，虽然它的波动没有每小时平均工资那么激烈，仍然会有误导人的情况发生。因此，解读这些数据必须结合当时的整体趋势和经济大环境。例如，经济过热时工资激升和经济转冷时的工资增长比起来，更有可能是工资性通货膨胀的真实信号。

解读其他通货膨胀经济指标

上周公布了一大堆经济消息，最后看多股市的报告有 9 份，看空的有 4 份……9 份报告认为经济在缓缓转向温和，通货膨胀不是问题。4 份报告对经济成长减缓的程度、通货膨胀是否真的像看起来那样转向温和仍然持有怀疑态度。这些报告加上最近几周发布的其他报告，对美联储是否再次提高利率影响很大。美联储的决策委员会将于 5 月 20 日和 21 日开会商讨。

——《亚特兰大期刊》(*The Atlanta Journal and Constitution*)

上文讨论的都是直接衡量通货膨胀率的指标，也有其他不少经济指标间接衡量通货膨胀水平。事实上，在通胀压力无处不在的过热经济中，华尔街也会注意很多其他的经济指标，如零售额、工业产值、新屋开工数、耐用品订单、产能利用率等。在经济过热时期，这些指标一有减缓的迹象，只要不会发出陷入全面衰退的信号，都被认为是抑制通胀的利好消息。“傻钱”当然会感到失望。这也正是精明的巨波投资者会跟踪其他所有不同经济指标的原因所在。

市场对通货膨胀消息的反应

现在我们讨论股票、债券和货币市场如何对通货膨胀消息做出反应。首先讨论股票市场，这个相当简单。

任何通货膨胀消息，只要增加了美联储提高利率或收紧银根的可能性，都会导致股票价格、道琼斯指数和纳斯达克指数下降。这是因为利率提高后会导致企业盈余减少。就这么简单，故事结束。

至于债券市场，则稍微有些复杂。这是因为美联储调高利率会产生利率效应（interest rate effect）和股票效应（equity effect）。两种效应对股票价格的影响方向相反，因此，通货膨胀消息对债券市场产生的净效应并不那么容易预测。两种效应中，利率效应最直接。美联储提高利率的行为会压低债券价格，债券的真实利率会上升，向美联储的利率涨幅看齐。另一方面，美联储提高利率的预期，也可能导致投资人的恐慌，撤离股市，转入相对安全的债券市场——所谓的“逃向高品质证券市场”行为。随之而来的股票效应，一定会导致债券价格上升，因为债券需求增加。

事实上，在 2000 年 4 月 14 日纳斯达克崩盘时，我们看到过这种情形的经典例子。早晨发布的 CPI 指数大涨，对美联储调高利率的担忧导致债券价格立即遭受重挫——这就是利率效应。然而，随着恐慌的股市投资者抽逃资金，转向债市，债券价格大幅反弹，收市时反而高于前一日——这就是股票效应。巨波投资者必须深刻认识到这两种力量的此消彼长，这很重要。

至于外汇市场，美联储提高利率的预期通常会使美元汇率上涨，至少在短期内会是这样。这是因为美国的高利率会吸引更多的外国货币进入美国债券市场。但在外国人购买美国债券之前，首先必须将手中的日元、欧元或者比索换成美元。如此一来，美元需求增加，美元汇率自然升高。

关于股票、债券和外汇市场我们前面已经有所讨论。但我们还不知道下面这个问题的重要答案：对通货膨胀的消息，哪些类别的股票反应可能最大？哪些类别的股票反应可能最小？表 15—2 给出了部分答案。这张表是我和加州大学的一位同事研究的结果。核心通货膨胀率出乎意料变动的重要消息发布之后，股票市场的反应情况如表所示。我们的样本既包括通货膨胀消息出乎意料的坏消息也包括出乎意料的好消息。我们发现各类股票对通胀消息的反应，事先很容易预测，也非常具有规律。

表 15—2　　股票市场上若干类股票对通货膨胀消息的反应

反应最大	反应最小
银行	能源
证券经纪与投资	黄金 BH
金融服务	工业原料
住宅金融	纸与林木产品

从表中，你可以看出，结果和直觉一样。例如，反应最大的一类股票，银行、证券经纪与投资、金融服务、住宅金融部门的产品，基本上价格都是以利率水平来衡量。预期利率走高时，这些部门的产品价格预期会上涨——不管银行的贷款利率、证券经纪部门的股票融资利率，还是金融服务部门的信用卡循环利率，都是这样。产品价格一上涨，贷款就会减少，股票成交量萎缩，信用卡购买金额下降，而且这些部门的利润也会随之减少，股价当然会跟着下降。

反应最小的一类股票又如何呢？请看表中，结果不言自明。比如说，黄金和石油通常被看成通货膨胀时期最好的保值工具，也就是说，物价飞涨时，和不断贬值的货币比起来，它们更能保有原来的价值。工业原料也具有保值作用，只是效果没它们好而已。

表 15—2 很明显地表明如何将种类信息运用于巨波投资法。的确，有了这类信息，等于在研究即将出炉的通货膨胀消息时，已经有了很好的准备。比方说，最新的 CPI 数据很快就要发布，但你担心数据会高出预期。这时，也许你准备卖空银行或证券经纪部门的一些弱势股。另外，如果你持有反应最大类的股票，就必须出手，或者转向反应最小的股票。我们要说的重点是，这类消息可以帮助你在股海中如鱼得水，悠闲自在。

第 16 章

生产率天使

加布里埃拉在 CNBC 财经电视频道听到美国劳工部报告的消息说，生产率大幅下跌，单位劳动成本急剧上升。之后，她立即卖空几千股银行及相关经纪业的股票。为什么？生产率的下降和单位产品劳动成本的上升，会引起工资性通货膨胀。无论在什么时候，美联储察觉到工资性通胀的信号后，都会有提高利率的强烈愿望。既然银行业和证券经纪业对利率极度敏感，这个有关劳动生产率的坏消息一定会导致这些行业的股票价格下跌。因此，卖空这些行业的股票应会让加布里埃拉获得丰厚的回报。

实际上，在不到一年之前，加布里埃拉看到同样糟糕的生产率报告后，使用同样的逻辑卖空成功。当时，经济仍然处于繁荣期，但是，现在的情况完全不同，经济正滑向衰退。由于所处经济周期阶段不同，加布里埃拉卖空的股票价格不降反升。问题出在哪里？

上一章是本书中最长的一章，本章是最短的一章。事实上，原本可以把比较紧凑的本章内容合并到上一章关于通货膨胀内容的结尾部分，因为，提高生产率是解决通胀的最好办法，同时，美联储也将生产率下降视为通货膨胀增强的一个最危险的信号。尽管如此，把生产率的讨论合并到上一章，就会导致一种错觉，认为这部分内容很短，甚至不重要，但实际上生产率是决定经济繁荣与否的最重要的因素——不仅对于美国如此，而且对于其他国家也如此。所以，我们在通胀内容之后，单独安排一章。我们先讨论为什么提高生产率对股市非常重要。

首先，提高生产率让 GDP 以更快的速度增长，且不用担心通货膨胀。就实际情况来看，这意味着美国经济能够持续地维持 4%～5%的增长率，而不是 2%～3%。似乎每年看到的增长率的提高很小，但这种微小的提高会让美国的经济规模在不到 20 年的时间内翻番，而不是 30 多年。当然，对于为经济增值增砖添瓦的各个公司来讲，较高的生产率意味着较多的盈利，较多的盈利意味着较高的股价。

其次，生产率提高是工人获得真实工资增长的唯一途径。显然，如果工人想看到工资单上收入金额的增加，他们必须在单位时间内生产出更多的产品，提高生产效率正是这样一种方法。同时，这也对股票市场有很大影响。当工人口袋里有很多钱的时候，他们的消费就会增加，之后，消费增加导致生产增加、销售增加、利润增加，最终，股票价格就会上升。

技术变革

——决定经济增长的荷尔蒙

为了探寻问题的根本，我们一起看看经济领域的一项著名研究。该研究由布鲁金斯学会的爱德华·丹妮逊教授完成。他对美国经济过去 50 年内的增长源泉进行了研究，结果如表 16—1，表中列出了若干为经济增长作出贡献的因素及其对 GDP 增长的贡献百分比。

表 16—1　经济增长的关键因素：生产率

增加工人和设备	
增加工人	34%
增加机械设备	17%
小计	51%
提高生产率	
工人受教育水平的提高	13%
经济规模的增长	8%
资源分配的改善	8%
技术革新	26%
小计	55%
其他因素	−6%
合计	100%

从表中可以看出，生产率的提高是美国经济增长的主要推动力，GDP 增长的 50%以上源于生产率的提高。同时，也可以清楚地看到哪个因素在提高劳动生产率方面最有效。显然，提高受教育水平、经济规模增长、改善资源分配都很重要，但是，最为重要的因素是技术革新，它对 GDP 增长的贡献比例达到了 26%。

的确，从蒸汽机、灯泡、汽车到计算机数字革命、光纤、半导体，工业革命的过程让我们看到，通向经济繁荣的道路一直都是由技术革新铺就的。当然，美联储主席也从来没有忽视过技术对促进经济快速、可持续、低通胀增长的重要作用。这里，正好有一段格林斯潘关于生产率对经济增长作用的精辟论述：

过去几年的经济发展越来越清楚地表明，经济周期的变化模式与二战后美国的经济周期的变化大相径庭。不仅经济增长的持续时间创了纪录，而且经济增长的速度极快，远远超过预期增长速度。更为显著的成就是，通货膨胀一直保持在较低的水平，劳动市场的失业水平也很低，这些都比之前我们的预期要好得多。

取得这些骄人业绩的关键因素是劳动率长期以来持续提高。自 1995 年，非金融公司每小时的产出平均每年增长 3.5%，几乎是上一个 25 年内平均增长速度的 2 倍。的确，这样的增长速度在这一时期几乎持续不变。

美联储当前的目标应是，创造有利于技术革新的经济、金融条件；鼓励有利于结构性生产率增长的投资。**结构性增长率决定着生活水平提高的速度**。结构性生产率的增长不同于随着经济周期各个阶段变化的那种临时性的提高或降低。

任何令美联储主席感觉轻松愉悦的事情，很可能也会让华尔街心旷神怡。就此而论，分析生产率数据对股市影响时最重要的事情是：生产率不仅仅受资本投资、良好教育、管理改善、技术革新等丹妮逊教授已经关注到的长期因素的影响，而且（上文格林斯潘暗示着）生产率水平也受经济周期短期变动的较强影响。

对于巨波投资者来讲，这是一个非常重要的发现。美联储对生产率提高和下降会采取什么样的措施，需要根据经济所处的经济周期阶段来判断。加布里埃拉的问题就在于她未能理解这点，造成了巨大的损失。问题就出在这里。

当经济开始收缩，进入衰退时，生产率有下降趋势，这是因为当经济开始变坏时，企业减产的速度远远快于裁员的速度。同时，企业会出现越来越多的剩余的生产能力，但成本却被分摊到更低的产量中。这两个因素导致在产量调减的情况下，单位产品的劳动成本依然增加。

现在注意，在这种情况下，美联储不可能将这种单位劳动成本的增加看作通货膨胀压力的一种信号。相反，美联储知道，这种工资的增长，仅仅是经济所处经济周期衰退阶段的一种人为调整。因此，在这一阶段，一个“坏的”生产率报告也不可能让美联储采取加息的政策。事实上，经济滑向衰退时，采取紧缩性的货币政策，无异于火上浇油。对于这点，没有人比美联储的主席体会更加深刻。

现在，我们考虑一下相反的情况，即经济处于走向繁荣和复苏的阶段。当经济进入这一阶段时，单位劳动成本开始下降，生产率会促进经济增长和繁荣。此时，工厂开始提高产能的利用率，提高运营的效率，同样数量的雇工会产出更多的产品。

在这种情况下，只要劳动效率的增长快于劳动成本的增长速度，美联储的高层管理者就会很高兴，任其自然，不会考虑加息。然而，再向经济周期的下一阶段过渡，随着劳动力短缺、能源和原材料成本提高，因为对通货膨胀压力的恐惧，美联储就会开始密切关注任何有关生产力和劳动力成本的负面消息。的确，在经济周期的这一阶段，如果劳动力成本的增加快于生产率提高带来的利益，美联储很可能将其看作工资性通货膨胀的强烈信号，并很可能采取加息的对策。

本章开篇的小故事中，加布里埃拉没能很好地理解这一点，而导致了投资的巨大损失。生产率的下降、单位劳动成本的增加，仅是经济开始衰退阶段的一个副产品，是企业进行调整的结果，不必提高利率；但是，在其他周期阶段，生产率的下降、单位产品劳动成本的增加，就可能是美联储面临的危险信号，需要采取收缩性政策加以应对。

生产率报告

——天使之手

这个春天，美国工厂的生产率大大提高，人工成本下降，这是美国经济持续增长、企业利润增加、工人薪资提高的强烈信号。同时，也为美国经济恢复低通胀、高增长提供了进一步的证据……各项数据远远好于华尔街的预期。由于对通货膨胀和美联储政策极为敏感，国债收入开始下降，也验证了另外一个消息的效应，即8月22日的会议决定美联储不会对利率进行干预。道琼斯工业指数上涨了109.88个点，以10 976.89收盘。

——《洛杉矶时报》

每季度第二个月的7号左右，劳工部公布上一季度的生产率和单位劳动成本的季报。在报告中，生产率的计算很简单，它是工人产出与工作时间的比值。然而，单位劳动成本的计算就稍微有点复杂。

首先，必须定义工人每小时获得的报酬。报酬不但包括工资薪金，而且还包括佣金、奖金、雇主贴税以及各项福利。那么，单位劳动成本就等于每小时的报酬除以每小时的产出。从它们的关系中可以得出，如果每小时的产出不变，报酬的增加会导致单位劳动成本上升。然而，只要生产率上升，就会使得计算公式中的分母增加，从而降低单位劳动成本，至少会抵消一部分单位劳动成本的增加。

现在，我将给你一个惊讶。由于生产率对经济的长期增长如此重要——的确，美联储主席对此指标的关注近乎着迷——你也许会认为，生产率报告理当评级为五颗星。但是，对巨波投资者来说这个指标却并不那么重要！理由有三。在前面几章我们花费了很长的篇幅讨论了其他一些经济指标，想必你对这些指标都很熟悉。第一个问题是数据会有很大的波动变化。第二，该数据仅仅每季度公告一次。第三，也许是最重要的，由于已经公布了一些关于GDP的报告，且提供了生产率增长情况的测算基础，等生产率报告公布时也就不那么新鲜。

讨论至此，指出生产率报告中的单位劳动成本对股票市场的走势有重大影响，依然很重要。当经济处于经济周期中扩张、繁荣的阶段，美联储对通货膨胀极为关注的时期，单位劳动成本的上升就是魔鬼的号角，会促使美联储迅速地提高利率，以防止工资性的通货膨胀。的确是这样。不过上文我们摘自《洛杉矶时报》的引文也清楚地表明：在经济周期的特定阶段，一份好的劳动生产率报告的确可以推动股市价格上涨。

第 17 章

屠杀预算赤字之龙

上个月，美国财政部宣布，联邦政府在去年出现财政盈余。这个消息令每个人感到惊讶。虽然仅仅只有区区 25 亿美元的盈余，但却是 30 年来的第一次出现盈余。并且，今年的财政盈余有可能继续扩大，达到 300 亿美元到 400 亿美元。

——《洛杉矶时报》

这条消息摘自 1998 年《洛杉矶时报》。最有趣的是，就在几年之前，几乎这个星球上的每一个经济学家都认同两件事：美国的财政赤字对全球的经济带来了灾难般的恐惧，并且不会有任何无痛方式宰杀这只财政赤字之龙。

当然，现在我们知道了，令人难以置信的生产率的提高、技术驱动的新经济的快速增长，的确破解了国家的财政困局。至少在可以预见的未来，美国会继续出现财政盈余。然而，同样真实的是，在并不太远的将来，赤字问题还会因为减税和经济萧条而重新出现，财政盈余又变得不复存在。因此，在这一章，我想讨论股票、债券和货币市场面临财政赤字的消息，会作出何种反应。为此，我们首先需要回答这些问题：

- 财政赤字问题的规模是什么？计量相关公共债务的适当标准是什么？
- 结构性财政赤字和周期性财政赤字的区别是什么？为什么结构性财政赤字对于股票、债券和货币市场更为危险？
- 政府应该如何为财政赤字融资？应当如何支配财政盈余？他们的选择又会如何影响市场？

你的计量尺子是什么？

首先，我们来看图 17—1。图中，按照总统执政期和年份，列示了每年的财政赤字和盈余，从尼克松执政时期一直列到 1999 年出现财政盈余的克林顿时期。注意，70 年代开始财政赤字逐年上升，尤其是在 80 年代的里根和布什时期。其基本原因在于：80 年代早期，国会通过了里根的供给学派减税政策，但政府的开支几乎没有相应减少。这正是财政赤字爆炸性增长的原因所在。

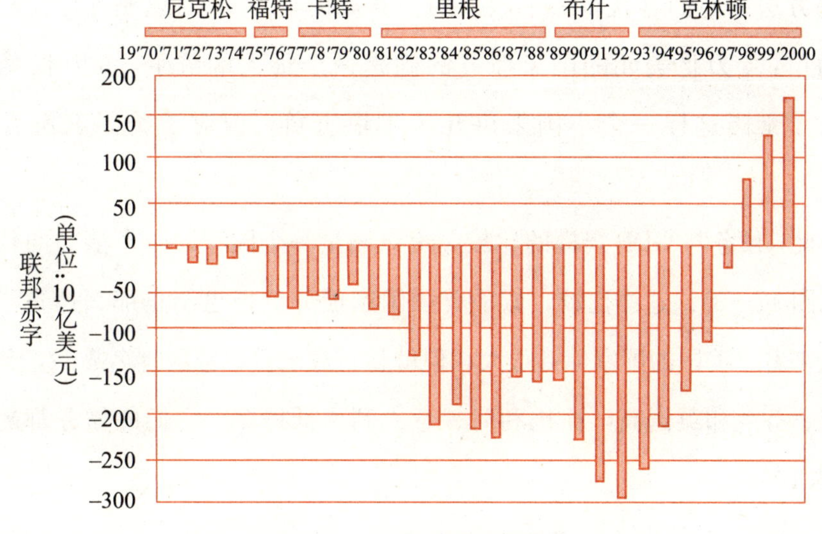

图 17—1　美国预算赤字纵览

现在，再来看看图 17—2，它描述了几十年来美国国家债务的规模。在图中，你可以看出，该债务是如何以指数形式快速增长，以致达到将近 5 万亿美元规模的。但是，这个债务规模达到多大才真正算大？这是我们要问的另一个问题：这样的债务规模对金融市场的危险程度如何？

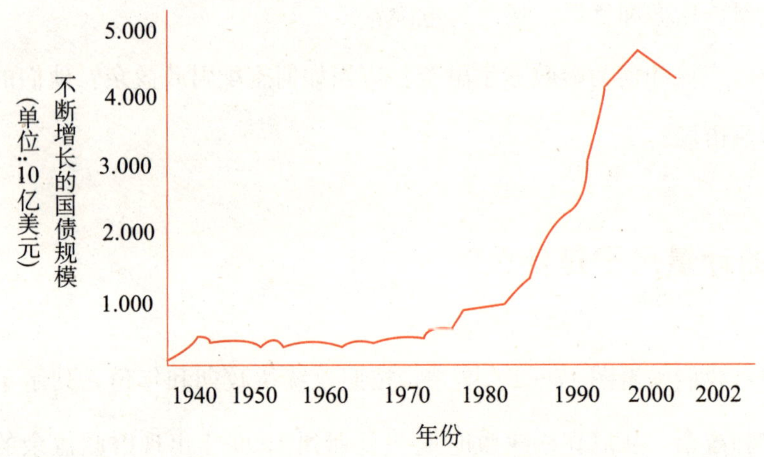

图 17—2　美国预算赤字形成巨额公债的曲线图

为了回答这个问题，我们需要一个比较的标准，这里有经济学家惯用的一种方法。他们喜欢将一个国家的债务规模与 GDP 的规模进行比较。原因很简单：5 万亿美元的国家债务的确是一个很大的数字。5 万亿美元债务，对于泰国这样一个小国来讲几乎不堪重负，但对于美国就没有那么严重。

因此，债务与 GDP 规模的比较，可以测量一个国家的生产能力与偿债能力（见图 17—3）。这样比较，似乎美国国家债务负担也不是那么严重了。从绝对数来看，美国的国家债务很大，但就相对数来看，美国排名靠后，只比澳大利亚、芬兰和英国高，比比利时、意大利要低得多，它们的债务都超过了 GDP 的 100％。

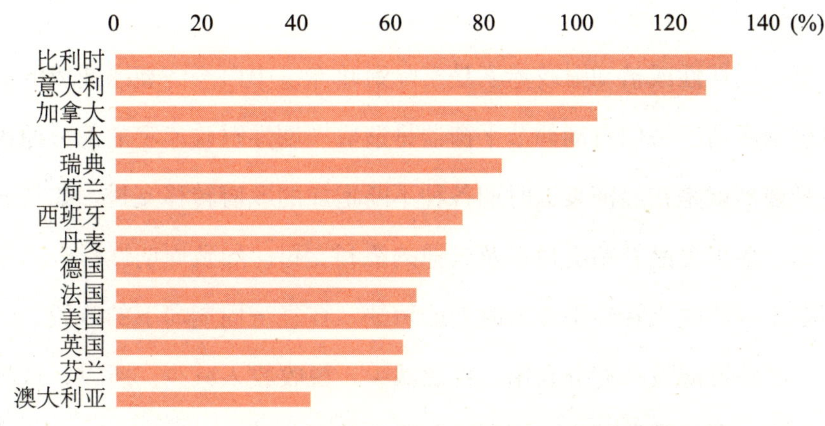

图 17—3 全球主要国家的政府债务规模（占 GDP 的百分比）

结构性赤字与周期性赤字

——一个重要的区分

既然已经回答了第一个关于财政赤字规模的问题，现在我们转向第二个问题：结构性财政赤字和周期性财政赤字的区别是什么？哪一个更危险？

这个看似深奥的问题非常有趣，最有趣的是：如果你到华尔街上找 1 000 名职业人士问他们结构性赤字和周期性赤字之间的区别是什么，你最终看到的将是1 000双惊诧而茫然的眼睛。华尔街如此忽视这种差别，以至于你可能会想，我是不是在区分一种原本并不存在的差异？然而，差别是的的确确存在的，对于华尔街的正常运转，结构性赤字的危险远远大于周期性的赤字。我们下面仔细分析其原因。

结构性赤字是在经济充分就业的情况下，也依然会存在的那部分财政赤字。它是由于现存的税收收入结构和财政支出结构不匹配造成的。因此，财政赤字中属于结构性赤字的部分是主动的，是由政策造成的。比如总统和国会施行减税政策、增加国防开支或通过新的医疗福利方案都会造成结构性财政赤字。

相反，周期性或被动财政赤字是实际财政赤字中由经济衰退造成的那一部分。政府的所谓经济的自动调节平衡器是造成周期性财政赤字的部分原因。这些调节平衡器就是在经济衰退时期各种不断增加的政府转移支付，如失业救济金的支付、各类食品补贴支付以及其他的福利支付。导致周期性财政赤字的主要原因在于税收收入在经济衰退时期的短缺。在经济周期向下的阶段，经济进入衰退，经济资源没有充分利用，税源减少，税收收入减少。所以，这种性质的财政赤字，我们就称其为“周期性”财政赤字。

为什么区分周期性财政赤字和结构性财政赤字非常重要？它便于美联储和国会区分财政赤字是由经济政策引起的长期变化，还是经济周期引起的短期变化。这种区分为总统、国会、美联储采取适当的应对政策提供了有用的指南。

例如，在结构性财政赤字出现时，如果国会或美联储采取扩张性的财政或货币政策，无异于为通货膨胀火上浇油。当点燃通货膨胀之后，华尔街就会浓烟滚滚。相反，既然我们可以通过实现充分就业走出周期性的财政赤字，那么扩张性的货币和财政政策在经济衰退时期就是适当的。而且，不采用扩张性的货币或财政政策也许会延长衰退的时间——这对于华尔街来讲永远都不是好消息。

我们回到艾森豪威尔和布什两任总统的执政时期，看看他们的政府是如何应对财政问题的。先重回 1957 年，看看艾森豪威尔总统时期。

艾森豪威尔的教条毁了尼克松的前途

那时，经济正处于衰退的中期，艾森豪威尔政府负担着 100 亿美元的财政赤字，从性质上看，完全是周期性财政赤字。副总统尼克松密切关注，在即将到来的 1960 年总统大选期，停滞不前的经济和日益惨淡的股市很可能会成为选民攻击他的理由。因此，尼克松极力主张扩张性的政策，进行减税，以刺激经济和金融市场的复苏。然而，艾森豪威尔总统想在离任前平衡财政收支，因为担心减税会进一步扩大财政赤字，他拒绝了减税提议。由于缺乏刺激政策，华尔街和美国经济踉踉跄跄进入了总统大选期，肯尼迪提出了自己的口号“我将引领我们的国家再次走上发展之路”。肯尼迪在史上最激烈的总统竞选之中击败尼克松胜出。

如果当初艾森豪威尔总统听取了尼克松的减税建议，也许美国的经济就会有很强的增长，股市就会走向繁荣；也许在艾森豪威尔离任时就会有 50 亿美元的财政盈余——远远多于尼克松减税带来的损失。这是因为减税带来的经济的增长能够产生几十上百亿美元的额外税金收入。

布什毁于自己的经济顾问

现在，我们从 50 年代快速步入 90 年代，会看到共和党总统候选人又一次败给了民主党，而失败的原因是共和党没能及时地识别出财政赤字是周期性财政赤字。1990 年，共和党人乔治・布什是在任总统，当时衰退已经开始，周期性的财政赤字也开始疯狂增加，达到数千亿美元。

在任何一个活跃的凯恩斯经济学家看来，经济衰退的开始和周期性财政赤字的增加都是采取扩张性财政政策的明确信号。然而，在布什掌印的白宫内，保守的经济顾问们拒绝了凯恩斯抑制经济持续衰退、减少财政赤字的所有经济刺激方案。布什害怕财政赤字进一步猛增，或许是因为他没有意识到这是巨额的周期性财政赤字，最后他采纳了保守的经济顾问们的建议。经济下滑一直持续至 1992 年的总统大选，和 1960 年的尼克松一样，布什输给了民主党，因为民主党承诺将带美国经济走出衰退，走向发展。

➤ 为弥补财政赤字筹措资金

现在我们来看第三个问题，也是最重要的一个问题：政府在赤字时选择什么融资方式或财政盈余时怎么使用结余？不同的选择如何影响股票、债券和货币市场？

从理论上看，政府为财政赤字融资的方式有提高税负、销售国债和印钞票。然而，在实践中，提高税收的方式很少使用，因为各国政府都不愿意这样做。这意味着政府只能采取销售债券或印钞票的方式来融资了。选择哪种方式，对股票和债券市场有重大的影响，因为每种选择不但影响私人企业从资本市场融资的能力，而且也会对通胀有巨大影响。个中原理，我们仔细分析。

如果使用“借钱”的方式，美国财政部在资本市场上向私人发行国债，使用发债收入弥补财政赤字。注意，美联储并不参与其中。还请注意，美国财政部在资本市场发行国债筹集资金，与需要在资本市场直接筹资扩建厂房、购置设备的私人企业形成竞争关系。资金稀缺，美国财政部为筹集到所需资金必须提高自己的报价利率。这是因为“借钱”的方式是一个零和博弈：政府弥补财政亏空需要借入的资金，也是私人部门用于私人投资想筹集的资金。在这种情况下，政府用私人资金弥补财政亏空就意味着“挤出”了私人投资。更具体地说，“挤出效应”就是政府销售国债弥补财政亏空的扩张性财政政策对私人投资的抵消作用。

更重要的是，股票和债券市场都憎恨挤出效应，其原因非常简单明了。对于股票，挤出效应是通过提高利率实现的，这也会使公司的收益减少；对于债券，资本市场的高利率意味着债券价格下降。

让印钞机飞速转起来

“印发钞票”筹措资金的选择，至少从理论上讲可以避免“挤出”效应。采用这种方式，美联储需要配合财政部的扩张性财政政策。

美联储只需购买财政部发行的债券，而不让这些债券在公开市场上销售。为了支付购买国债的款项，美联储只需“增印钞票”，增加银行系统的储备金。

当然，这种方式也存在问题，货币供应量的增加会引起通货膨胀——引起通货膨胀或通货膨胀导致的结果都不是我们希望看到的情形。而且，如果通货膨胀引起利率上升和私人投资减少——这很有可能——“印钞”的最终结果也有“挤出效应”。现在，你是否明白了华尔街为什么对财政赤字如此厌恶？

有钱也犯愁
——如何使用财政盈余

现在考虑一下，出现财政盈余又怎么样呢——如何使用财政盈余？尽管这似乎是令人最高兴的一个事情，但它也是令华尔街头疼的问题。实际上，有三种使用财政盈余的方式：减税、增加开支、回购流通的政府债券。

当然，你也许认为华尔街总是偏爱第一种选择：减税。毕竟，任何形式的减税都属于扩张性政策，当经济蓬勃发展时，减税一定会使市场看涨。错！这里需要注意的问题是，如果经济已经处在充分就业状态，任何进一步的刺激政策不但是扩张性的，而且也会引起高速的通货膨胀。我们已经知道华尔街对于通货膨胀预期的反应：大跌！

使用财政盈余增加政府开支又如何呢？有趣的是，我们面临的问题和减税相同，且有过之而无不及。增加政府开支是比减税更强的扩张性政策，因此，如果在经济一派繁忙、欣欣向荣时采取增加政府支出的方式，显而易见的危险会再次出现——通货膨胀。

嗯……现在剩下的只有第三个选择了：使用财政盈余回购之前流通在外的国债券。尽管这个选择似乎是最为保守的财政政策，但它同样存在问题。理解存在问题的最好方式就是让我们回忆一下 2000 年发生的一系列事件，那个时候，格林斯潘正在对过热的经济采取降温的措施。他是如何给经济降温的？大幅提高利率。但是，极具讽刺意味的是，就在同一时期，联邦政府的另外一个部门——财政部，正在使用它不断增长的财政盈余大量从市场上回购国债。因为财政部在这一时期实现了债券的净回购而不是净出售，这产生了一个反作用——打压美联储的利率。因此，财政部和美联储的政策效应相互冲突。

讨论的结果是，尽管华尔街理所当然地偏爱财政盈余而不是财政赤字，然而财政盈余和财政赤字各有各的问题，都对股票、债券和货币市场有重要的影响。这也就是为什么巨波投资者不但要关注财政赤字和盈余的规模，而且要时刻留意弥补财政赤字的融资方式和财政盈余的支配形式。

讨论得已经够多了，在结束这章之前，对如何跟踪观察财政数据作个简单的回顾。

财政部的预算报告

——应该与上年同期比较

由于强劲的经济带来了巨额的收入，美国预算赤字在 2 月份已经缩小——照此速度政府会在 30 年后出现第一次财政盈余。

财政部公布的数据显示，2 月份的赤字总计为 410.75 亿美元，比去年 2 月份的 440.1 亿美元有所下降，由于 2 月份不像 4 月份，政府会有很多的税收入账，所以，预期 2 月份仍然会有赤字发生……

今天纽约交易临近收市的时候，债券价格涨了 1.5 个点，它的收益跌了 2 个基点至 5.88%。股价创了新高，道琼斯工业指数涨了 103 点……

——《彭博商业新闻》

美国财政部大约在每月第三周公布前一个月的财政预算报告，该报告汇总了政府各个部门的收入和支出情况。正如图 17—4 中一对饼形图所示。

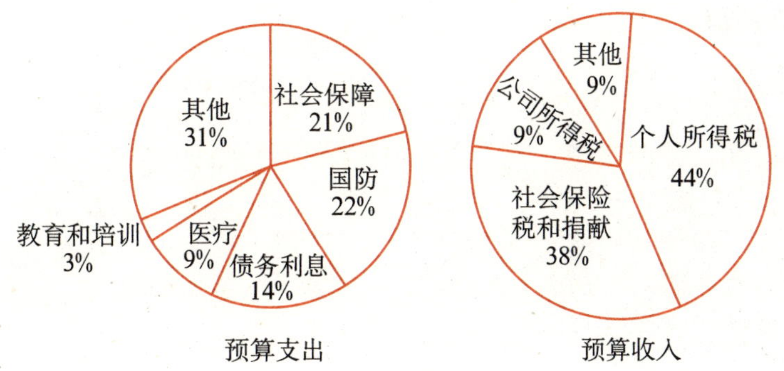

图 17—4　财政预算饼形图

左边的饼图列出预算支出，最大的开支项目中包括国防和社会保障；或许有点趣味的还有债务利息支出；另外，医疗开支占了预算的大约 10%；而包罗万象的“其他”项目包括能源、环保、健康、教育和法律执行项目。

在右边的饼图中，你可以看到山姆大叔最大的预算收入来源于个人所得税，占到整个财政收入的将近 45%。凭借其复杂的纳税和捐赠系统，社会保障纳税和捐献紧随其后，大约占 38%。至于公司所得税，仅占政府预算收入的 9%左右，而剩余的部分主要是来自地产税和关税等。

关于财政预算报告，相当具有讽刺意味的是，尽管巨额的财政赤字或财政盈余对股票、债券和货币市场影响巨大，但月度财政报告很少引起华尔街的兴趣，对其评级也就值一颗星。主要的问题在于政府的收入模式具有明显的季节性。例如，在 1 月、6 月、9 月和 12 月，由于季度的纳税义务到期，这些月份的收入会增加。同样，大部分人在 4 月份缴纳个人所得税，所以 4 月份的收入会激增。由于财政部既不会按年，也不会按季度平滑这些数据，所以在各月之间数据的起伏很大。

从巨波投资者的角度来看，至少有一个办法可以规避预算数据的波动问题。这个办法就是，将当月收入与支出同上一年度相同月份的数据进行比较——实际上，本部分开篇摘自《彭博商业新闻》报道中的记者就是这样比较的。因此，如果本月的财政赤字比去年相同月份的有所减少，也许就是一个赤字正在下降的信号。

第 18 章

贸易赤字陷阱

假如总会让理查德感到烦恼的经济报告只有一份，那么这份报告就是关于国际贸易数据的月报。在过去的几年当中，理查德曾看到贸易赤字的非预期增长的消息导致美元汇率大幅上涨，但是，他也看到，几乎完全相同的消息曾导致美元汇率急跌。与此同时，理查德也绝不知道股票和债券会做出何种反应。他知道的仅仅是，当贸易赤字降低时，股票和债券的价格经常下跌；但是，这个规律也不是绝对靠得住的，有时情况正好相反。理查德总是对贸易数字很警惕，在贸易报告公布的前一天平仓出货，大概就是这个原因。但是，他的这种警惕真的有合理理由吗？

绝对会有这样的感觉。对我们每个人来说，预测贸易数据对股票、债券和货币市场的影响是最难的一件事情。在贸易数据公布的时候，还有很多其他方面的因素也在影响着市场的走向。其中有些因素相当温和，对华尔街的影响很小甚至没有；另外一些因素却会重击市场，市场之牛受此恐吓而夹着尾巴落荒逃走。

本章旨在帮你更好地理解贸易赤字的复杂特性及其对市场的影响。最终目标是帮助你找出所有影响全球经济和国际货币体系的因素，并将这些指示应用到你的投资实战中。要想阐述清楚，的确有点困难，在此先给大家介绍一下本章的框架思路。首先介绍国际收支账户平衡及贸易赤字问题。区分经常账户和资本账户并了解其平衡关系是理解贸易赤字问题和读懂贸易报告的基础。

其次，我们要介绍汇率是什么，更重要的要介绍主要货币，如美元、日元、欧元的价值为什么会相对于另外一种货币发生变化。在此，我们也能够看到各个国家经济增长、通货膨胀、利率水平如何共同决定该国货币的币值。

第三，我们解读美国商务部每月发布的贸易报告。必须认识到：其实贸易赤字本身并不是金融市场最重要的信息，重要的是，华尔街金融市场分析师通过这些数据判断是进口还是出口的变化引起了贸易赤字的变化。

为什么有关进口和出口的信息如此重要？我们在阐述第四个问题的过程中将予以回答。在第四个问题中，我们假设了一系列情景，每个情景下贸易赤字的产生都在人们意料之外，且原因各异。例如，在第一种情景中，贸易赤字增加，其原因在于欧洲经济的衰退及其导致的出口下降。在第二种情景中，贸易赤字的增加是因为石油价格的暴涨。然而在第三种情景中，贸易赤字的增加是由于美国经济的迅猛增长，尽管欧洲和日本经济增长也很快，但其速度还是要稍微慢一些。

对同样的贸易赤字消息，在每一种不同的情景中，股票市场和债券市场的反应都极为不同。当然，从这些情景中我们需要学到的一点是：市场对于数据的反应由当时的环境来决定。对于机敏的巨波投资者，这一点绝对重要。本章开篇中的理查德先生就已经领悟到了这一点。

世界上最大的负债国

我们看图 18—1，它描述了从 1929 年到现在美国进口和出口在 GDP 中占比的变化情况和趋势。

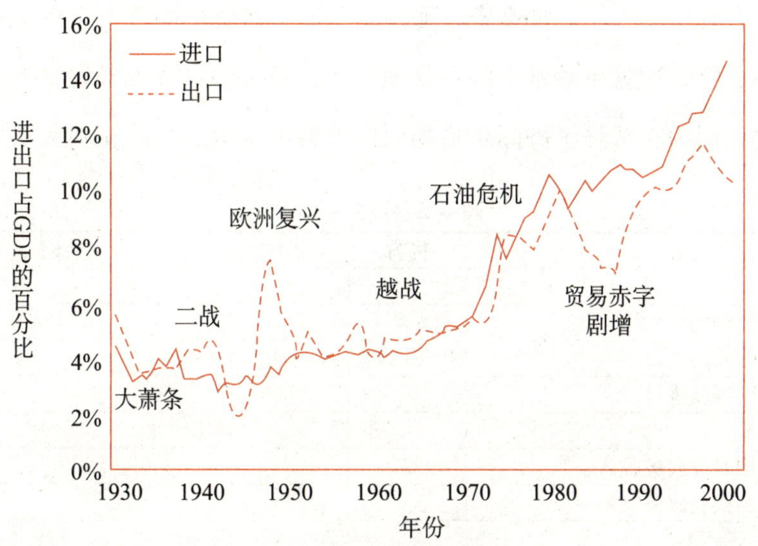

图 18—1　不断膨胀的贸易赤字

从图中可以看出，美国进口和出口一直稳步增长，由此，美国经济的贸易依存度也越来越高。注意，在 20 世纪 30 年代的贸易战中，进出口都下降；在二战后欧洲重建时期，出口大增；在 70 年代 OPEC 油价上涨时期，进口猛增；最后，你还会注意到在 80 年代后期，迅速出现的巨大贸易赤字。这时期巨大的贸易逆差使美国成为世界上最大的债务国，美国欠世界上其他国家的债务达到将近 2 万亿美元。为什么华尔街如此关心这些债务和贸易赤字？为探究其中缘由，我们下面必须掌握国际收支账户的平衡原理。

收支平衡的确很难

表 18—1 是一个简化的美国国际收支平衡的年度报表。在你读这张报表时，注意三个方面：

第一，第一大项是经常账户，包括商品贸易、服务贸易和净投资收入。第二，第二大项是资本账户，反映对美投资和美国对外投资。第三，资本账户和经常账户存在平衡关系。这点也是最重要的。也就是说，如果一个国家在经常性账户上存在贸易赤字，那么资本账户上一定会有资本净流入，以平衡经常账户的贸易赤字。这就是最基本的贸易恒等式。睿智的巨波投资者掌握这一概念非常重要，因为它解释了国际贸易如何影响各国的货币币值和利率水平。

表 18—1 **国际贸易收支平衡表** 单位：10 亿美元

	贷方	借方	余额
经常账户			
商品贸易余额			−191
·美国商品出口	612		
·美国商品进口		−803	
服务贸易			80
·美国对外服务收入	237		
·美国接受服务支出		−157	
投资收入			−19
·美国对外投资收益	206		
·外国对美投资收益		−225	
经常账户余额			−130
资本账户			
·外国对美资产投资	517		
·美国对海外的投资		−387	
资本账户余额			130

解读经常性账户赤字

现在我们来仔细看看表 18—1。商品贸易余额在经常账户中远远大于其他两项，它反映的是商品贸易，诸如食品、燃料、制造品等，存在 1 910 亿美元的逆差。当你在报纸上读到美国的贸易出现赤字的消息时，记者所指的贸易赤字仅仅是商品贸易赤字——这仅仅是整个贸易的一部分而已。

经常账户的第二个项目是服务贸易。这里的服务包括船运、金融服务、国际旅游服务等。尽管这个项目的金额比商品贸易小很多，但该项目的净额近年来一直增长，美国也正从一个制造型经济转向服务型经济。该项目的增长部分抵消了商品贸易上的巨大赤字。表中正是如此，美国对国外的服务费收入为 2 370 亿美元，支出为1 570亿美元，产生服务贸易净盈余 800 亿美元。

经常账户还有第三个项目，即投资收入。表中显示一个贷方余额 2 060 亿美元，这代表美国持有海外资产赚取的净额，借方的2 250亿则代表国外在美国的投资获得的投资收益。从历史上来看，美国在这个项目上获得的净收益不大。然而，随着外国在美国投资的增加，这个项目已经变成了赤字，并且有进一步加大的趋势。

将表中的三个项目综合考虑，得到的是经常账户存在贸易赤字1 300亿美元。根据贸易平衡等式，该贸易赤字必须带来一个资本账户的盈余与其相抵。换句话说，一定有足够的资本流入美国以抵消经常账户里的贸易赤字。为了吸引足够的资本进入美国，美国的利率水平必须提高到对外国资本具有足够的吸引力才可行。这是非常重要的一点，因为我们知道，当利率发生变化时，股票和债券的价格就会变动。

资本账户

——未来会有盈余

表 18—1 中资本账户反映的是一些实物资产和金融资产的购置，如宾馆和工厂、股票和债券等。

外国在美购置资产意味着资本的流入，例如，德国基金购置美国的政府债券，荷兰的基金购买美国股票，日本投资者购并美国宾州的工厂等。表中反映美国有5 170亿美元的资本流入。

同样道理，美国购置海外资产，如连锁酒店、股票等，导致美国资本流出。表中反映美国的资本流出额为 3 870 亿。美国的资本流出和资本流入合计，得出净流入为 1 300 亿美元。当然，这个金额正好与经常项目账户的赤字金额相等。

汇率之谜

——日元对美元

欧元自1999年开始流通以来，对美元的汇率已经下跌26%。这极大地损害了那些在欧洲做生意的美国公司，因为这些公司必须承受将欧元利润转换为美元的汇率损失。美国盈利很好的蓝筹公司，如麦当劳、高露洁和吉列公司都因欧元走弱而蒙受损失。

——《今日美国》

我们从上文的讨论中可以知道，当一国从别国进口的商品和服务多于其出口的商品和服务时，就会出现经常账户赤字。同时我们也了解到，出现经常账户赤字的任何国家，都一定会提高利率，以吸引足够多的资本流入本国，抵消经常账户赤字。由此带来的下一个问题便是，提高利率如何影响一国币值？这个问题的答案在于更深入地理解在国际范围内汇率是如何决定的，比如美元和欧元间汇率如何决定。

简单来说，汇率就是一种货币换成另外一种货币时的兑换比率。比如，当欧元在1999年首次进入国际货币体系时，1欧元大约可以换1美元20美分。然而，到2000年时，欧元下跌，仅能兑换到大约80美分。从更为广泛的意义讲，汇率变化的速度可能很快且幅度很大。比如，在1997—1998年的亚洲金融危机期间，泰铢、菲律宾比索和韩元在短短的几个月之内，相对于美元都贬值40%以上。为什么汇率会发生变化，原因大概有以下三个方面：

第一个原因和各个国家的经济发展速度不同有关。例如，如果美国的GDP增长速度比日本快，则美元相对于日元就会贬值。这是因为美国经济的快速增长会引起日本相对较多的进口，从而导致美元相对于日元过剩，产生美元贬值的压力。

第二个原因和利率的相对变化有关。比如，假如美联储提高利率，使之高于英国的利率，那么美元相对于英镑就会升值。原因是高利率会吸引更多的英镑投资。但是为了投资美国，英国人首先必须用英镑购买美元，这就导致美元的价值相对于英镑上涨。

第三个原因与各国通货膨胀率的差异有关。例如，如果墨西哥的通货膨胀率高于美国，那么墨西哥比索相对于美元就会贬值。这是因为货币市场上的汇率反映的是商品市场上真实的、经通货膨胀调整后的价格差异。因此，如果由于通货膨胀的存在，同样一辆汽车在墨西哥的价格高于美国，那么汇率必然会调整，使得同一辆汽车的真实的、经通货膨胀调整后的价格在两个国家一样。顺便提一下，经济学家称此为"同一价格原则"。

就此已经介绍完了相关的重要概念，为情景分析奠定了坚实的基础。但是在进行情景分析之前，我们先看看贸易报告数据。

➤ 国际贸易报告

华尔街道琼斯工业指数在周二恢复上涨，创了 10 月份大跌后的新高……这一市场反应缘起于商务部的国际贸易报告，该报告称贸易赤字降至三年来的最低，为 98.9 亿美元，这比市场观察家预期的 120 亿美元低了很多。随着报告公布，债券价格上升，美元相对于其他主要货币也开始升值。

——《洛杉矶时报》

商务部在每月 20 日左右发布贸易报告，该报告重要性等级为四颗星，包含很多有价值的信息。该报告包括进口、出口、贸易赤字等详细信息，并且分类别和国家报告了贸易流动情况。

国际贸易报告的数据分季度、经通货膨胀调整后，以当前美元来反映。经过通货膨胀调整后的数据更为有用，因为可以避免美元价值和商品、贸易价格的月度变化对贸易趋势的影响。在报告发布时，媒体通常最关注的就是贸易赤字的增加或减少。然而，正如我们将要在下文的情景分析中看到的，分别分析进口和出口的数据也极其重要。

例如，通过分析出口数据，或许能够评价美国公司在国际市场上是具有竞争优势还是处于竞争劣势。这些出口数据也能够说明美国贸易伙伴国的经济是走强还是变弱。这两个方面对于分析公司的盈利情况和股价变动都有重要的意义。同样，进口数据是国内经济状况的一个关键指标。

除了从总体上分析进出口数据之外，按照行业大类分析进出口数据也相当有用。这些行业包括石油、农业、工业品、资本品、消费品和汽车等。基本的要点在于决定进出口变化是整体层面还是某个特定行业或部门。

最后，关于贸易报告还需要提醒的是，在分析商品贸易余额时，一定要排除石油进口，因为，石油进口占整个商品贸易赤字的将近 1/3，即使油价有微幅变化，也会让经常性账户中非石油的其他数据的变化趋势难以判断。

国际贸易中的四种情景

现在我们来分析货币、股票和债券价格如何对贸易报告作出反应。先分析货币的价格。简单来说，贸易赤字的增加会导致美元走弱，而贸易赤字的减少会使美元走强。这是因为，当赤字增加时，外国人手中的美元持续增加。当外国人打算将美元兑换为欧元、日元或比索时，就会给美元走弱的压力。

然而，股票和债券市场的反应就很不明朗。这是为什么？让我们来分析四种情景。

情景 1：美国经济高速增长，引起贸易赤字增加

在这种情景下，欧洲和日本经济的增速适中且稳健。然而，美国经济的增速非常快，进口也因此剧增。在这种情况下，美国股票市场不可能对贸易赤字的消息作出消极反应，也许反而会上涨。这是因为全球经济的强劲发展预示着公司盈利的增加，此时不断增加的贸易赤字一定是牛市的信号。

谈及债券市场，如果不断增加的贸易赤字会引起美元走弱，或者，经济快速增长的消息被理解为经济过热，那么投资者将会担心通货膨胀，债券的价格就会下降。否则，影响就会很小。

情景 2：欧洲和日本经济衰退，引起美国贸易赤字增加

这里，导致美国贸易出现赤字的也许不是进口的不断增长，而是对经济衰退的欧洲和日本的出口不断减少。这对股票市场、尤其是对出口依赖很强的公司股票而言，一定是利空消息。随着这一消息，我们能看到股票下跌，高度依赖出口的行业，如航空、农业、汽车、工业设备和通信业股票会领跌。

至于债券市场，因出口减弱、进口增加而产生的贸易赤字受到偏爱。原因在于，美国出口行业的减弱会导致美国经济放缓，同时也减少对这些行业的信贷消费需求，进而产生降息的压力。

情景 3：石油输出国组织提高油价，引发美国贸易赤字

在这一情景下，包含贸易赤字的进出口的真实数据或许根本就没有发生变化，赤字是因为紧张的石油市场上 OPEC 的成功调价及其对美国企业和消费者的不利影响造成的。股市从整体上不可能会为这个消息而感到兴奋。但是，从行业或部门的层面看，能源股价格或许因为预期利润的增长而上涨，同时防御型行业如食品、药品业的股票也会从资金流向它们的过程中受益。

债券市场参与者会尽力评判油价暴涨是临时性的还是较为长期性的。如果

是临时上涨，这个消息也许会引起债券价格走高。这是因为油价的上涨可能阻止美联储提高利率。另外，石油价格的暴涨会引起衰退，衰退一定会促成降息。如果油价上涨是相对长期的，债券市场参与者会担心美联储提高利率阻止高油价可能引起的通货膨胀，这种担心会导致债券价格下降。

情景 4：美联储提高利率，引起贸易赤字增加

美联储提高利率时，美元相对于其他货币就会升值。这使得出口商品变贵而进口商品变得相对便宜。这是解决贸易赤字增长的良方。它也带来了很大的问题，不论是对美国出口行业，如航空和药品业，还是对那些海外销售和利润占很大比例的跨国公司，如 IBM、吉列和麦当劳，都是如此。的确，对这些跨国公司来说，坚挺的美元使它们的利润下降——至少以那些疲软的货币比如欧元取得利润会如此。这是因为，赚得的利润最终要以疲软的欧元兑换成坚挺的美元。因此，提高利率加强势美元引起的贸易赤字不论对股票市场，还是债券市场都不是好消息。

然而，故事到这里还没有结束。事实上，金融市场对这一情景的最后反应取决于华尔街预期外国政府在美联储提高利率产生溢出效应后会做何反应。这就是问题的核心。当美联储提高利率，美元走强时，寻求高回报的投资资本将会离开欧洲，进入美国。美联储提高利率的消极影响是导致欧元贬值。因此，这也导致欧洲通货膨胀的加剧。然而，也有积极影响，走弱的美元将会帮助欧洲的出口型行业，如化工产品、服装、手机和红酒等。这对于欧洲经济具有刺激效应。

在这一情景下，对于华尔街提出的最后一个问题是：面对美联储提高利率，欧洲人是否提高利率？问题的答案往往取决于当时欧洲经济的情况如何。如果欧洲经济疲软，用提高利率的方法来对付美联储的加息，对于欧洲来讲，非常困难。另一方面，如果欧洲的经济增长相当快，并且通货膨胀问题也开始

显现，那么，欧洲就极有可能配合美联储的加息，也实行加息政策。

总体来看，华尔街更希望欧洲不要使用加息的策略反击美联储的加息。原因是，欧洲的加息只能进一步扩大美联储加息的紧缩效应。的确，欧洲的加息对抗方式将会引起人们对全球经济衰退的关注。因此，你再一次体会到我们曾经说过的那句话：美联储主席打个喷嚏，欧洲经常会因此患上衰退的感冒。

彭博新闻摘选

刚才列出的四种情景很难穷尽所有情况。尽管如此，这种情景设定的方法将显著提高你的巨波投资技术。因此，我极力推荐赶紧将这种全球视角的巨波投资思维方式融合到你对整体市场变动趋势和行业市场变化趋势的评价过程中。最后，作为本章的结束，我们从彭博新闻中节选了一些经济新闻。这些都节选自过去 10 年彭博贸易报告的封面文章，也能够进一步说明市场数据的复杂性及对此各不相同的市场意见。

- 就在政府公布 3 月份的进口和出口创下新高后，美联储提高利率以防止通货膨胀的预期迅速蔓延。股价下跌，债券也爆出两周以来的最大跌幅。

- 贸易报告或许对政府债券的价格不会有大的影响，因为统计数据表明，美国经济的增长速度将会继续得到控制……出口，作为国内经济的关键引擎，在 12 月份也出现下降。进口，作为度量居民和企业的消费支出的一项指标，由于石油价格的上涨而创下了近六年来的单月新高。这一切都说明美国经济的增长得到了有效控制。

- 1 月份，美国贸易赤字增加 6%……由于国外经济的衰退导致出口从最高纪录跌至 5 个月来的最低……今天，美元对大多数货币的价格都出现下跌，对日元的价格创了新低，投资交易者对美国经济的复苏力表现出强烈的关心。

- 得知贸易赤字的消息后，美元最初是猛跌，之后，在早晨的晚些时候，当投资者觉得对外出口因冬季暴风雪受到限制，针对波音公司的罢工事件也得以解决时，美元的价格又迅速恢复上涨。

- 美国商品和服务的贸易赤字下降了近 1/3……出口创了纪录，进口同时也降到 797 亿美元，因为几乎没有什么新车从加拿大销往美国……股票、债券和美元全部因这一消息而上涨。

- 4 月份，随着出口和进口的下降，美国的贸易赤字创纪录地增至 145 亿美元……有信号表明海外需求的下降正在减缓美国经济的步伐。美国债券停止了两天来的下跌，开始上涨。

- 进出口创纪录的增长导致美国国债的下跌，同时也强化了人们对美联储在未来几个月将多次加息以抑制消费需求和控制通胀的预期。

第 19 章

塞翁失马，焉知非福

作为巨波投资人，雷·瓦拉的操作风格别具一格，而且这种风格非常重要。实际上，这位“灾难黑暗王子”赚得的巨额财富，都和难以预料的灾难有关。

一切都开始于 1986 年。当时，雷还是哈佛大学一位攻读经济学博士学位的穷学生，正在撰写关于公共事业监管的论文。经过研究，他发现核电在美国的前景不妙，进而，严重依赖核电的任何公共事业公司迟早会陷入财务危机。基于这个发现，雷拿出一些学费，卖空了两只股票。一只是在核能计划下苦苦挣扎的长岛照明（Long Island Lighting），另外一只是为核电提供发电设备的主要供应商西屋制造（Westinghouse）。

两天后，凯诺比尔（Chernobyl）核反应堆着火，核泄漏辐射至方圆 1 000 多平方英里，甚至影响到苏联最肥沃的谷物种植区。接下来几天，西屋制造、长岛照明，还有依赖于核电的其他美国公用事业公司的股价大跌，雷大赚一把。然而，对于雷来说，整个事件过程中最有趣的地方不在于公用事业股因核泄漏事件而大跌——这个结果是理所当然的。在雷看来，最有趣的是，因凯诺比尔而进行的巨波投资法还有尚未被人注意的精妙之处。

尤其，雷注意到了，食品加工公司的股票也因核泄漏事件而大跌，比如通用食品、夸克燕麦、皮尔斯贝里等。雷经过思考，发现其中的巨波逻辑：俄罗斯谷物种植区受灾，谷物供应预期短缺，世界各地的谷物期货价格开始上升。不久，由于谷物价格上涨，食品加工公司的利润就会减少，股价就会下跌。这期间，精明的投资人足以抓住机会，进行卖空操作。

对雷来说，这不仅仅是自己的高明发现，更是巨波投资的魅力。就从这时开始，雷开始专心寻找那些很可能因为意外事件而大涨或大跌的个股。

回忆本书第1章，我们曾经提到中文的“危机”一词由“危”和“机”构成，即一方面存在危险，另一方面也存在机会。在本章我们将要提到的“危险”包括情形迥异的很多方面，包括天灾，如地震、干旱和洪灾；也包括许多人祸，从血腥的战争、非洲政变到并未造成流血的其他各种形式的事件，如网络攻击、历时数年的石油价格的震荡等。当然，在我们提及长期存在的一些危险时，不能忘记疾病和瘟疫——比如艾滋病、小麦霉菌病毒变种、非本土种的白蚁入侵等等。

在这些危险中寻找机会时，需要非常特殊的一种巨波思维方式——像从事研究一样要具备高超的预测能力。理解这种巨波思维方式，也许最好的方法就是来分析一下雷·瓦拉先生获利丰厚的一些巨波操作。在我们进行分析时，注意贯穿于“灾难黑暗王子”的每笔交易之后的巨波逻辑思维。

首先，每一笔巨波操作都是从出乎意料的灾难开始的；其次，巨波操作总是沿着迂回曲折的事实与假象的路径前进；最后，巨波操作抵达终点——一只股票、一组股票或一个行业（或部门）的股票的大涨或大跌。

地震消息传至整个半导体世界

台湾发生里氏 7.6 级的大地震，不仅已有2 000多人丧生，而且导致电力中断，许多台湾工厂停产。

雷一得知这个消息，脑子里立即开始盘算，出现以下各种情景：他知道台湾动态随机存储器（DRAM）的产量占全世界供应量的 15%左右，所以他马上意识到这次地震将会造成全球 DRAM 的供货短缺。基于这个假设，雷进一步推测，三星和现代等其他 DRAM 芯片的生产厂商会因台湾厂商供货短缺而受益，因为它们现在可以大幅提高价格。

与此同时，雷也知道，台湾许多电脑生产厂商的停产，将会对电脑制造商，如苹果和戴尔造成特别大的冲击。这是因为，雷知道戴尔公司为了降低成本，存货一直很少，因此处境极其危急。苹果正要推出一款新电脑 G4 Power Mac，由台湾厂商代工生产。

基于以上的一系列假设，雷立即购入，三星和现代公司的股票各 5 000 股，一天后清仓出货，各获利 10%。雷也卖空5 000股苹果和戴尔股票，一个月内都跌了 20%左右，赚了个心满意足。

萨达姆的冬天

科威特是世界上最大的石油生产国之一，妄自尊大的伊拉克入侵科威特，将其收为囊中之物。这位独裁者不仅意在摧毁以色列，更想羞辱地球上最大的撒旦——美国。

年轻的雷那时任海军上尉，目睹了战争的爆发。当时他想知道他所在的后备部队会不会被征用，同时脑海里闪过几种不同的情景。在雷看来，最好的巨

续前表

区域	国家	税种	税率	纳税基数
非洲	坦桑尼亚	所得税	30%	
		个人所得税	累进税制	
		个人技能和发展培训税	6%	雇主支付给雇员的月工资总额
		资本收益税	10%	在坦桑尼亚境内出售房产、金融资产等财产所获取的资本收益
		增值税	20%	增值税注册人进行的货物和服务贸易
		进口税	关税比率分别为0%、10%、15%、25%四种	根据CIF坦桑尼亚的进口价格征收
	阿尔及利亚	公司利润税	25%	公司利润
		公司营业税	2%	
		增值税	17%	
		现金税	1%	使用现金支付的货款
大洋洲	斐济	红利预提税	15%	股利收入
		利息预提税	10%	利息收入
		专利权使用费预提税	15%	专利使用费收入
		技术指导费预提税	15%	技术指导费收入
		劳务合同暂行税	15%	因劳务合同而产生的收入
		土地销售税	30%	通过土地买卖而获得的利润
		增值税	12.50%	
		关税	不同商品税率不同	任何进入斐济的商品

第十二章

财务如何解决管理难题

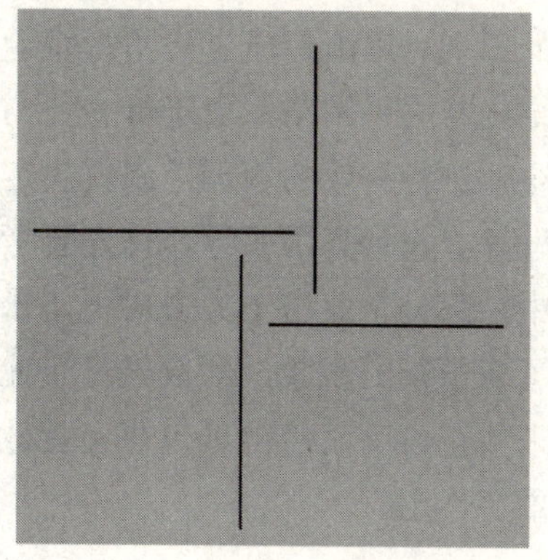

企业经营中经常会遇到各种各样棘手的问题，而财务人员往往就成了被推到风口浪尖的角色。当企业业务发展不好时，经常会听到业务人员抱怨财务资金不到位，或者是内控过严，使其在拓展业务时面临诸多束缚。总之财务人员辛辛苦苦，加班加点，却总是扮演着费力不讨好的角色。那么究竟财务人员怎样才能摆脱这种境遇呢？其关键在于获得领导的信任和支持。财务部门是一个单位的职能部门，离开本单位领导的信任和支持是寸步难行的。而要取得领导的信任和支持，首先要主动配合和支持领导工作，当好参谋和助手，积极为领导解决管理中存在的难题。

其实，企业管理中许多棘手的问题都能通过财务的手段予以解决。本章将介绍常见的财务解决方案与流程，为广大财务人员抛砖引玉、拓宽思路。

第一节 解决母企业对子企业的管控难题

随着现代大型企业集团的出现，逐渐形成了集团母企业与下属各子企业（包括参股企业）之间复杂的组织结构与关系网络。由于母企业与子企业都是平等的企业法人，因此母企业能否对子企业进行有效的管理控制就决定了集团的整体运营是否顺畅、集团的整体优势能否发挥。作为集团领导，首先要考虑的就是如何实现对子企业的有效管控。而在实际中，部分企业由于失去对下属子企业的有效控制，往往会出现“养大了儿子，饿死了老子”的现象，即依靠母企业的投入，子企业规模越来越大，却没有为母企业带来收益，反而使得母企业经营效益越来越差。要解决这一难题，就必须发挥财务的重要作用。

一、实行财务总监委派制

财务总监委派制，即集团向各个子企业委派财务总监。财务总监的薪酬和考核需由总部决定。财务总监作为子企业领导班子的成员，有义务贯彻总部的一切决定。

财务总监制度作为一种有效的企业治理手段和财务管理机制已经在现代企业中得到广泛应用。实践证明，财务总监在企业治理、内控、投资、价值管理方面均能发挥十分重要的作用，股东利益能得到更有效的保护。集团企业内的财务总监委派制是企业法人治理结构的有机组成部分，是企业内部约束机制和管理机制的组成部分。子企业的财务总监不同于财务经理或者总会计师，他们由集团董事会聘任，对董事会负责，在子企业中与总经理处于平行地位，实施总经理和财务总监的联签制度，参与子企业的重大经营活动。财务总监是子企业财务资源调配的把关人，拥有流动资金控制权，主导子企业的财务工作和会计财务组织结构，其工作具有相对独立性。财务总监委派制和一般财务人员委派制同时实行，有利于财务总监开展工作的同时，也对子企业财务总监起到一定的监督约束作用，有利于保持独立性。

有些企业很早就实行了重要子企业的财务总监委派制，由董事会聘请财务总监到子企业任职，有效地制衡了子企业负责人的权力，彻底改变原来子企业财务部门对本单位财务全权负责的惯性思维，解决了集团和子企业之间存在的信息不对称的问题。

在实际工作中，委派到下属子企业的财务总监主要承担以下工作：

1. 实施实时监控

子企业财务总监最基本的作用是实施实时监控。一般年度审计是根据账务资料及对相关数据进行分析性复核等实质性测试来发现问题，但由于信息不对称，这种事后的审计具有很大的局限性，也不能及时控制有关风险，通过实时监控往往能更有效地发现采购、收入、费用等环节的问题并及时采取措施加以制止，防止资产流失。

2. 完善内部控制制度

目前集团企业下属各子企业的内控意识还较薄弱，很多子企业缺少一套科学的内控机制，即使已建立了内控机制也往往违背了顺向监督的原则，使得会计监督只能是企业内部对自身经济活动进行自上而下或自我监督约束的一种内部监督，不能发挥监管经营者的功能。同时，财务人员在经济上、组织上受控于经营者，经营投资风险和资产流失的情况很难得到有效的控制。有鉴于此，被委派往子企业的财务总监应针对该子企业的实际情况，考虑管理成本和业务操作的可行性，为子企业设计出一套科学的内控制度并予以施行，同时由于财务总监的介入，控制环境将发生很大的变化，有利于内控的执行，以达到相互制衡的目的，降低经营投资风险和防止资产流失。

3. 价值管理

“企业价值最大化”是企业的最高目标。价值管理非常重要，是股东特别关心的问题，决定着企业股票的价值。财务总监往往具备丰富的专业知识，通过参与子企业日常经营活动，对子企业的经营情况、投资环境及成长性了解得比较清楚，由其设计子企业的投融资方案将更具参考价值。集团企业可参考各子企业财务总监设计的投融资方案，评估各子企业的投资收益率和风险，以制定整个集团的投融、预算方案和各子企业之间的资金优化调配方案。

4. 督促子企业与集团保持一致性

财务总监在督促子企业和集团保持一致性方面能发挥重大作用。集团可通过子企业财务总监了解子企业执行股东大会通过的年度经营计划、财务预算的情况，及时对存在的问题加以纠正；集团的组织文化政策也可通过子企业的财务总监向子企业施加影响、进行督促，确保子企业执行相关政策，与集团保持一致性。

当然，由于财务总监委派制产生了新的委托代理关系，也会导致“逆向选择”

和“道德风险”的发生。与解决其他代理问题一样，对此也要设计一套激励约束机制。财务总监的报酬宜采用固定工资加奖金的结构，财务总监的工资、奖金应由集团支付，子企业财务总监不与子企业发生经济关系，以保证其实行会计监督的独立性；集团对被委派的财务总监实行定期考核和轮岗，并通过其他委派财务人员对其进行监督。

二、实行资金集中管理

资金集中管理是指将整个集团的资金归集到集团总部，在集团总部设立专职部门代表集团企业实施对资金的统一调度、管理、运用和监控。通过资金的集中管理，企业集团能够实现集团范围内资金的整合与调控，充分盘活资金存量，有效提高资金使用效率，降低财务成本和资金风险。

从现代经济的发展来看，财务与资金管理日益趋向高度集中是历史的必然。许多企业由于缺乏必要的技术手段，资金控制能力不足，从而付出了沉重的代价。尤其是成员企业众多、地域分布广泛的大型企业，在资金集中管理上的问题尤为突出。资金管理失控，缺乏监控手段，资金使用率低，已经成为大型企业管理中迫切需要解决的问题。实践证明，资金的全面集中管理已成为必然，而快速高效的信息化管理也已成为资金全面集中管理的必要保证。全面的信息化结算中心管理模式在大型企业中的应用实践证明，这是一种有效而可行的资金集中管理手段。通过建设信息化资金结算中心集中管理资金，可以充分发挥资金集中优势，有利于提升企业财务管理水平，增强企业竞争力，如提高企业总部对成员企业的资金管理能力，增强企业整体的融资能力，增强企业的信用扩张能力，盘活企业的内部资金等。

将资金归集到企业总部，与分散的资金管理相比，有以下三个方面的优势：

1. 信息优势

总部资金管理中心的规模化使得它具有信息优势。总部资金管理中心必须位于世界主要的金融中心城市，只有这样才能更快更好地收集各种有关币种强弱走势的信息，这也考虑到了有关各种货币投资的收益与风险信息、方便执行的指令设施的问题。集中化的优势在于：投资、运营大笔资金的资金管理中心可以从银行、经纪人以及其他金融机构获得更多更有效的信息，同时获得更优良的指令执行服务。

总部资金管理中心的资金可以迅速返回需要使用的分子企业，返回方式可以是电汇，也可以通过建立全球信用网方式。货币中心银行将资金电汇给需要资金的分子企业所在国的分支行，由该行向分子企业提供资金。跨国银行各分支可以为跨国企业及其分子企业提供日内存款业务，这样，波动得以减小，支付损失得以避免。

2. 预防余额优势

将分散的资金集中到总部资金管理中心，可以减少同等预防水平下的预防性现金需求总额而避免损失。例如，某企业有A、B、C三个子企业。假设每个子企业各自持有预防性现金头寸，该头寸等于期望现金需求加上实际需求历史变化的3倍标准差。假定各子企业的现金需求呈正态分布且相互独立。3倍标准差意味着实际现金需求得到满足的机会有99.87%，任何子企业出现现金短缺的机会仅为0.13%。单个子企业的现金需求以及持有的预防现金余额见表12—1。A、B、C三个子企业持有的预防现金总额为4 600万元，其中期望现金需求为2 800万元，余下1 800万元为3倍标准差。

如果将分子企业的预防需求都集中到总部的一个账户上，情况会怎样呢？概率分布独立使方差可加，总现金需求降至3 922.4972万元。总预算现金余额的3倍标准差只有1 122.4972万元，与前面的1 800万元相比，节约了677.5028万元，而且还不增加风险。

表12—1　　分散与集中的现金预防余额　　金额：万元

分子公司	预期现金需求 (1)	一个标准差 (2)	为了充足性防护的现金余额预算[a]（1+3×2）
分散保管			
A	1 000	100	1 300
B	600	200	1 200
C	1 200	300	2 100
合计	2 800	600	4 600
集中保管			
A	1 000		
B	600		
C	1 200		
合计	2 800	374.1657[b]	3 922.4972

a 充分性防护被定义为现金余额加上3个标准差，假定三个分子公司现金流是正态分布的。

b 集中保管的预期现金余额的标准差按如下方法计算：

标准差$=\sqrt{(100)^2+(200)^2+(300)^2}=374.1657$

3. 利率优势

资金集中化管理可以避免一个分子企业以高利率借款的同时另一个分子企业则持有剩余现金或以低利率投资。总部资金管理中心可以以最低成本借款，而使剩余现金赚取最大利润。当子企业需要额外资金时，总部资金管理中心就可以提供这种低成本借款，从而避免分子企业以高于总部资金管理中心的利率借款。而当企业有资金剩余时，总部资金管理中心就可以比较不同市场的收益率、交易成本、汇率风险和税收，从而进行最优的投资。

例如，集团可以通过招标的方式选定几家银行，签订合作协议，要求所有子企业只能在这几家银行开户（外地企业可在这些银行指定的外地的分行开户），将所有的资金统一管理，这样可以通过谈判从银行争取到许多优惠条件。例如，免担保的综合授信额度，收汇的返点，存款利率上浮10%，贷款利率下浮10%等。集团全系统都可以享受到这些优惠条件，从而降低综合资金成本。当然，做任何事都不能一概而论，各子企业也会有各种各样的原因在其他银行开户，如确实由于业务的需要必须在其他银行开户的，只要有利于业务，也是允许的，但要在报表中予以专项说明。为此，总部还要设置一个专门岗位审核其真实性和必要性。每月在系统内的财务分析中公示各子企业的资金归集率，每年年终对子企业总经理和财务总监考核时，其资金归集率占一定的比重，直接影响其业绩和年薪。

三、建立完善的规章制度

企业依法制定规章制度是在企业内部“立法”，是企业规范运作和行使法人权利的重要方式之一。企业应当最大限度地利用和行使好法律赋予的这一权利，聪明的企业管理者都看到了这一点。但实践中我们仍很遗憾地看到大量企业并未对此予以充分的重视，他们认为既然有国家法律、法规，出了事按国家法律、法规处理即可。其实不然，国家法律、法规是大法，多为原则性内容，不可能针对某个单位的具体情况一一作出详细规定，其内容是概括性的，而企业的具体情况千差万别，需要的是更准确详尽、可直接运作的规范。完善企业制度，其效果是使企业运作平稳、流畅、高效，并可基本上防患于未然，使企业“不战而屈人之兵”，“不得不战”时也有所准备，胜券在握。

总之，通过管人、管资金、建章建制三个主要手段，基本就能实现对子企业的有效控制。

第二节　通过财务指标的修订解决管理问题

每年年初，下达指标对于总部都是一件非常困难的事。子企业经理往往向集团企业申报所在企业运营条件之艰巨，以获取相对较低的经营指标，到年底决算时，又以超额完成任务的名义，实现超额的业绩，同时可以得到更多的奖励和年薪。这是困扰集团企业总经理的一个主要问题，而就财务工作而言，也会导致每年的预算管理浮于形式，缺乏实际的意义。

这种问题也可通过财务手段予以解决，也就是通过财务指标的确定解决企业管理中的问题。

首先，要修订预算管理办法，要求子企业上报的预算尽可能准确，可以适当保守，但要掌握一个度。年终决算时，如偏离预算超过10%，其超出部分在业绩考核时不予考虑和加分。这样一来，指标的确定和分配就容易得多了。

预算的问题解决了，新的问题又出现了。由于集团企业下属子企业规模和经营水平参差不齐，有的子企业一年的利润2亿元，而有的子企业一年的利润10万元，其经营管理难度自然不言而喻。但是在实际确定子企业总经理的年薪时却相差无几，为此，经营业绩好的子企业经理自然感到不公。

在对子企业经理进行考核时，相关的经营指标完成数据需要经过财务部门审核，财务部门在审核时，不仅要考虑该企业的指标变动率，而且还要考虑该企业在全系统的贡献率指标，在确定子企业经理年薪时加上一个系数，这就解决了子企业经理年薪与其所在子企业对集团总部贡献相配比的问题，实现相对公平。

此外，还要解决子企业经理的短期行为的问题。子企业经理由总部派出，一任三年。往往会出现这种现象：上任第一年，把子企业说得一无是处；第二年，财务报表利润大幅度提升，以显示出子企业经理的经营业绩的巨大贡献；第三年又分两种情况，如果子企业经理有连任的可能，报表利润相对真实和保守，如果子企业经理将要出任其他子企业经理或调回总部，则该企业的报表利润将会表现得山穷水尽，不留丝毫余地。仔细分析个中原因，主要是由考核制度不健全导致的，从某种程度上讲也是可以理解的。但是，单就各个子企业而言，这种短期行为势必影响企业的长期发展。因此，了解这种现实规律后就应从财务角度有的放矢，加以纠正和避免。

解决这个问题的方法是在指标的设定上加以调整。例如，考核指标中加入员工的满意度指标，职工培训经费占总体费用的比重指标，通过指标的设置关注员工福利及培训等，避免某些经理为了完成自己的经营指标而不关注子企业员工的感受的行为。此外，在进行任期审计时，更应注意在不同的年份关注不同的问题。事实上，通过指标的设定，也能从一个侧面体现出总部对子企业的关怀，使子企业员工体会到总部希望其良性长久发展的愿望。

第三节　通过网络报销解决管理问题

报销往往是业务人员与财务人员矛盾的焦点，在日常业务中经常会出现不符合规定的报销事项，一般财务上的做法是要求报销人员找某个企业经理加签个字。而事实上，很少有经理不予加签的情况，结果就是一方面预算得不到控制，另一方面当业务人员把经理加签过字的报销单拿到财务人员面前时，财务人员又不得不抛开报销制度予以办理。事实上，许多企业经理也对这种行为不满，有的经理就曾经抱怨，当下属拿着一叠报销单让他签字时，很难逐一检查，明知里面有非因公的费用，却很难制止。

解决这个问题的办法就是网络报销。请软件公司依据企业的财务制度量身定做出一套网络报销系统，这个问题自然就迎刃而解了。具体措施参见本书第九章第五节。

第四节 及时总结失败教训

企业的财务人员要有丰富的经验，面对不同的问题要善于总结。诚然，在实际工作中，每个企业都会有失败的案例，关键是要避免在同一个地方摔倒两次。

企业的高管经常会向财务部门提出，为何在业务一部出现过的失败案例，过了一段时间又在业务二部发生了？为何在这个子企业出现的问题，过了几年又在另一家子企业发生了？如何才能使系统内少交些这样的“学费”呢？

解决这个问题的方法就是编制企业的《案例汇编》，阐述问题出现的原因及规避的措施。每隔几年就编制一册，作为系统内部的刊物，同时也是新员工的必学资料，目的就是总结前车之鉴，避免重蹈覆辙。

除了前面介绍的通过财务手段解决企业问题的案例分析外，其实在日常工作中的一些小问题也随时都可以通过财务运作解决。例如，单位乔迁，搬进了新的办公大楼，在办公室的分配问题上却让企业领导犯了愁。各个部门都争相要大办公室，办公室里还要配备会议室，还要为未来企业发展进新员工留出位置。这样一来，矛盾上移，在企业领导为难之时，财务部门建议修订企业的奖金分配办法，分摊经营费用时细化到每间办公室，即哪个部门占用的办公区域大，其分摊的成本就高，其获得的奖金就会相应减少。这个方案一经通过，综合部门在分配办公室时就容易多了。

综上所述，只要动脑筋想办法，事无巨细，财务是可以为企业解决各种各样的问题的。财务管理的范围是广阔的，财务人员，尤其是职业财务经理人的思路一定要清晰，站在更高的角度上，随时关注国际经济形势，将所学到的财务知识与实践相结合。只有将所掌握的先进的财务管理理念转化为生产力，应用于实践，才能实现财务人员、财务部门和财务工作的价值。

图书在版编目(CIP)数据

国际工程承包的财务操作与财务管理/李铮编著. —北京：中国人民大学出版社，2012.6
（管理者终身学习）
ISBN 978-7-300-15792-4

Ⅰ.①国… Ⅱ.①李… Ⅲ.①国际承包工程-财务管理 Ⅳ.①F746.18

中国版本图书馆 CIP 数据核字（2012）第 105501 号

管理者终身学习
国际工程承包的财务操作与财务管理
李　铮　编著
Guojigongcheng Chengbao de Caiwucaozuo yu Caiwuguanli

出版发行　中国人民大学出版社
社　　址　北京中关村大街 31 号　　**邮政编码**　100080
电　　话　010－62511242（总编室）　010－62511398（质管部）
010－82501766（邮购部）　010－62514148（门市部）
010－62515195（发行公司）　010－62515275（盗版举报）
网　　址　http://www.crup.com.cn
http://www.ttrnet.com(人大教研网)
经　　销　新华书店
印　　刷　北京鑫丰华彩印有限公司
规　　格　175 mm×250 mm　16 开本　　**版　　次**　2012 年 7 月第 1 版
印　　张　13 插页 2　　**印　　次**　2019 年 6 月第 4 次印刷
字　　数　218 000　　**定　　价**　32.00 元

教师教学服务说明

中国人民大学出版社工商管理分社以出版经典、高品质的工商管理、财务会计、统计、市场营销、人力资源管理、运营管理、物流管理、旅游管理等领域的各层次教材为宗旨。为了更好地服务于一线教师教学，近年来工商管理分社着力建设了一批数字化、立体化的网络教学资源。教师可以通过以下方式获得免费下载教学资源的权限：

(1) 在“人大经管图书在线”（www. rdjg. com. cn）注册并下载“教师服务登记表”，或直接填写下面的“教师服务登记表”，加盖院系公章，然后邮寄或传真给我们。我们收到表格后将在一个工作日内为您开通相关资源的下载权限。

(2) 如果您有“人大出版社教研服务网络”（http://www. ttrnet. com）会员卡，可以将卡号发到我们的电子邮箱，无须重复注册，我们将直接为您开通相关专业领域教学资源的下载权限。

如您需要帮助，请随时与我们联络：

中国人民大学出版社工商管理分社

联系人：刘玉仙（010－62515735）　　李文重（010－82501704）

传真：010－62515732，62514775　　电子邮箱：rdcbsjg@crup. com. cn

通讯地址：北京市海淀区中关村大街甲 59 号文化大厦 1501 室（100872）

教师服务登记表

姓 名		□先生　□女士	职　　称		
座机/手机			电子邮箱		
通讯地址			邮　　编		
任教学校			所在院系		
所授课程	课程名称	现用教材名称	出版社	对象（本科生/研究生/MBA/其他）	学生人数
需要哪本教材的配套资源					
人大经管图书在线用户名					

院/系领导（签字）：

院/系办公室盖章